《国学经典藏书》丛书编委会

顾　问
　　许嘉璐

主　编
　　陈　虎

编委会成员

陆天华	李先耕	骈宇骞	曹书杰	郝润华	潘守皎
刘冬颖	许　琰	李勤合	金久红	宋　娟	郑红翠
房　伟	孙永娟	赵玉敏	高　方	周晶晶	何　洋
李振峰	李如冰	王红娟	王兴芬	黄　益	李忠良
陈树千	王守青	邱　锋	何　昆	米晓燕	赵　薇
原　昊	杨　栋	李　宝	付振华	王东峰	余　康
刘晓萱	邵颖涛	张　安	陈　虎	杨　刚	卜音安子

国学经典藏书

礼 记

王红娟 译注

吉林大学出版社

长 春

图书在版编目（CIP）数据

礼记 / 王红娟译注. —长春：吉林大学出版社，2021.4
（国学经典藏书）
ISBN 978-7-5692-7719-7

Ⅰ.①礼… Ⅱ.①王… Ⅲ.①礼仪－中国－古代②《礼记》－注释 Ⅳ.①K892.9

中国版本图书馆CIP数据核字（2020）第223477号

国学经典藏书：礼记
GUOXUE JINGDIAN CANGSHU: LI JI

作　　者：	王红娟 译注
策划编辑：	魏丹丹
责任编辑：	周春梅
责任校对：	田　娜
装帧设计：	蒋宏工作室
开　　本：	880mm×1230mm　1/32
字　　数：	228千字
印　　张：	11
版　　次：	2021年4月第1版
印　　次：	2024年4月第3次印刷

出版发行：吉林大学出版社
地　　址：长春市人民大街4059号（130021）
　　　　　0431－89580028/29/21
　　　　　http://www.jlup.com.cn
　　　　　E-mail:jdcbs@jlu.edu.cn
印　　刷：河北松源印刷有限公司

ISBN 978-7-5692-7719-7　　　　　定价：40.00元

编者的话

经典是人类知识体系的根基,是人类的精神家园,是我们走向未来的起点。莎士比亚说过:"生活里没有书籍,就好像没有阳光;智慧里没有书籍,就好像鸟儿没有翅膀。"21世纪中国国民的阅读生活中最迫切的事情是什么?我们的回答是阅读经典!

中国有数千年一脉相传、光辉灿烂的文化,并长期处于世界文化发展的前列,尤其是在近代以前,曾长期引领亚洲乃至世界文化的发展方向。长期超稳定的社会发展形态和以小农生产为基础的、悠闲的宗法农业社会,塑造了中华民族注重实际、过分地偏重经验、重视历史的文化心理特征。从殷商时代的"古训是式"(《诗经·大雅·烝民》),到孔子的"述而不作,信而好古"(《论语·述而》),可以清楚地看出这种文化心理不断强化的轨迹。于是,历史就被赋予了神圣的光环,它既是人们获得知识的源泉,也是人们价值标准的出处。它不再是僵死的、过去的东西,而是生动活泼、富有生命力,并对现世仍有巨大指导作用的事实。因而就形成了这样一种固定的文化思维方式,也就是"以铜为鉴,可正衣冠;以古为鉴,可知兴替;以人为鉴,可明得失"(《新唐书·魏徵传》)。中国的文化人世代相承,均从历史中寻求真理,寻求"修身、齐家、治国、平天下"的崇高理想模式。

这种对于历史所怀有的深沉强烈的认同感,正是历史典籍赖以发展、繁荣的文化心理基础。历史上最初给历史典籍的研究和整理工作涂上政治、道德和伦理色彩的是春秋时期的孔子。当时的孔子因感"周室微而礼乐废,《诗》《书》缺",于是乃删订了《诗》《书》《礼》《乐》《易》《春秋》等"六经"(见《史记·孔子世家》),寄托了自己在政治上"复礼"和道德上"归仁"的最高理想。孔子以后,历史典籍的编撰无不遵循着这一最高原则。所以《隋书·经籍志》总序中就说:"夫经籍也者,机神之妙旨,圣哲之能事。所以经天地,纬阴阳,正纲纪,弘道德,显仁足以利物,藏用足以独善……其王者之所以树风声,流显号,美教化,移风俗,何莫由乎斯道?……其教有适,其用无穷,实仁义之陶钧,诚道德之橐籥也。……夫仁义礼智,所以治国也;方技数术,所以治身也。诸子为经籍之鼓吹,文章乃政化之黼黻,皆为治国之具也。"(《隋书·经籍志一》)由此可见,历史典籍的编撰整理工作,已不仅仅是文化技术问题,更重要的是它还负有"正纲纪,弘道德"的政治和道德使命。于是,在两千多年的历史发展过程中,先人们为我们留下了汗牛充栋的文化典籍。这些宝贵的精神财富,不仅是我们中华民族的骄傲,也是全人类的骄傲,并已成为世界文化宝藏的重要组成部分。

中国的先哲们一向对古代典籍充满崇敬之情,他们认为,先王之道、历史经验、人伦道德以及治国安邦之术、读书治学之法等等,都蕴藏于典籍之中。文献典籍是先王之道、历史经验、人伦道德等赖以传递后世的重要手段。离开书籍,后人将无法从前朝吸取历史经验,无法传承先王之道。在日新月异的当代,如何对待这份优秀的文化遗产?毛泽东同志早就指出:"中国的长期封建社会中,创造了灿烂的古代文化。清理古代文化的发展过程,剔除其封建性的糟粕,吸取其民主性的精华,是发展民族新文化、提高民族自信心的必要条件。……中国现时的新文化也是从古代的旧文化发展而来,因此,我们必须尊重自己的历史,决不能割断历史。但是,这种尊重是给历史以一定的科学地位,是尊重历史的辩证法的发展,而不是颂古非今。"(毛泽东《新民主主义论》)古代典籍,不仅对中华民族的形成与发展历史地发挥了巨大的凝聚力作用,而且在当今中华民族伟大复兴中,依然会发挥无可替代的重要作用。

在科学技术迅猛发展的当代社会,人们的生活、观念正在发生着巨大而深刻的变革,面对蓬勃发展的现代科技和汹涌而至的各种思潮,人们依然能深切地感受到中国传统文化无所不在的巨大力量。人们渴望了解这种无形的力量源泉,于是绚丽多姿的中华典籍就成了人们首要的选择。它能够使我们在精神上成为坚强、忠诚和有理智的人,成为能够真正爱人类、尊重人类劳动、衷心地欣赏人类的伟大劳动所产生的美好果实的人。所以,在今天,我们要阅读经典;当数字化、网络化带来的"信息爆炸"占领人们的头脑、占用人们的时间时,我们要阅读经典;当中华民族迈向和平崛起和民族复兴的伟大征程时,我们更要阅读经典。因此,读经典,这个我们习以为常的平凡过程,实际上就成了人的心灵和上下古今一切民族的伟大智慧相结合的过程。但由于时代的变迁,这些经典对现代人来说已是谜一样的存在。为继承这份优秀的文化遗产,帮助人们更好地利用这些经典,在全国学术界诸多专家学者的支持下,我们策划了这套"国学经典藏书"丛书。

丛书以弘扬传统、推陈出新、汇聚英华为宗旨,以具有中等以上文化程度的广大读者为对象,从我国古代经、史、子、集四部典籍中精选50种,以全注全译或节选的形式结集出版。在书目的选择上,重点选取我国古代哲学、历史、地理、文学、科技、教育、生活等领域历经岁月洗礼、汇聚人类最重要的精神创造和知识积累的不朽之作。既注重选取历史上脍炙人口、深入人心的经典名著,又注重其适应现代社会的人文价值趋向。丛书不仅精校原文,而且从前言、题解,到注释、译文,均在吸收历代学者研究成果的基础上精心编撰。在注重学术性标准的基础上,尽量做到通俗易懂。我们相信,本丛书的出版,对提高人们的古代典籍认知水平,阅读和利用中华传统经典,传播中华优秀文化,提高人们的民族自信心和文化自豪感,进而为中华民族伟大复兴做贡献,均将起到应有的作用。高尔基说:"书籍是人类进步的阶梯。""要热爱读书,它会使你的生活轻松,它会友爱地帮助你了解纷繁复杂的思想、感情和事件;它会教导你尊重别人和你自己;它以热爱世界、热爱人类的情感,来鼓舞智慧和心灵。""当书本给我讲到闻所未闻、见所未见的人物、感情、思想和态度时,似乎是每一本书都在我面前打开一扇窗户,并让我看到一个不可思议的新世界。""每一本书是一级小阶梯,我每爬一级,就……更接近美好生活的观念,更热爱这书"(《高尔基论青年》,中国青年出版社1956年版)。流传千年的文化经典,让我们受益匪浅,使我们懂得更多。正如德国著名作家歌德所说:"读一本好书,就是和一位品德高尚的人谈话。"的确,读一本好书,就像是结交了一位良师益友。我们真诚希望,这套经典丛书能够真正进入您的生活,成为人人应读、必读和常读的名著。

陈　虎
庚子岁孟秋

前　言

《礼记》是一部十分重要的儒家经典,是"十三经"中的一种,也是"三礼"之一。

何谓"礼"？钱穆先生说它是"整个中国人世界里一切习俗行为的准则,标志着中国的特殊性","要了解中国文化,必须站到更高来看到中国之心。中国的核心思想就是'礼'"。彭林先生进一步解释说："中国文化与西方文化最大的差别是,西方文化是宗教文化,上帝主宰一切。中国文化不是宗教文化,自古用道德理性来维持社会的健康发展,所以强调天理、公道、人格。礼的本质在于,它是按照道德理性的要求制定的典章制度和行为规范……礼又是君子的立身之本……在社会生活中,礼是衡量是非曲直的标准,是万事之本。"(彭林《三礼研究入门》)所以,我们的传统文化从根本上讲就是礼乐文化,其精神核心就是礼。

中国的"礼",不仅表现为制度和规范、原则和修养,还有一套成熟的、丰富的、深刻的理论形态,这就是"三礼"之学。"三礼"者,就是《周礼》《仪礼》《礼记》三种经典。其中,《仪礼》成书最早,又称《礼》《士礼》《礼经》或《礼记》,是"礼"之本经,先秦"五经"之一,大概在两周之际陆续形诸文本,多是关于冠、昏、丧、祭、射、聘、燕飨等典礼仪式繁文缛节的记述。《周礼》，又名《周官》，据说是在汉景帝、武帝时期河间献王刘德从民间征得的古文旧籍，主要记述了周王朝及各诸侯国以"六官"为体系框架的职官制度，并以此来表达儒家的治国方案和政治理想。此外，便是《礼记》了。

《礼记》，顾名思义，就是关于"礼"的"记"。先秦礼学家们传习《仪礼》时，也常常附带传习一些参考资料，这些资料就是"记"，换言之，它是对经本的阐释、补充和说明。既然如此，传下来的"记"也会是不同时代、不同学者的手笔，也必然数量繁多，内容参差，篇目各异。东汉的史学家班固就在他的《汉书·艺文志》中记道："《记》百三十一篇，七十子后学者所记也，"而这尚且是经刘向、刘歆等西汉学者整理过的部分，由此也足以想见，周秦之际关于"礼"的"记"卷帙浩繁、作者不一的情况。

而我们今天所说的《礼记》则被确定为四十九篇，且又常被称为《小戴礼》《小戴记》《小戴礼记》。对于这一由繁到简、由乱到整、是是非非的过程，我们还需大致有所了解。所谓"小戴"，是指西汉礼学家戴圣，而"小"字的由来，是为了与他的叔父戴德相区分。二戴都是西汉博士，礼学名家。据说，戴德曾选辑先秦至汉各种有关《仪礼》的论述，编成了《礼记》八十五篇。而后，戴圣或是另外辑选，或是在删减叔叔八十五篇《礼记》的基础上，又编成了一部四十九篇的《礼记》，于是后人便因二者辈分高低、篇卷多少而分别称其著作为大、小戴《礼记》。时至东汉，当时最有影响力的硕儒郑玄又只给《小戴礼记》做了注，这便使《小戴礼记》独盛，流传至今，而《大戴礼记》则逐渐衰微，如今也只剩下了三十九篇。此是关于今本《礼记》形成的传统说法。但是，经过近些年来学者们的研究考证，已经基本可以断定，无论是四十九篇的《小戴礼记》还是《大戴礼记》，编选者都不是戴德、戴圣，它们也非出自一时一人之手。"大、小戴《礼记》是戴德、戴圣以后郑玄以前，礼学家们根据当时'礼'的传习情况，所编选的有关'礼'之'记'的两种儒学资料汇编。"（王锷《三礼研究论著提要》）鉴此，我们说今本《礼记》是一部由西汉礼学家们编订的先秦至秦汉时期的礼学文献选编，大概是不致舛误的。

这四十九篇《礼记》，自《曲礼》开始，止于《丧服四制》，其中《曲礼》《檀弓》《杂记》三篇因简册繁重，均分为上、下两篇，故全书篇名不同者实际上是四十六篇。这四十六篇篇目的命名，大致可以分成五种情况：其一，依据篇中所记主要内容命名，如《王制》《月令》《学记》《乐记》《冠义》《昏义》《乡饮酒义》等二十篇；其二，仅据首节或篇中部分内容命名，如《檀弓》《文王世子》《中庸》等八篇；其三，取篇首或首句中若干字，或取篇中若干字命名，如《曾子问》《礼器》《郊特牲》等十篇；其四，以所记内容的性质命名，如《曲礼》《大传》《少仪》等七篇；其五，命名之由不详者，如《服问》《间传》两篇（杨天宇《礼记译注》）。此外，这些篇目的编次也似没有什么大的道理，有的学者就说它是"没有统一之体例"。但有一点，即《冠义》《昏义》《乡饮酒义》《射义》《燕义》《聘义》六篇的汇集，倒像是编者的有意为之，而这应与这六篇记文的内容有关。按内容分，这四十九篇大致可以分作四类：其一，记礼节条文，补他书所不备，如《曲礼》

《丧服小记》《大传》《少仪》《杂记》等;其二,阐述周礼的意义,如《礼运》《礼器》《学记》《乐记》《中庸》《大学》等;其三,专记某项制度和政令,如《王制》《月令》《明堂位》等;其四,解释《仪礼》之专篇,前举六"义"篇,即是此类(王锷《〈礼记〉成书考》)。

尽管《礼记》成书复杂,作者存疑,篇次杂乱,但在中国的学术史、经学史上、"三礼"学史上,它的地位却累世递增,不可撼动。自汉以后,学者对《礼记》越发重视,至唐,遂被正式地确定为"经",此后的学者对它的喜好也日益超过了其他二"礼"。相比于《仪礼》的行礼仪节、《周礼》的职官制度,《礼记》更倾向于"说经义"和"讲道理",更易于与现实相结合,也更好读。所以,从北宋开始,《礼记》便彻底超越了其他二"礼",成为首要的礼经要籍。

除却其显耀的经学身份,仅作为一部文献典籍而言,《礼记》的价值也非同寻常,且历久弥新。该书记载了以"礼"为主导核心的儒家思想,包括政治思想、宗法思想、伦理思想、道德思想、教育思想、音乐思想、天人思想、饮食思想、生态思想等;对冠、婚、聘、射、燕等古代社会常见的礼仪活动做了区别于《仪礼》的、关乎礼之文化精神与道德内涵的阐释解读;提出了礼尚往来、行礼秉德、贵中贵和等放诸今天仍合理的行事准则和价值主张;孝敬父母、敬老爱幼、尊师重教等优秀的传统美德亦因其极大的重视和合理的阐释而大放异彩。所以,对于《礼记》,学者们常不厌溢美之词,吕思勉先生就曾说过,"《礼记》为七十子后学之书,又多存礼家旧籍。读之,既可知孔门之经义,又可考古代之典章,实为可贵"。治《礼记》学的王文锦先生更是赞言:

"几千年来,对中华民族意识形态影响最大的书是儒家的书,从所起作用的大小来估计,《礼记》仅次于《论语》,比肩于《孟子》,而远远超过《荀子》。"

总之,对于想要学习中国文化、了解儒家精神、认知礼乐制度的求知者而言,《礼记》确是一部要好好阅读的"必读书"。有鉴于此,遂有这本《礼记》。这是一个简体字读本,撰作的目的是为读者提供一个方便易读、准确精当的整理本。限于篇幅,不能全译,故除了《学记》《仲尼燕居》《孔子闲居》《三年问》《深衣》《投壶》《儒行》《大学》《冠义》《昏义》《乡饮酒义》《射义》《燕义》《聘义》《丧服四制》诸篇全录、全译外,其余篇章均为节选。节选的篇章,也多择选内容重要、思想鲜明、影响较远的段落,以求尽量地将《礼记》的文化精髓呈现给读者。

本书的编纂体例包括题解、正文、注释、译文四部分。题解部分,除了介绍篇名由来、郑玄《目录》对该篇的经典评述外,还对每篇经文的思想主旨、内容构成、文本特征等加以简介,旨在帮助读者从整体上对每篇经文有一个大致的了解;正文部分,文本文字参考了1980年中华书局影印的《十三经注疏》本的《礼记正义》,在此基础上划分段落,加以标点;注释部分,多多参考权威辞书的词条释义,并结合具体的上下文意,加以注释。一些注释,若前文已经备注,后文再出现时,则从简或省略;译文部分,一般随文直译,而一些晦涩难懂的地方,则酌情疏解,但求言简意赅,易于理解。

然囿于学识和见解,此次注译的工作难免有诸多疏漏之处,唯愿读者海涵,也敬请方家指正!

目　录

第一　曲礼上……………………………………… *1*
第二　曲礼下……………………………………… *24*
第三　檀弓上……………………………………… *32*
第四　檀弓下……………………………………… *50*
第五　王制………………………………………… *67*
第六　月令………………………………………… *79*
第七　曾子问……………………………………… *85*
第八　文王世子…………………………………… *93*
第九　礼运………………………………………… *99*
第十　礼器………………………………………… *106*
第十一　郊特牲…………………………………… *113*
第十二　内则……………………………………… *121*
第十三　玉藻……………………………………… *128*
第十四　明堂位…………………………………… *133*
第十五　丧服小记………………………………… *136*
第十六　大传……………………………………… *140*
第十七　少仪……………………………………… *143*

第十八	学记	146
第十九	乐记	155
第二十	杂记上	159
第二十一	杂记下	162
第二十二	丧大记	166
第二十三	祭法	172
第二十四	祭义	175
第二十五	祭统	179
第二十六	经解	183
第二十七	哀公问	188
第二十八	仲尼燕居	194
第二十九	孔子闲居	203
第三十	坊记	209
第三十一	中庸	216
第三十二	表记	223
第三十三	缁衣	229
第三十四	奔丧	236
第三十五	问丧	242
第三十六	服问	248
第三十七	间传	252
第三十八	三年问	257
第三十九	深衣	262
第四十	投壶	266
第四十一	儒行	275
第四十二	大学	288

第四十三	冠义	300
第四十四	昏义	303
第四十五	乡饮酒义	309
第四十六	射义	317
第四十七	燕义	324
第四十八	聘义	328
第四十九	丧服四制	334

第一　曲礼上

〔题解〕

  本篇以篇首"曲礼"二字名篇。郑玄《目录》曰:"名曰《曲礼》者,以其篇记五礼之事。祭祀之说,吉礼也;丧荒去国之说,凶礼也;致贡朝会之说,宾礼也;兵车旌鸿之说,军礼也;事长敬老执贽纳女之说,嘉礼也。此于《别录》属制度。"篇中记述吉、凶、宾、军、嘉五礼杂事,具体而微,内容繁复,故名曰"曲礼"。曲,意为细小,或周遍详尽。因礼细文繁,故分上、下两篇,此为上篇。

  《曲礼》曰:"毋不敬,俨若思,安定辞①,安民哉!"

〔注释〕

  ①安定辞:措辞安详确定。

〔译文〕

  《曲礼》说:"不要不恭敬,仪态要端庄恭敬,若有所思,措辞安详而确定,这样才能够使人民心安啊!"

敖不可长①,欲不可从②,志不可满,乐不可极。

〔注释〕

①敖不可长:傲慢不可以滋长。敖,通"傲"。
②欲不可从:欲望不可以放纵。从,通"纵"。

〔译文〕

傲慢不可以滋长,欲望不可以放纵,志向不可以满溢,享乐不可以穷尽而无所节制。

贤者狎而敬之①,畏而爱之。爱而知其恶,憎而知其善。积而能散,安安而能迁②。临财毋苟得,临难毋苟免③。很毋求胜④,分毋求多。疑事毋质⑤,直而勿有⑥。

〔注释〕

①狎(xiá):亲近。
②安安:上一个"安"字做动词,适应。下一个"安"字做名词,安逸。
③苟:马虎,随便。
④很:古代指争讼。
⑤质:这里指下断语。
⑥直:这里指纠正问题。

〔译文〕

对于贤德的人要亲近且敬重他,畏服又爱戴他。对于喜欢的人也能知道他的缺点,对于憎恶的人也能知道他的优点。既能够积聚钱财,也能够把财物分与别人;既能安于舒适安逸的生活,也能够适应境况的变迁。对于财物,不随便轻易地获取,对于危难也不随便轻易地逃避。与人争讼辩论不要争气求胜,分配东西不要贪求多占。有疑问的事情不要强行论断,纠正问题要谦虚,不要炫耀这些见解是自己所独有的。

若夫坐如尸①,立如齐②。礼从宜,使从俗。

〔注释〕

①若夫(fú):至于。尸:古代祭祀中扮演受祭者的人。
②齐(zhāi):通"斋",祭祀前需行斋戒。

〔译文〕

至于坐,就要像祭祀中扮演受祭者的尸那样端坐,站立就要像祭祀前斋戒时那样恭立。行礼要依从时宜,出使他国要遵从当地的风俗。

夫礼者所以定亲疏①,决嫌疑,别同异,明是非也。礼不妄说人②,不辞费③。礼不逾节,不侵侮④,不好狎⑤。修身践言,谓之善行。行修言道,礼之质也。

〔注释〕

①夫(fú):句首语气词,表示要发议论。
②说:是"悦"的古字,喜悦。

③辞费:说了而做不到。
④侵侮:侵凌侮慢。
⑤好狎:轻佻,随便与人亲近。

〔译文〕

　　礼是用来确定亲疏关系,决断嫌疑,分别同异,明确是非的。礼不可随便地取悦人,不说做不到的话。礼不逾越界限,不侵凌侮慢,不轻佻戏弄,不随便与人亲近。修养身心,践行诺言,这是好的品行。品行修饬了,言语合乎正道,这才是礼的本质。

　　礼闻取于人,不闻取人①。礼闻来学,不闻往教。

〔注释〕

　　①取于人:朱熹说是"为人所取法也"。取人:朱熹说是"人来而我引取之"。

〔译文〕

　　礼,听说它是被人主动地汲取和学习的,没有听说它是主动地供人取用的。礼是供好礼的人主动来学习的,不是知礼的人主动地教授给别人的。

　　道德仁义,非礼不成;教训正俗,非礼不备;分争辨讼,非礼不决;君臣、上下、父子、兄弟,非礼不定;宦学事师,非礼不亲;班朝治军①,莅官行法②,非礼威严不行;祷祠祭祀③,供给鬼神,非礼不诚不庄。是以君子恭敬、撙节④、退让以明礼。

〔注释〕

①班朝:整肃朝班。
②莅官:到职。
③祷祠:祷指向神求福的祭祀,祠指酬谢神恩的祭祀。
④撙(zǔn)节:有所抑制而不敢放肆。

〔译文〕

　　道德仁义,没有礼就不能成立;教育训导,端正风俗,没有礼就不能完备;分辨争讼,没有礼就不能决断是非;君臣、上下、父子、兄弟,没有礼就不能确定彼此之间贵贱、尊卑、长幼、亲疏的关系;跟从老师学习做官和学术道义,没有礼就不能彼此亲近;整肃朝班,治理军队,到职执行法令,没有礼就不能显示威严;特殊的祭祀和常规的祭祀,向鬼神供奉祭品,没有礼就不能诚敬庄严。所以君子一定要庄严恭敬、自我节制、谦逊退让地彰显礼义。

　　鹦鹉能言,不离飞鸟;猩猩能言,不离禽兽。今人而无礼,虽能言,不亦禽兽之心乎?夫唯禽兽无礼,故父子聚麀①。是故圣人作,为礼以教人,使人以有礼,知自别于禽兽。

〔注释〕

①父子聚麀(yōu):父子共妻。麀,母鹿,这里泛指母兽。

〔译文〕

　　鹦鹉能够说话,但终究还是飞鸟;猩猩能够说话,但终究还是禽兽。作为人却不知礼,即使能够说话,不也还是禽兽一般的心性吗?只有禽兽是无礼的,所以父子共妻。所以圣人兴起,用礼来教化人民,使人们因为礼的规范而知道自己与禽兽的区别。

　　大上贵德①,其次务施报。礼尚往来。往而不来,非礼也;来而不往,亦非礼也。人有礼则安,无礼则危。故曰:礼者不可不学也。

〔注释〕

　　①大上:太上,指上古时代。大是"太"的古字。

〔译文〕

　　上古时期崇尚简单朴素的道德,后代追求施恩和回报。礼崇尚交际往来。施恩惠于对方,对方却不知道回报,这不合乎礼;别人施恩惠给自己,自己却不知道回报,这也不合乎礼。人能有礼就会安稳,没有礼就危险了。所以说,礼是不可以不学习的。

　　夫礼者,自卑而尊人。虽负贩者①,必有尊也,而况富贵乎?富贵而知好礼,则不骄不淫②;贫贱而知好礼,则志不慑③。

〔注释〕

①负贩:挑担子做买卖的人。

②淫:放纵,恣肆。

③慑(shè):恐惧。

〔译文〕

礼,要求自己谦卑而尊重别人。即使是挑着担子做买卖的人,也一定有值得尊重的,更何况是富贵的人呢?富贵的人懂得好礼,就会不骄纵,不恣肆;贫穷卑贱的人懂得好礼,就会内心不卑怯恐惧。

人生十年曰幼,学;二十曰弱,冠①;三十曰壮,有室②;四十曰强,而仕;五十曰艾,服官政③;六十曰耆④,指使;七十曰老,而传;八十、九十曰耄⑤,七年曰悼,悼与耄虽有罪,不加刑焉;百年曰期,颐⑥。

〔注释〕

①冠(guàn):古代男子到成年则举行加冠礼,一般在二十岁。

②室:家室。

③服官政:指主一官之政,负责部门的行政事务。

④耆(qí):年老,六十岁以上的人。

⑤耄(mào):八九十岁的年龄。

⑥颐:休养。

[译文]

　　人出生长到十岁称作幼,致力于学习;二十岁称作弱,举行冠礼;三十岁称作壮,成立家庭;四十岁称作强,出仕做官;五十岁称作艾,可以负责专门的行政事务;六十岁称作耆,可以指使别人做事了;七十岁称作老,可以把工作交给别人了;八十、九十岁称作耄,七岁称作悼,悼和耄即使有了罪责,也可以免受刑罚;一百岁称作期,可以休养了。

　　凡为人子之礼,冬温而夏凊①,昏定而晨省,在丑夷不争②。夫为人子者,三赐不及车马。故州闾乡党称其孝也③,兄弟亲戚称其慈也,僚友称其弟也④,执友称其仁也,交游称其信也。见父之执⑤,不谓之进不敢进,不谓之退不敢退,不问不敢对。此孝子之行也。

　　夫为人子者,出必告,反必面。所游必有常,所习必有业,恒言不称老。年长以倍则父事之,十年以长则兄事之,五年以长则肩随之。群居五人则长者必异席。

　　为人子者,居不主奥⑥,坐不中席,行不中道,立不中门。食飨不为概⑦,祭祀不为尸,听于无声,视于无形,不登高,不临深。不苟訾⑧,不苟笑。孝子不服暗⑨,不登危,惧辱亲也。父母存,不许友以死,不有私财。

　　为人子者:父母存,冠衣不纯素⑩。孤子当室,冠衣不纯采。

〔注释〕

①清(qìng):凉。
②丑(chǒu)夷:平辈的人。丑,平辈。夷,平。
③州闾乡党:据《周礼》,二十五家为"闾",四闾为"族",五族为"党",五党为"州",五州为"乡"。
④弟(tì):同"悌",敬顺兄长。
⑤执:朋友。
⑥奥:古代屋子的西南隅,是家长的尊位。
⑦食(sì)飨:食礼和飨礼。概:本指量米粟时刮平斗斛用的木板,引申为裁定。
⑧訾:指责,非议。
⑨服暗:在暗中行事。服,做,从事。
⑩纯素:纯,古代衣冠的镶边。素,没有染色的丝绸。

〔译文〕

做子女的礼节是,冬天让父母温暖,夏天让父母凉爽,晚上为老人铺床安枕,早上向父母请安问好,在同辈之间,不与人争执。作为人子的,再三赠送别人礼物,也不赠送车马。所以乡里远近的人都称赞他孝顺,兄弟亲戚都称赞他善良,同僚同事都称赞他友善,朋友都称赞他仁义,与他交往的人都称赞他诚信。看到父亲的朋友,不让进来,就不敢擅自进入;不让退下,就不敢擅自退下;不问,就不敢随便讲话。这是孝子应有的行为。

作为人子,出门前必禀告父母,回家后必面告父母。出游要有个常去的处所,学习必定有固定的课业,平常讲话不要自称年老。遇到年龄比自己大一倍的人要把他当作父辈对待,比自己大十岁的人要把他当作兄辈对待,比自己大五岁的人要并肩行走时稍微退后以示谦让。五人同处,要让年长的人独居一席。

  作为人子,闲居时不能占据房屋西南隅家长的尊位,不能坐在席子的中央,不能走庭院过道的中间,不能站在大门的中央。宴饮宾客所用食物的多少,不能擅作主张,祭祀的时候不能充当神主,要时时注意父母的旨意,不要等他们发话了或者指使了才行动,不攀登高处,不靠近深渊,不随便非议,不随便嬉笑。孝顺的子女不做暗事,不登临危险之地,担心这样做会给父母招致屈辱。父母在,不可以应允为朋友卖命,不可以有自己的私财。

  作为人子,父母在世时,衣帽不用素帛镶边。没有父亲的孤子当家,衣帽不用彩绘的布镶边。

  幼子常视毋诳①,童子不衣裘裳。立必正方,不倾听。长者与之提携②,则两手奉长者之手。负剑辟咡诏之③,则掩口而对。

  从于先生,不越路而与人言。遭先生于道,趋而进,正立拱手。先生与之言则对,不与之言则趋而退。从长者而上丘陵,则必乡长者所视④。登城不指,城上不呼。

〔注释〕

  ①视:通"示"。诳:欺骗。

  ②提携:扶持带领而行。

  ③负剑:像背着剑的样子。辟:侧脸。咡(èr):口耳之间。诏:告诉。

  ④乡:通"向",朝着。

[译文]

　　幼小的孩子要经常示意他不要说谎,小孩子不穿皮衣和下裳。教他站立端正,不歪头侧耳地听人说话。长辈牵他的手走路,要两手捧着长辈的手。长辈俯身侧耳地同他说话时,要用手遮挡着嘴巴回话。

　　跟随先生走路,不要横越道路去与别人说话。在路上遇到先生,就要快步上前,拱手正立地向先生行礼。先生跟他说话就回答,不跟他说话就快步走开。跟随长辈登上丘陵,要朝着长辈眺望的方向看。登上城墙,不要伸手指画,不要在城墙上大声呼喊。

　　将适舍,求毋固①。将上堂,声必扬。户外有二屦②,言闻则入,言不闻则不入。将入户,视必下。入户奉扃③,视瞻毋回。户开亦开,户阖亦阖。有后入者,阖而勿遂④。毋践屦,毋踖席⑤,抠衣趋隅⑥,必慎唯诺⑦。

　　大夫士出入君门,由闑右⑧,不践阈⑨。

　　凡与客入者,每门让于客。客至于寝门,则主人请入为席,然后出迎客。客固辞,主人肃客而入⑩。主人入门而右,客入门而左。主人就东阶,客就西阶,客若降等,则就主人之阶。主人固辞,然后客复就西阶。主人与客让登,主人先登,客从之,拾级聚足⑪,连步以上。上于东阶则先右足,上于西阶则先左足。

　　帷薄之外不趋⑫,堂上不趋,执玉不趋。堂上接武,堂下布武⑬。室中不翔⑭,并坐不横肱⑮。授立不跪,授坐不立。

〔注释〕

①固:鄙陋,粗野无礼。
②屦(jù):鞋子。
③奉:"捧"的古字。扃(jiōng):从外面关门的闩。
④遂:关紧。
⑤踖(jí):跨过。
⑥抠:提着。隅(yú):这里指席子的下角,古人升席需从席子的下角走。
⑦唯诺:应答的声音。卑对尊、幼对长的应答常用"唯",反之则用"诺"。
⑧闑(niè):门橛,古代竖在大门中央的短木。
⑨阈(yù):门槛。
⑩肃:敬请。
⑪拾(shè)级聚足:前脚登上第一阶,后脚随至,与前足并立,如此重复,再登第二、第三阶等。拾,历,经由。
⑫帷薄:帐幔与帘子,二者都是障隔内外的东西。不趋:不快走。此当"必趋"之误,帷薄是为防人窥伺而设,所以经过者理应快步离开,而不是缓慢经过。
⑬接武:足迹接着足迹,亦即细步走。布武:足迹分开,正步行走。武,古以六尺为步,半步为武,此指足迹。
⑭翔:张臂大摇大摆地走。
⑮横肱(gōng):横着胳膊。肱,胳膊由肘到肩的部分,泛指胳膊。

〔译文〕

将要拜访别人家,不要粗鲁无礼。将要走上堂屋,必扬声探问。看到户外有两双鞋,如果听得到室内说话的声音就可以进去,如果听不到室内说话的声音就表示室内的人可能在谈论私密的事情,就不要进去。即将入门,眼睛一定要向下看,以防冲撞别人。进入室内,要双手捧着门闩,不要回头瞻望。门若原本是开着的,就依旧开着;若原本是关着的,就仍旧关上。如果后面还有人要进来,就不要把门关紧。进门的时候不要踩到别人的鞋,不要跨越席子,要提着下裳,走向席子的下角入席就座。回话时,要谨慎地使用"唯"和"诺"。

大夫或士进出国君的大门,须从门橛右侧通行,不能踩踏门槛。

凡与客人一同进门时,每入一门都要与客人礼让。客人到了寝门前,主人请求先行入室布席,然后再出门迎接客人。客人再三谦让,主人敬请客人入室。主人入门后向右,客人入门后向左。主人走向东阶,客人走向西阶,客人如果降低身份,就随主人靠近东阶。主人再三辞让,然后客人回到西阶。主人与客人谦让后登阶,主人先登阶,客人追随主人,主人前脚登上第一阶,后脚随至,与前足并立,如此重复,步伐连贯地登堂。凡是登上东阶的人都要先迈右脚,凡是登上西阶的人都要先迈左脚。

经过有帐幔与帘子的门口要快步离开,在堂上不快走,端着玉器不快走。堂上走细步,堂下走正步。在室内的时候不张开手臂大摇大摆地走动,与人并坐的时候不横着胳膊,以免碰撞别人。拿东西给站着的人不能屈膝,拿东西给坐着的人不要站立。

凡为长者粪之礼[①],必加帚于箕上,以袂拘而退[②];其尘不及长者,以箕自乡而扱之[③]。

奉席如桥衡④,请席何乡,请衽何趾⑤。席,南乡北乡,以西方为上;东乡西乡,以南方为上。若非饮食之客,则布席,席间函丈⑥。主人跪正席,客跪抚席而辞。客彻重席,主人固辞。客践席,乃坐。主人不问,客不先举。

将即席,容毋怍⑦。两手抠衣去齐尺⑧。衣毋拨,足毋蹶⑨。先生书策琴瑟在前,坐而迁之,戒勿越。虚坐尽后,食坐尽前。坐必安,执尔颜⑩。长者不及,毋儳言⑪。正尔容,听必恭。毋勦说,毋雷同。必则古昔,称先王。

〔注释〕

①粪:本义是扫除,这里指清扫席前。
②袂(mèi):衣袖,袖口。
③扱(xī):吸取,收取。
④桥衡:一种叫作桔槔(gāo)的原始汲水工具上的横木。
⑤衽(rèn):古代睡觉时用的席子。趾:脚。
⑥函:容纳。
⑦怍(zuò):脸色改变。
⑧齐(zī):裳的下缉。
⑨蹶(jué):急遽。
⑩执:保持。
⑪儳(chán)言:插嘴。

〔译文〕

凡是为长者清扫席前,一定把扫帚放到簸箕上,用袖子挡住灰尘,边扫边向后退。要使灰尘不飞向长辈,用簸箕朝向自己收取垃圾。

捧着卷着的席子要像桔槔上的横木一样。安放座席时要询问面朝什么方向,摆放卧席要询问脚朝向什么方向。席子,南北方向放置的,以西方为上位;东西方向放置的,以南方为上位。如果不是宴饮的客人,那么席子的摆设,彼此的间隔要容纳一丈的距离。主人跪下为客人整理席子,客人要跪下抚摸席子并婉言推辞。客人请求撤掉重叠的席子,主人再三推辞。客人即席就座,主人才坐。主人不说话,客人不抢先说话。

将要就席的时候,不要改变神色。双手提起衣裳,使下裳的底边离地一尺。不要撩动上衣,脚步不要太急促。如果先生的书籍琴瑟摆在席前,就跪着移开它,切不可从上面跨过去。不为饮食就席的话就尽量靠后坐,为饮食就席的话就尽量靠前坐。坐着的时候身体要安稳,保持面色庄重沉静。年长的人没有提到的,就不要插嘴。端正容貌,恭谨地听别人说话。不要抄袭成说,不要随声附和。言谈一定要效法古贤,称举先王。

侍坐于先生①,先生问焉,终则对。请业则起,请益则起。父召无诺,先生召无诺,唯而起。

侍坐于所尊敬,毋馀席。见同等不起。烛至起,食至起,上客起。烛不见跋②。尊客之前不叱狗。让食不唾。

侍坐于君子,君子欠伸,撰杖屦,视日蚤莫③,侍坐者请出矣。侍坐于君子,君子问更端④,则起而对。侍坐于君子,若有告者曰:"少间,愿有复也。"则左右屏而待。

毋侧听,毋噭应⑤,毋淫视,毋怠荒。游毋倨⑥,立毋跛,坐毋箕⑦,寝毋伏。敛发毋髢⑧,冠毋免,劳毋袒,暑毋褰裳⑨。

侍坐于长者,屦不上于堂,解屦不敢当阶。就屦,跪而举之,屏于侧。乡长者而屦;跪而迁屦,俯而纳屦。

〔注释〕

①侍坐:陪坐。侍,地位低的或年幼的人陪在尊者、长者的身边。
②跋:草烛的根部。
③蚤:通"早"。莫:古"暮"字。
④更端:另外一件事。
⑤噭(jiào):古同"叫",呼喊。
⑥游:走路。倨:傲慢。
⑦箕:簸箕,这里指叉开两腿坐着,身体像簸箕一样。
⑧髢(dí):散垂着头发。也读tì。
⑨褰(qiān):提起。

〔译文〕

陪先生坐着,先生问话,要等他问完了再回答。请求学业上的问题要起身,请求进一步解答要起身。父亲召唤的时候不要回答"诺",先生召唤的时候不要回答"诺",要一边应答"唯",一边起身。

陪尊敬的人坐着,尊者一席,自己另坐一席。见同辈的人不用起身。见端火烛的人进来要起身,见端食物的人进来要起身,见上宾进来要起身。晚上座谈,要在火烛燃尽之前请求离开。尊贵的客人面前不能呵斥狗。主人让食的时候不要吐口水。

陪君子座谈,君子打哈欠、伸懒腰,或是拿拐杖和鞋子,察看日色早晚,陪坐的人就要请求告辞。陪君子座谈,如果君子问及别的事情,陪坐的人要站起来回答。陪君子座谈,如果有人进来说:"稍占点时间,回禀事情。"侍坐者就要退到一旁等待。

不要侧耳探听,不要粗声应答,不要瞟眼探看,不要无精打采。走路的时候不要傲慢摇摆,站立的时候不要跛脚倾斜,坐着的时候不要叉开双腿,睡觉的时候不要俯身趴卧。束敛头发不要散垂,不要摘掉帽子,劳作时不要袒露,暑热天不要提起下裳。

陪长者座谈,不要穿鞋子上堂,解脱鞋子不要面对正阶。下堂穿鞋,跪着拿起鞋子到一旁穿着。如果朝向长辈穿鞋,就要跪着掉转鞋尖的方向,俯身穿着。

离坐离立①,毋往参焉。离立者,不出中间。男女不杂坐,不同椸枷②,不同巾栉③,不亲授。嫂叔不通问。诸母不漱裳。

外言不入于梱④,内言不出于梱。女子许嫁,缨⑤;非有大故,不入其门。姑姊妹女子子,已嫁而反,兄弟弗与同席而坐,弗与同器而食。父子不同席。

男女非有行媒,不相知名;非受币⑥,不交不亲。故日月以告君,齐戒以告鬼神,为酒食以召乡党僚友,以厚其别也。取妻不取同姓,故买妾不知其姓则卜之。寡妇之子,非有见焉,弗与为友。

贺取妻者,曰:"某子使某,闻子有客,使某羞⑦。"贫者不以货财为礼,老者不以筋力为礼。

名子者不以国,不以日月,不以隐疾,不以山川。男女异长⑧。男子二十,冠而字。父前,子名;君前,臣名。女子许嫁,笄而字⑨。

〔注释〕

①离:二,两,双。

②椸枷(yíjiā):衣架。

③巾栉(zhì):毛巾和梳子,泛指盥洗用具。

④梱(kǔn):门限,门槛。

⑤纓:彩带,古代女子许嫁时所佩。

⑥受币:接受了聘礼。

⑦羞:进献。

⑧男女异长:指男女分开排行。

⑨笄(jī):指女子十五岁行插笄礼,以示成年。

〔译文〕

已有两个人并坐或并立,就不要再侧身其中。二人并立,不要从中间穿行。男女不混坐,不混用衣架,不混用毛巾、梳子。物品不亲自授受。嫂子和小叔子不相互问候。不能让庶母浆洗自己的下衣。

外边的话不传入内室,内室的话也不传播到外面。女子订婚后就戴上许嫁的丝带,没有大事,旁人就不能随便出入她的住处。姑姑、姐姐、妹妹、女儿,嫁人后又回到娘家,兄弟就不能与她同席而坐,不能与她使用同一个器皿吃饭。父亲与子女不能同坐一席。

男子和女子没有媒人联络,就不知道彼此的姓名。女家没有接受聘礼时,双方没有交际往来。所以,婚期要上报给国君,斋戒后告诉鬼神,还要准备酒宴告知邻里同僚和朋友,这些都是为了加强男女之别。娶妻不娶同姓的女子,所以买妾若不知姓氏,就要占卜。寡妇的孩子,如果不是见识过人的,就不要与之交朋友。

祝贺别人结婚,说:"某君派遣我来,听说您家宴请宾客,让我来进献礼物。"贫穷的人不必用财物作为贺礼,老人也不必出劳力作为贺礼。

给小孩子取名,不用国名,不用日月名,不用疾病名,不用山川名。男女分开来排行。男子二十岁时行冠礼,另取"字"。在父亲面前,儿子称名;在国君面前,大臣称名。女子许嫁后要为她行插笄礼,另取"字"。

凡进食之礼,左殽右胾①,食居人之左,羹居人之右。脍炙处外②,醯酱处内③,葱渫处末,酒浆处右。以脯脩置者④,左朐右末⑤。客若降等,执食兴辞,主人兴辞于客,然后客坐。主人延客祭:祭食⑥,祭所先进。殽之序,遍祭之。三饭,主人延客食胾,然后辩殽⑦。主人未辩,客不虚口⑧。

侍食于长者,主人亲馈,则拜而食;主人不亲馈,则不拜而食。共食不饱,共饭不泽手⑨。毋抟饭,毋放饭,毋流歠⑩,毋咤食,毋啮骨,毋反鱼肉,毋投与狗骨。毋固获,毋扬饭。饭黍毋以箸。毋嚃羹⑪,毋絮羹,毋刺齿,毋歠醢。客絮羹,主人辞不能亨⑫。客歠醢,主人辞以窭⑬。濡肉齿决,干肉不齿决。毋嘬炙⑭。卒食,客自前跪,彻饭齐以授相者,主人兴辞于客,然后客坐。侍饮于长者,酒进则起,拜受于尊所。长者辞,少者反席而饮。长者举未釂⑮,少者不敢饮。

[注释]

①殽(yáo):带骨的肉。胾(zì):切成大块的肉。
②脍(kuài):细切的肉。炙:烤肉。
③醯(xī):醋。
④脯:干肉。脩(xiū):牛脯。
⑤朐(qú):弯曲的干肉。
⑥祭:古人将所吃的东西取出一些放在食器之间,以此报答创造该食物的人,这样的仪式叫作"祭"。祭食,就是祭饭食。
⑦辩:通"遍",普遍。
⑧虚口:漱口。郑玄注曰此指酳(yìn),即食毕后以酒漱口。
⑨泽手:搓手。古人吃饭不用箸,而用手,既与人共饭,手宜洁净,不得临食始搓手。
⑩歠(chuò):饮,喝。
⑪嚃(tà):囫囵吞咽。
⑫亨(pēng):同"烹"。
⑬窭(jù):贫乏,不足。
⑭嘬(chuài):大口吞食。
⑮釂(jiào):饮酒干杯。

〔译文〕

　　凡陈设食物的礼节,带骨的肉放在左边,切成大块的肉放在右边,饭食放在人的左边,带汁的肉放在人的右边。细切的肉和烤肉放在外侧,醋和酱放在内侧,葱渫等作料放在最外面,酒浆等放在右边。若放置干肉和牛脯,弯曲的部分放在左边,余下的部分放在右边。客人如果谦让,手执食物起身致谢,主人也要起身对客人说一些客气话,然后客人坐下。主人引导客人祭祀:祭祀饭食,祭祀先陈设的食物。依照食物的顺序,一一祭过。吃过三口饭,主人引导客人吃切成大块的肉,然后逐一吃带骨的肉。主人没有吃完,客人不漱口。

　　侍奉长者吃饭,主人若亲自送食,就拜谢之后再吃,如果主人不亲自送食,就不拜谢,自己取食。和别人一同吃饭,不能贪求饱食,不搓手以保持手部卫生。不要用手搓饭团,不要把多余的饭放回到装饭的器皿中,不要喝得满嘴淋漓,不要吃饭时发出很大的响声,不要啃噬骨头,不要把咬过的鱼肉放回盘里,不要给狗投喂骨头。不要专取一种食物吃,不要翻搅饭食散热。吃黍饭的时候不要用箸。不要囫囵吞咽带汁的肉,不要当主人的面调和羹汤,不要当众剔牙,不要喝肉酱。客人在主人面前调和羹汤,主人会道歉羹汤的味道调和得不好。客人喝肉酱,主人会道歉食物准备得不充足。湿软的肉用牙齿咬断,干肉不用牙齿咬断,而要用手撕断。不要大口吞食烤肉。吃完了,客人应伸直上身向前,收拾饭食交给伺候饮食的人,主人起身,辞谢客人,然后客人坐下。侍奉长者喝酒,看到长者要递酒过来就要马上起身,走到放酒樽的地方拜谢接受。长者辞谢,少者再回到自己的席上饮酒。长者举杯饮酒,酒未喝干,少者不敢饮酒。

父母有疾,冠者不栉,行不翔,言不惰,琴瑟不御,食肉不至变味,饮酒不至变貌,笑不至矧①,怒不至詈②。疾止复故。

〔注释〕

①矧(shěn):齿龈。
②詈(lì):责骂,骂人。

〔译文〕

父母生病了,已经成年的儿子内心忧愁,无心梳理头发,走路的时候也不摆动臂膀,不说无聊的闲话,不弹琴瑟,吃肉也只是少吃一点,喝酒也不喝到脸红,笑的时候不会露出齿龈大笑,生气时也不气到恶声怒骂。这种状况要持续到父母病愈,之后才恢复常态。

博闻强识而让①,敦善行而不怠,谓之君子。君子不尽人之欢,不竭人之忠,以全交也。

〔注释〕

①识(zhì):记住。

〔译文〕

知识见闻广博,记忆力超强,又能谦逊礼让,修身践言,努力地完善自己而不懈怠,这样的人就可以称为君子了。君子不尽情无度地享用别人的款待,不要求别人对自己极尽忠诚,这样才能够保持长久的交情。

吊丧弗能赙①,不问其所费。问疾弗能遗②,不问其所欲。见人弗能馆,不问其所舍。赐人者不曰来取。与人者不问其所欲。

〔注释〕

①赙(fù):拿钱财帮助别人办理丧事。
②遗(wèi):馈赠。

〔译文〕

到丧家祭奠死者,不能拿钱财帮人办理丧事,就不问人家花费多少。探视病人,不能馈赠礼品,就不要问病人需要什么。接见客人,不能提供住宿的地方,就不要问人家住在哪里。赠送东西给别人,不要说让人到家里来取。将要把东西给别人,不要问人家想不想要。

礼不下庶人,刑不上大夫。刑人不在君侧。

〔译文〕

礼义的制定不下及于庶人,刑罚的执行不上达至大夫。受过刑罚的人不宜在国君身边供职。

第二　曲礼下

〔题解〕

此为《曲礼》下篇。

国君不名卿老、世妇,大夫不名世臣、侄娣①,士不名家相、长妾。君大夫之子,不敢自称曰"余小子",大夫士之子,不敢自称曰"嗣子某",不敢与世子同名②。

〔注释〕

①侄娣(dì):侄是妻之兄女,娣是妻妹。
②世子:古代天子、诸侯的嫡长子或儿子中继承君位的人。

〔译文〕

国君对上卿、地位仅次于夫人的世妇不直呼其名,大夫对父亲的老臣、随妻来嫁的妻的侄女和妹妹不直呼其名,士对助理家事的大管家和身份较高的妾不直呼其名。国君和大夫的孩子,不能对人自称"余小子";大夫和士的孩子,不能对人自称"嗣子某",而且都要避免和国君的世子同名。

君无故玉不去身,大夫无故不彻县①,士无故不彻琴瑟。

〔注释〕

①县(xuán):指编钟、磬等乐器。

〔译文〕

国君不遭遇灾祸事故,不会去掉随身的佩玉。大夫不遭遇灾祸事故,不会撤掉家中悬挂的钟磬。士不遭遇灾祸事故,不会撤掉经常弹奏的琴瑟。

天子有后,有夫人,有世妇,有嫔,有妻,有妾。天子建天官,先六大,曰:大宰、大宗、大史、大祝、大士、大卜,典司六典①;天子之五官,曰:司徒、司马、司空、司士、司寇,典司五众②;天子之六府,曰:司土、司木、司水、司草、司器、司货,典司六职;天子之六工,曰:土工、金工、石工、木工、兽工、草工,典制六材。

〔注释〕

①典司六典:第一个"典"是动词,主持,主管。第二个"典"是名词,法则,制度。
②五众:五个部门的官署和民众。

〔译文〕

天子的配偶有后,有夫人,有世妇,有嫔,有妻,有妾。天子设立天官,首先设立主管天文气象和鬼神祭祀的六种大官,称为太宰、太宗、太史、太祝、太士、太卜,他们掌管六种法则;天子设有五种行政官职,称为司徒、司马、司空、司士、司寇,负责统领五个部门的官署和民众;天子设立六府,称为司土、司木、司水、司草、司器、司货,主管六种物资财货的相关职务;天子设立六工,有土工、金工、石工、木工、兽工、草工,负责六种材料器物的生产制作。

五官致贡曰享①。五官之长曰伯,是职方。其摈于天子也②,曰天子之吏。天子同姓,谓之伯父,异姓,谓之伯舅。自称于诸侯,曰天子之老,于外曰公,于其国曰君;九州之长,入天子之国,曰牧。天子同姓,谓之叔父,异姓,谓之叔舅。于外曰侯,于其国曰君;其在东夷、北狄、西戎、南蛮,虽大,曰子,于内自称曰不穀,于外自称曰王老;庶方小侯入天子之国,曰某人,于外曰子,自称曰孤。

〔注释〕

①致:送诣,献纳。
②摈(bìn):通"傧",导引接待宾客的人。

〔译文〕

五官献上各自的政绩,称为"享"。五官的首长,称"伯",是主管一方的大官。天子引导宾客的傧者在向天子传话时,称之为"天子之吏"。他们如果与天子同姓,天子就称之为"伯父",如果是异姓,就称之为"伯舅"。他们在与诸侯交往时,自称"天子之老",本国以外的人称之为"公",本国之内的人称之为"君";九州的诸侯之长,进入天子的畿内,傧者传话就称呼其为"牧"。若与天子同姓,天子就称之为"叔父";若与天子异姓,天子就称之为"叔舅"。国外称之为"侯",国内称之为"君";地处东夷、北狄、西戎、南蛮的诸侯,即使国大地阔,也只称之为"子",他们在国内自称"不穀",对外自称"王老"。其他众多小国的诸侯,进入天子王畿,就称之为"某人",外国人称之为"子",自称"孤"。

天子当依而立^①,诸侯北面而见天子曰"觐"。天子当宁而立^②,诸公东面、诸侯西面曰"朝"。诸侯未及期相见曰"遇",相见于郄地曰"会"^③。诸侯使大夫问于诸侯曰"聘",约信曰"誓",莅牲曰"盟"^④。

〔注释〕

①依:通"扆"(yǐ),户牖间画有斧形的屏风。
②宁(zhù):古代宫殿的门与屏之间。
③郄(xì)地:间隙之地,即两国之间。
④莅牲:也叫歃血,双方盟誓,杀牛取血,涂在嘴上,表示绝不违背盟约。

〔译文〕

天子面向南,背靠户牖间的屏风而立,接受诸侯的朝拜,诸侯立南向北,朝见天子,这叫作"觐"。天子立于门屏之间,面向南方,诸公立西面东,诸侯立东面西,朝见天子,这叫作"朝"。诸侯之间未到约定的日期见面叫作"遇",按约定的日期在两国间隙之地相见叫作"会"。诸侯派遣大夫访问其他诸侯国叫作"聘"。彼此约定信守承诺叫作"誓"。若杀牛歃血表示不违背誓言就叫作"盟"。

天子之妃曰"后",诸侯曰"夫人",大夫曰"孺人",士曰"妇人",庶人曰"妻"。公侯有夫人,有世妇,有妻,有妾。夫人自称于天子,曰"老妇";自称于诸侯,曰"寡小君";自称于其君,曰"小童"。自世妇以下,自称曰"婢子"。子于父母则自名也。

[译文]

　　天子的正妻叫作"后",诸侯的正妻叫作"夫人",大夫的正妻叫作"孺人",士的正妻叫作"妇人",庶人的正妻叫作"妻"。公侯的配偶有夫人,有世妇,有妻,有妾。夫人在天子面前自称"老妇",在诸侯面前自称"寡小君",在自己的丈夫国君面前自称"小童"。自世妇以下的妃嫔就自称"婢子"了。子女在父母面前要自称己名。

天子祭天地,祭四方,祭山川,祭五祀,岁遍。诸侯方祀,祭山川,祭五祀①,岁遍。大夫祭五祀,岁遍。士祭其先。凡祭,有其废之莫敢举也,有其举之莫敢废也。

非其所祭而祭之,名曰"淫祀",淫祀无福。天子以牺牛②,诸侯以肥牛,大夫以索牛③,士以羊豕。支子不祭④,祭必告于宗子。

〔注释〕

①五祀:祭祀住宅内外的五种神祇,文献记载不一,郑玄认为是祭祀门、户、中溜、灶、行五神。
②牺(xī):古代称做祭品用的纯色牲畜。牺牛,纯色的牛。
③索牛:挑选出来的好牛。
④支子:宗法制度下称正妻所生的嫡长子以下的诸子和妾所生的儿子。

〔译文〕

天子祭祀天地,祭祀四方,祭祀山川,祭祀五神,一年之内祭遍。诸侯在其境内举行方祀,祭祀山川,祭祀五神,一年之内祭遍;大夫祭祀五神,一年之内祭遍。士祭祀祖先。但凡祭祀,有一些祭祀已经废止了,就不敢再举行,也有一些祭祀需要举行,就不敢废止。不是祭者该祭祀的却祭祀了,这就叫作淫祀,而淫祀是不能得到福佑的。天子用纯正毛色的牛祭祀,诸侯用精心饲养的肥壮的牛祭祀,大夫用仔细挑选的牛祭祀,士则用羊和猪来祭祀。嫡长子以下诸子和妾生的儿子不能主持祭祀,出于特殊缘故需要主持祭祀时,必须事先告知作为宗子的嫡长子。

天子死曰"崩",诸侯曰"薨",大夫曰"卒",士曰"不禄",庶人曰"死"。在床曰"尸",在棺曰"柩"。羽鸟曰"降",四足曰"渍"。死寇曰"兵"。祭王父曰"皇祖考",王母曰"皇祖妣"。父曰"皇考",母曰"皇妣",夫曰"皇辟"。生曰"父"、曰"母"、曰"妻",死曰"考"、曰"妣"、曰"嫔"。寿考曰"卒",短折曰"不禄"。

〔译文〕

　　天子去世叫作"崩",诸侯去世叫作"薨",大夫去世叫作"卒",士死叫作"不禄",庶人死叫作"死"。死者在床上时叫作"尸",在棺木里叫作"柩"。飞鸟之死叫作"降",四只脚的兽死了叫作"渍"。死于兵祸战乱的叫作"兵"。祭祀去世的祖父称之为"皇祖考",祖母称"皇祖妣"。祭祀父亲称"皇考",母亲称"皇妣",丈夫称"皇辟"。他们在世的时候,称呼其为"父""母""妻",死后就称之为"考""妣""嫔"。寿终正寝的叫作"卒",短寿夭折的叫作"不禄"。

　　凡挚①,天子鬯②,诸侯圭③,卿羔,大夫雁,士雉,庶人之挚匹④。童子委挚而退。野外军中无挚,以缨⑤、拾⑥、矢,可也。妇人之挚,椇⑦、榛、脯、脩、枣、栗。

〔注释〕

①挚(zhì):同"贽"。古代与人见面时所送的礼物,见面礼。
②鬯(chàng):古代祭祀用的酒,用郁金草酿黑黍而成。
③圭:一种玉器,上圆(或剑头形)下方。
④匹:《广雅·释名》作"鸭"(pǐ),鸭子。
⑤缨:马项上的饰物。

⑥拾:射箭时用以束衣袖的臂套。
⑦椇(jǔ):木名,即枳椇,也指它的果实,味甘可食。

〔译文〕

　　与人见面所执的礼物,天子用鬯酒,诸侯用圭,卿用羔羊,大夫用雁,士用野鸡,一般民众用鸭子。少年人放下礼物便可退下。在野外军队中没有合适的礼物,可以用马缨、射箭的袖套和箭矢作为礼物。妇人的见面礼用椇、榛子、肉干、大枣或栗子。

第三　檀弓上

〔题解〕

　　此篇因首章"檀弓"二字而得名。郑玄《目录》曰:"名曰《檀弓》者,以其记人善于礼,故著姓名以显之。姓檀,名弓。今山阳有檀氏。此于《别录》属通论。此檀弓在六国之时,知者以仲梁子是六国时人,此篇载仲梁子,故知也。"在郑玄看来,檀弓是六国时人,因善于礼,而取其姓名以名篇。篇文多是关于丧礼的记载,性质与《杂记》类似,因简册繁重而分为上、下两篇,此为上篇。

　　公仪仲子之丧,檀弓免焉①。仲子舍其孙而立其子。檀弓曰:"何居②?我未之前闻也。"趋而就子服伯子于门右,曰:"仲子舍其孙而立其子,何也?"伯子曰:"仲子亦犹行古之道也。昔者文王舍伯邑考而立武王,微子舍其孙腯而立衍也;夫仲子亦犹行古之道也。"子游问诸孔子,孔子曰:"否!立孙③。"

〔注释〕

　　①免(wèn):古代丧服,去冠括发,以布缠头。

②居:读如"其",语气词。
③立孙:殷人的礼俗是兄死弟及,而《周礼》则认为"嫡子死,则立嫡孙",公孙仲子既为周人,应行周法,故应当立嫡孙为丧主。

〔译文〕

　　公仪仲子家有丧事,檀弓去冠括发,以布缠头,参加了丧礼。仲子没有用嫡孙而是用庶子做丧主。檀弓说:"怎么能这样呢?我之前没有听说过不用嫡孙而用庶子充任丧主的。"他便快步跑到门右,向子服伯子询问道:"仲子舍弃嫡孙而用庶子担任丧主,这是为什么呢?"伯子说:"仲子遵循的也是古法啊。从前,文王不立伯邑考而立武王,微子不立嫡孙腯(tú)而立庶子衍,仲子这么做也是在效仿古法啊!"子游听说后就向孔子请教,孔子说:"不对!应该立嫡孙。"

　　季武子成寝,杜氏之葬在西阶之下,请合葬焉,许之。入宫而不敢哭。武子曰:"合葬非古也,自周公以来,未之有改也。吾许其大而不许其细,何居?"命之哭。

〔译文〕

　　季武子新建成一座寝宫,杜氏先祖的遗体原本埋在这座寝宫的西阶下,于是杜氏请求迁出先祖的遗体,将其合葬于别处,季武子允许了。杜家人进入季武子的寝宫时,害怕冒犯季氏,就不敢依礼哭踊。季武子说:"合葬本不是古人的旧制,但从周公开始,人们都这么做,不曾更改。我既然已经允许杜氏迁柩合葬,为什么不能允许他们按照礼法哭踊呢?"于是让杜氏的人依礼哭踊。

子上之母死而不丧①。门人问诸子思曰:"昔者子之先君子丧出母乎②?"曰:"然。""子之不使白也丧之,何也?"子思曰:"昔者吾先君子无所失道。道隆则从而隆,道污则从而污③。伋则安能? 为伋也妻者,是为白也母;不为伋也妻者,是不为白也母。"故孔氏之不丧出母,自子思始也。

〔注释〕

①子上:孔子曾孙,孔鲤之孙,孔伋(字子思)之子,名白,字子上。
②出母:被父亲休弃的生母。
③污:犹谓杀(shài),这里是说礼衰。

〔译文〕

子上的母亲去世了,子上却不为母亲服丧。子思的学生感到奇怪,就去询问子思,说:"从前,您的先祖允许儿子为他那被休的母亲服丧吗?"子思回答:"是。"学生又问:"那您不让子上给他被休的母亲服丧,这是为什么呢?"子思说:"从前,我的先祖没有失礼的地方。依照礼仪,该隆重就隆重,该从简就从简。而我又如何能做到像先君子那样呢? 是我妻子的人,自然是孔白的母亲。不是我妻子了,也就不再是孔白的母亲了。"所以,孔家子孙不再为被休的生母服丧,是从子思这里开始的。

孔子哭子路于中庭①。有人吊者,而夫子拜之。既哭,进使者而问故。使者曰:"醢之矣②。"遂命覆醢。

〔注释〕

①子路:孔子弟子,事卫,任大夫孔悝的邑宰。卫乱,父子争位,子路为救孔悝被杀。
②醢(hǎi):用肉、鱼等制成的酱,这里做动词,指被剁成了肉酱。

〔译文〕

孔子在庭中为子路哭丧。有人来吊唁,孔子以丧主的身份答拜。之后,孔子延请使者,询问子路去世的详情。使者回答说:"被剁成了肉酱。"孔子于是命人把家里的肉酱都盖上,不忍见之。

孔子少孤,不知其墓。殡于五父之衢①。人之见之者,皆以为葬也。其慎也②,盖殡也。问于郰③曼父之母,然后得合葬于防。

〔注释〕

①衢(qú):四通八达的道路。
②慎:通"纼(zhèn)",牵引灵车的大绳子。
③郰(zōu):地名,在今山东曲阜。

〔译文〕

孔子少时母亲去世了,不知道父亲的墓在何处。于是,他将母亲的棺柩停放在五父大路的路边。经过的人看到了,都认为孔子是在出葬。但再看牵引灵车的大绳子,又好像是停柩待葬。孔子向郰曼父的母亲询问,终于知道了父亲的墓在何处,然后才得以让母亲与父亲合葬于防山。

夏后氏尚黑,大事敛用昏,戎事乘骊①,牲用玄;殷人尚白,大事敛用日中,戎事乘翰②,牲用白;周人尚赤,大事敛用日出,戎事乘䮾,牲用骍③。

〔注释〕

①骊(lí):黑色的马。
②翰:白色的马。
③䮾(yuán)、骍(xīng):䮾,赤毛白腹的马。骍,赤色的马。

〔译文〕

夏代崇尚黑色,丧事殓葬都在黄昏,军事行动用黑马,祭祀用黑色的牲口;殷代崇尚白色,丧事殓葬都在中午,军事行动用白马,祭祀用白色的牲口;周代崇尚红色,丧事殓葬都在太阳初升时,军事行动用赤身白腹马,祭祀用赤色的牲口。

晋献公将杀其世子申生,公子重耳谓之曰:"子盖言子之志于公乎①?"世子曰:"不可,君安骊姬②,是我伤公之心也。"曰:"然则盖行乎?"世子曰:"不可,君谓我欲弑君也,天下岂有无父之国哉!吾何行如之?"使人辞于狐突曰③:"申生有罪,不念伯氏之言也,以至于死,申生不敢爱其死。虽然,吾君老矣,子少,国家多难,伯氏不出而图吾君,伯氏苟出而图吾君,申生受赐而死。"再拜稽首,乃卒。是以为恭世子也。

〔注释〕

①盖:郑玄认为应该作"盍","何不"的合音兼词。
②骊姬:晋献公宠妃,离间挑拨晋献公与儿子申生、重耳、夷吾的感情,迫使申生自杀,重耳、夷吾逃亡,史称"骊姬之乱"。
③狐突:晋国大夫,晋文公的外祖父,有先见之明。

〔译文〕

晋献公要杀世子申生,公子重耳对哥哥申生说:"您为什么不向父亲表白呢?"申生说:"不可以,父亲安于骊姬的服侍,我如果跟父亲表白,会伤了父亲的心。"重耳又说:"既然这样,为什么不逃亡呢?"申生说:"不可以,父亲说我是要弑君弑父的人,天底下哪有没有君父的国家,谁能够接受负此恶名的我啊?我又能到哪里去呢?"申生派人带话给狐突,说:"我是有罪的人,没有听从您的劝谏,以至于落到要被杀害的境地。我不敢贪生,但是,我的父亲已经年老了,其他儿子年纪还轻,国家多灾多难,您又不肯出来为我们的国君谋划。如果您能够出来辅佐我们的国君,我情愿领死。"于是申生拜了两拜,行稽首礼,然后就自杀了。他的品行如此,所以被称为恭世子。

鲁庄公及宋人战于乘丘。县贲父御,卜国为右①。

马惊,败绩②,公队③。佐车授绥④。公曰:"末之卜也⑤。"县贲父曰:"他日不败绩,而今败绩,是无勇也。"遂死之。圉人浴马⑥,有流矢在白肉⑦。公曰:"非其罪也。"遂诔之⑧。士之有诔,自此始也。

[注释]

①右:车右,又称骖(cān)乘。古制,一车乘三人,尊者在左,御者在中,骖乘居右。但君王或战争时的主帅居中,御者在左。车右都是有勇力者,负责执干戈以御敌,并负责战争中的力役之事。
②败绩:行列错乱。
③队:古"坠"字,坠落。
④佐车:副车。绥:用来拉手上车的绳子。
⑤末之卜:未尝占卜。末,微也。
⑥圉(yǔ)人:职官名。周置,负责养马刍牧等事。
⑦白肉:马腿内侧的肉。
⑧诔(lěi):叙述死者生前事迹表示哀悼,如今之致悼词。

[译文]

鲁庄公和宋人在乘丘作战,县贲父赶车,卜国为车右。马惊了,行列错乱,鲁庄公从车上摔下来,副车把他拉上来。鲁庄公说:"大概是未尝卜问驾车人选的缘故。"县贲父说:"以前没有行列错乱,而今天却行列错乱,这是临阵无勇啊!"于是就自杀身亡。养马官给马洗澡,看到有流箭插在马腿内侧的肉里。鲁庄公说:"这不是他的过错啊!"于是就为县贲父作诔文。士阶级有诔文,就从这件事开始。

曾子寝疾,病①。乐正子春坐于床下,曾元、曾申坐于足,童子隅坐而执烛。童子曰:"华而睆②,大夫之箦与③?"子春曰:"止!"曾子闻之,瞿然曰:"呼④!"曰:"华而睆,大夫之箦与?"曾子曰:"然,斯季孙之赐也,我未之能易也。元,起易箦。"曾元曰:"夫子之病革矣⑤,不可以变,幸而至于旦,请敬易之。"曾子曰:"尔之爱我也不如彼。君子之爱人也以德,细人之爱人也以姑息。吾何求哉?吾得正而毙焉,斯已矣。"举扶而易之。反席未安而没⑥。

〔注释〕

①病:很严重的病,程度甚于疾。
②睆(huàn):明亮。
③箦(zé):竹席。
④瞿(jù)然:惊慌、恐惧的样子。呼:想要问又不能说话而发出的声音。
⑤革:急。
⑥没:通"殁",死。

〔译文〕

曾子在床病卧,病情严重。乐正子春坐在床下,曾子的儿子曾元和曾申坐在脚旁,一个童仆在墙角坐着,手里端着火烛。童仆说:"华丽又明亮,这是大夫的竹席吧!"子春说:"不要说话!"曾子听到了,惊慌地想要说些什么,却没有说出来。童仆又说:"华丽又明亮,这是大夫的竹席吧!"曾子说:"是的,这是季孙氏赏赐给我的。我病着,没有能力起身更换。元,你来帮我起身易席。"曾元说:"您老人家已经病得很重了,不可以现在更换席子,希望能到天亮,再换席子。"曾子说:"你们爱我的心还比不上那个孩子。君子爱人就会成全对方的德行,小人爱人才不顾大义。我追求的是什么啊?不过是可以合乎正礼地死去罢了。"于是众人抬起曾子,更换了席子。再把曾子放回更换好的席子上,还没来得及放平稳,曾子就咽气了。

子路有姊之丧,可以除之矣,而弗除也。孔子曰:"何弗除也?"子路曰:"吾寡兄弟而弗忍也。"孔子曰:"先王制礼。行道之人皆弗忍也。"子路闻之,遂除之。

〔译文〕

子路为自己的姐姐服丧,到了该去除丧服的时候,没有脱掉。孔子说:"你为什么不脱掉丧服呢?"子路说:"我的兄弟很少,我不忍心脱掉啊。"孔子说:"这是先王们制定的礼法。要说不忍,但凡行仁道的君子都是不忍的。"子路听到了,就脱掉了丧服。

大公封于营丘,比及五世①,皆反葬于周。君子曰:"乐,乐其所自生。礼不忘其本。古之人有言曰:'狐死正丘首。'仁也。"

〔注释〕

①比及:等到。

〔译文〕

大公封在营丘,直到五世的子孙,死后都返回周地埋葬。君子说:"乐,就是要表现它生成之初的心情的。礼的精神就在于不让人们忘记根本。古话说:'狐狸要死的时候,头一定朝向出生时洞穴所在的方向。'这也是一种仁啊!"

伯鱼之母死,期而犹哭。夫子闻之曰:"谁与哭者?"门人曰:"鲤也。"夫子曰:"嘻①!其甚也。"伯鱼闻之,遂除之。

〔注释〕

①嘻:叹词,表示斥责。

〔译文〕

伯鱼的母亲去世了,伯鱼为母服丧,过了一年的丧期还在哭泣。孔子听到了哭声,问:"谁在哭啊?"弟子回答说:"是伯鱼。"孔子生气地说:"哎!太过分了。"伯鱼听到了,就不再哭了。

伯高死于卫,赴于孔子①。孔子曰:"吾恶乎哭诸?兄弟,吾哭诸庙;父之友,吾哭诸庙门之外;师,吾哭诸寝;朋友,吾哭诸寝门之外;所知,吾哭诸野。于野,则已疏;于寝,则已重。夫由赐也见我②,吾哭诸赐氏。"遂命子贡为之主,曰:"为尔哭也来者,拜之;知伯高而来者,勿拜也。"

〔注释〕

①赴:报丧,后来写作"讣",古人只作赴者,取急疾之意。
②赐:端木赐,字子贡,孔子弟子。

〔译文〕

伯高死在了卫国,有人来给孔子报丧。孔子说:"我该在哪里为伯高哭丧呢?兄弟,我在祖庙里哭他;父亲的朋友,我在庙门外哭他;老师,我在正寝哭他;朋友,我在正寝门外哭他;一般相识的人,我在郊野哭他。在野外哭伯高,就过于疏远了;在正寝哭他,又嫌太重。他是由赐介绍我认识的,那我就到赐家哭他吧。"于是让子贡做伯高的主丧人,告诉他:"如果是因为你的关系而来哭伯高的,你就拜谢他;如果只是因为伯高的关系来哭他的,你就不用拜谢了。"

子夏丧其子而丧其明。曾子吊之曰:"吾闻之也:朋友丧明则哭之。"曾子哭,子夏亦哭,曰:"天乎!予之无罪也!"曾子怒曰:"商①,女何无罪也?吾与女事夫子于洙泗之间②,退而老于西河之上③,使西河之民疑女于夫子,尔罪一也;丧尔亲,使民未有闻焉,尔罪二也;丧尔子,丧尔明,尔罪三也。而曰女何无罪与!"子夏投其杖而拜曰:"吾过矣!吾过矣!吾离群而索居亦已久矣。"

〔注释〕

①商:子夏,孔子的弟子,名商。
②洙泗:洙水和泗水,春秋时属鲁国,孔子在洙泗之间聚徒讲学。
③西河:魏国西河,今天的陕西关中东部黄河沿岸地区。

〔译文〕

子夏的儿子死了,他哭瞎了眼睛。曾子来慰问他,说:"我听说过,朋友失明了,该去慰问他。"曾子哭了,子夏也哭了,说:"上天啊!我没有做错什么啊!"曾子生气地说:"商,你怎么会没有罪过呢?我与你一同在洙泗之间追随老师学习,后来你上了年纪,来到西河之地,让西河这地方的人误以为你比得上老师,这是你的第一条罪责;之前你为双亲守丧,没有让人民看到你有什么值得称道的地方,这是你的第二条罪责;你的儿子死了,你却哭瞎了眼睛,这是你的第三条罪责。这样你还说自己没有罪责吗?"子夏扔掉了手杖,拜谢说:"我错了!我错了!我离开人群独自居住已经太久了!"

夫昼居于内,问其疾可也;夜居于外,吊之可也。是故君子非有大故,不宿于外;非致齐也①,非疾也,不昼夜居于内。

〔注释〕

①致齐(zhāi):古代在举行祭祀前清心洁身的礼式。齐,同"斋",斋戒。

〔译文〕

　　白天待在屋子里,亲朋就可以去探问病情了;夜晚睡在外边,亲朋就可以去吊丧了。所以,君子没有特殊的变故,不住宿在门外;不是祭祀前的斋戒,不是疾病,是不能昼夜待在房里的。

　　孔子与门人立,拱而尚右①,二三子亦皆尚右。孔子曰:"二三子之嗜学也,我则有姊之丧故也。"二三子皆尚左。

〔注释〕

　　①拱而尚右:两只手重叠作礼,右手放在左手的上面,是凶礼。左手放在右手的上边,加尚左,是吉礼。

〔译文〕

　　孔子与弟子们一同站着,拱手时将右手放在了左手上面,两三个弟子也跟着这样做。孔子说:"你们太喜欢学我了,我这样做是因为我姐姐去世了的缘故。"弟子们都改过来,用左手掩住右手行礼。

　　孔子蚤作①,负手曳杖,消摇于门,歌曰:"泰山其颓乎?梁木其坏乎②?哲人其萎乎?"既歌而入,当户而坐。子贡闻之曰:"泰山其颓,则吾将安仰?梁木其坏,哲人其萎，则吾将安放？夫子殆将病也。"遂趋而入。夫子曰："赐！尔来何迟也？夏后氏殡于东阶之上，则犹在阼也；殷人殡于两楹之间③，则与宾主夹之也；周人殡于西阶之上，则犹宾之也。而丘也，殷人也。予畴昔之夜④，梦坐奠于两楹之间。夫明王不兴，而天下其孰能宗予？予殆将死也。"盖寝疾七日而没。

〔注释〕

①蚤：通"早"，早上。
②梁木：架在墙上或柱子上支撑房顶的横木。
③两楹：堂屋前部的两根柱子。
④畴(chóu)昔：从前，日前。

〔译文〕

孔子一早起床，背着手，拽着拐杖，在大门口悠闲自在地踱步，唱道："泰山要塌了吧？梁木要坏了吧？哲人要凋零了吧？"唱完就走进了内室，对着门坐着。子贡听到了，说："泰山塌了，那我们还能仰望什么？梁木坏了，哲人凋零了，那我们又如何是好？老师恐怕是要生病了啊。"于是就快步走进去。孔子说："赐啊，你怎么来得这么迟啊？夏代停柩在东阶的堂上，那仍是处在主人的位置上；殷代停柩在堂上两楹之间，那是介于宾位和主位之间；周人停柩在西阶的堂上，那是以客礼来待之。我是殷人啊，我前夜梦到自己坐在两楹之间。如今没有圣明的君主产生，有谁能尊重我而请我坐在两楹之间呢？看来我是要死了啊，将要殡于两楹之间了啊。"大概病了七天，孔子就去世了。

孔子之丧,门人疑所服。子贡曰:"昔者夫子之丧颜渊,若丧子而无服。丧子路亦然。请丧夫子若丧父而无服。"

〔译文〕

孔子去世后,弟子们不知道该穿什么样的丧服。子贡说:"从前,老师为颜渊服丧的时候,态度像是给儿子服丧一样,却没有穿丧服。为子路服丧的时候也是一样。现在请大家为老师服丧,也像为父亲服丧一样,只是不穿丧服了吧。"

掘中霤而浴①,毁灶以缀足②,及葬,毁宗躐行③,出于大门,殷道也。学者行之。

〔注释〕

①掘中霤(liù)而浴:在房室的中央掘坑,名为坎,把床架在坎上,在床上沐尸,水便流到坎中。中霤,房室的中央。
②毁灶以缀足:拆毁灶台,用灶壁来缀足。缀,拘。缀足,古人用几案或他物拘夹死者的足胫,防止僵曲挺暴,令其端正以利穿鞋。
③毁宗躐(liè)行:殷人殡于宗庙,迁柩出葬时,拆毁宗庙西边的墙出去,再经过行神之位。宗,宗庙。躐,逾越。行,过道,古代祭祀过道之神。

〔译文〕

在房室的中央挖坎沐尸,拆毁灶台,用灶壁来缀足,等到下葬的时候,拆毁宗庙的西墙,越过行神的祭位,不走中门,直接从大门出去,这些都是殷代的制度。向孔子学习的人也都学着这样做。

有子问于曾子曰:"问丧于夫子乎①?"曰:"闻之矣:丧欲速贫,死欲速朽。"有子曰:"是非君子之言也。"曾子曰:"参也闻诸夫子也。"有子又曰:"是非君子之言也。"曾子曰:"参也与子游闻之。"有子曰:"然,然则夫子有为言之也。"曾子以斯言告于子游。子游曰:"甚哉,有子之言似夫子也。昔者夫子居于宋,见桓司马自为石椁②,三年而不成。夫子曰:'若是其靡也,死不如速朽之愈也。'死之欲速朽,为桓司马言之也。南宫敬叔反③,必载宝而朝。夫子曰:'若是其货也④,丧不如速贫之愈也。'丧之欲速贫,为敬叔言之也。"曾子以子游之言告于有子,有子曰:"然,吾固曰非夫子之言也。"曾子曰:"子何以知之?"有子曰:"夫子制于中都,四寸之棺,五寸之椁,以斯知不欲速朽也。昔者夫子失鲁司寇,将之荆,盖先之以子夏,又申之以冉有,以斯知不欲速贫也。"

〔注释〕

①丧:丢掉,失去,这里指失去官职。
②椁:套在棺材外面的大棺材。
③反:后来写作"返",返回。南宫敬叔是鲁孟僖子的儿子仲孙阅,他

曾失去鲁国官位而离开过鲁国。

④货:贿赂。

[译文]

　　有子问曾子说:"你在夫子那里听说过丢官的事吗?"曾子回答说:"听说过:丢了官希望快点穷,人死了希望快点腐烂。"有子说:"这不是君子说的话。"曾子说:"我这是从夫子那里听来的。"有子又说:"这不是君子说的话。"曾子说:"我是和子游一起听到的。"有子说:"是这样。那么夫子是有所指才这样说的。"曾子把这话告诉子游。子游说:"太像了!有子的话太像老师的话了!从前,夫子住在宋国,看到桓司马自己制造石椁,花了三年的时间还没有造成。夫子说:'像这样奢侈,还不如死了以后快点腐烂的好。'死了想快点腐烂,这话是针对桓司马说的。南宫敬叔回国后,一定用车装满了珍宝去朝拜君王。夫子说:'像这样行贿,丢了官还不如快点贫穷的好。'丢了官想快点贫穷,是针对南宫敬叔说的。"曾子把子游的话告诉有子,有子说:"是的,我本来就认为这不是老师的话。"曾子说:"你是如何知道的呢?"有子曰:"老师治理中都的时候,规定了要用四寸厚的棺材,五寸厚的棺椁,由此知道他不想死了以后快点腐烂。从前老师失去了鲁司寇的官职,将要到楚国去,记得好像是先让子夏去安排,随后又派了冉有去,由此可知,老师是不想丢官之后马上就贫穷的。"

　　子游问丧具。夫子曰:"称家之有亡①。"子游曰:"有亡恶乎齐?"夫子曰:"有,毋过礼。苟亡矣,敛首足形,还葬②,县棺而封③,人岂有非之者哉!"

〔注释〕

①称:相当于"随",各随其宜。亡:通"无"。
②还:通"旋"(xuán),迅速。
③县棺而封:指不使用下棺用的井辘轳之类的工具,而是用手悬着绳子下窆。县,古"悬"字。封,读如"窆"(biǎn),将棺木葬入墓穴。

〔译文〕

子游向老师请教治办丧具的标准。孔子说:"和家庭的贫富程度相当就可以了。"子游说:"若随着家资的多寡如何能够统一标准呢?"孔子说:"家庭富有的,不要厚葬而超越礼制。家庭贫穷的,让衣衾足以覆殓死者的手足,不殡而葬,用手悬着绳子下窆,一切从简,人们又怎么会指责他呢?"

第四　檀弓下

〔题解〕

此为《檀弓》下篇。

君之嫡长殇①,车三乘②;公之庶长殇,车一乘;大夫之嫡长殇,车一乘。

〔注释〕

①长殇(shāng):年十六到十九岁而夭折。殇,未成年而死。
②车:遣车,古代指送葬载牲体的车子。

〔译文〕

国君的嫡子十六到十九岁去世的,用三辆遣车送葬;公的庶子十六到十九岁去世的,用一辆遣车送葬;大夫的嫡子十六到十九岁去世的,用一辆遣车送葬。

吊于人,是日不乐。妇人不越疆而吊人。行吊之日不饮酒食肉焉。吊于葬者必执引①,若从柩及圹②,皆执绋③。

〔注释〕

①引:古代柩车的绳索。

②圹(kuàng):墓穴,坟墓。

③绋(fú):古代出殡时拉棺材用的大绳。

〔译文〕

向别人吊丧这一天不奏乐。妇女不越过国境到别国去吊丧。吊丧这一天不喝酒不吃肉。如果吊丧这一天正赶上下葬,就一定要帮着拉柩车的绳索。如果跟着柩车到墓地去,就一定要拉着大绳帮忙下葬。

晋献公之丧,秦穆公使人吊公子重耳①,且曰:"寡人闻之,亡国恒于斯,得国恒于斯。虽吾子俨然在忧服之中②,丧亦不可久也,时亦不可失也。孺子其图之。"以告舅犯③。舅犯曰:"孺子其辞焉。丧人无宝,仁亲以为宝。父死之谓何!又因以为利,而天下其孰能说之?孺子其辞焉。"公子重耳对客曰:"君惠吊亡臣重耳,身丧父死,不得与于哭泣之哀,以为君忧。父死之谓何!或敢有他志,以辱君义。"稽颡而不拜④,哭而起,起而不私⑤。子显以致命于穆公。穆公曰:"仁夫公子重耳!夫稽颡而不拜,则未为后也,故不成拜。哭而起,则爱父也;起而不私,则远利也。"

〔注释〕

　　①重耳:姬姓,名重耳,晋献公之子,史称"晋文公",春秋五霸之一。晋献公晚年宠骊姬,酿成"骊姬之乱",太子申生自杀,公子重耳逃亡。此事发生在献公去世,重耳逃亡在狄期间。
　　②俨然:形容庄重严肃。
　　③舅犯:狐偃,姬姓,狐氏,字子犯。狐突之子,也是晋文公重耳的舅舅,与其兄长狐毛一起辅助重耳。
　　④稽颡(qǐsǎng):以额触地的敬礼。
　　⑤不私:不与使者私下说话。

〔译文〕

　　晋献公去世了,秦穆公派人到狄国吊唁逃亡在狄的公子重耳,并且说:"我听说过,失去一个国家就在此时,得到一个国家也在此时。虽然您现在庄重严肃地处于为父服丧的时期,但服丧的日子也不宜太长,时机不可错失,希望您好好地考虑一下。"重耳将使者的话转述给舅舅狐偃。狐偃说:"你还是辞谢了他吧。逃亡的人没有什么可宝贵的,只有仁孝是最宝贵的了。父亲死了,这是多么大的灾祸啊!要是趁此时机牟利的话,那么你如何能向天下人解释清白,说自己是没有罪的呢?你还是辞谢了吧。"公子重耳对使臣说:"承蒙秦君的恩惠,来吊问逃亡在外的我。我逃亡在外,父亲去世了,我不能亲自回到父亲身边哭泣致哀,反而让贵国的国君为我担心。父亲死了,这是多么大的灾祸啊!我若是敢有其他的想法,就辱没了贵国国君的情义了。"说着叩头触地行礼,但却不拜谢,哭着起身,起身后却不私语。子显把情况汇报给秦穆公,秦穆公说:"仁德啊!公子重耳!叩头行礼却不拜谢,这是不敢以献公的继任者的身份自居,所以不成拜礼。哭着起身,这是对父亲的眷爱;起身后不私语,这是不贪图利益的表现。"

　　丧礼,哀戚之至也。节哀,顺变也,君子念始之者也。复①,尽爱之道也,有祷祠之心焉;望反诸幽,求诸鬼神之道也;北面,求诸幽之义也。拜稽颡,哀戚之至隐也;稽颡,隐之甚也。饭用米贝②,弗忍虚也;不以食道,用美焉尔。铭③,明旌也,以死者为不可别已,故以其旗识之。爱之,斯录之矣;敬之,斯尽其道焉耳。重④,主道也,殷主缀重焉⑤;周主重彻焉。奠以素器,以生者有哀素之心也;唯祭祀之礼,主人自尽焉尔;岂知神之所飨,亦以主人有齐敬之心也。辟踊⑥,哀之至也,有筭,为之节文也。袒、括发,变也;愠,哀之变也。去饰,去美也;袒、括发,去饰之甚也。有所袒、有所袭,哀之节也。弁绖葛而葬,与神交之道也,有敬心焉。周人弁而葬,殷人冔而葬⑦。歠主人、主妇室老,为其病也,君命食之也。反哭升堂,反诸其所作也;主妇入于室,反诸其所养也。反哭之吊也,哀之至也——反而亡焉,失之矣,于是为甚。殷既封而吊,周反哭而吊。孔子曰:"殷已悫⑧,吾从周。"葬于北方,北首,三代之达礼也,之幽之故也。既封,主人赠,而祝宿虞尸⑨。既反哭,主人与有司视虞牲,有司以几筵舍奠于墓左,反,日中而虞⑩。葬日虞,弗忍一日离也。是月也，以虞易奠。卒哭曰"成事"⑪，是日也，以吉祭易丧祭。明日，祔于祖父⑫。其变而之吉祭也，比至于祔，必于是日也接——不忍一日未有所归也。殷练而祔⑬，周卒哭而祔。孔子善殷。

[注释]

①复：古代人死后招魂的一种礼节。行复礼时，复者一人，手持死者生前所穿的衣服，升到房顶，面向北方呼喊死者的姓名，呼喊其魂魄回来，然后将衣服覆盖到死者身上，希望魂魄附体，死者可以苏醒过来。

②饭(fàn)：饭含之礼。饭是在死者口中放入米、贝，含是放入珠玉，尊卑不同而有所区别。君粱，大夫稷，士稻。天子九贝，诸侯七贝，大夫五贝，士三贝。天子含珠，诸侯玉，大夫玑，士以贝，庶人以谷实。

③铭：铭旌，旧时竖在灵柩前标有死者官衔和姓名的旗幡。

④重(chóng)：人始死，未做神主，所以用木制的重来做死者神魂的依凭。

⑤缀：连接，这里指把葬后虞祭之后的神主和重连接起来。

⑥辟踊：捶胸跳脚。

⑦冔(xǔ)：殷代的冠名。

⑧悫(què)：质朴。

⑨祝：祭祀时主持祝告的人。宿：邀请。

⑩虞：虞祭，一种古代的祭礼，在父母葬后，将其魂魄安于殡宫的仪式。

⑪卒哭：自死者死日起，哀至则哭，昼夜无时。行卒哭之祭后，则改为朝夕哭。

⑫祔(fù)：奉新死者的木主于祖庙与祖先的木主一起祭祀。

⑬练：古代祭名，孝子在父母去世十三个月时戴练冠祭于家庙，因而得名。

〔译文〕

　　父母的丧礼，孝子哀痛至极。丧礼可以用来节制哀痛，使人们逐渐适应情绪的变化，这是君子感念先人的缘故，才如此治礼行事。复礼，这是孝子表达眷恋不舍的方式，内心充满了祈祷的真诚；希望亲人的魂魄从幽暗的地方返回，这是在使用向鬼神祈求的方式；面向北方，这是向幽暗处寻求的意思。拜而叩头，这是悲哀至极的表现；磕头触地，这是悲痛极了。用米贝行饭含之礼，这是不忍心死去的亲人口内空虚；不依饮食之道用熟食填充，这是为了取自然之物的美好之意。铭旌，是代表神明的旌旗，因为死者在棺柩里已经不能辨认了，所以用这种旗子来表明死者的身份。爱他，就将他的姓名写在上边；敬他，就用合乎他身份的礼节来敬重他。设置重，是为了使死者的魂魄有所依凭，殷代葬后把神主和重连接起来；周人做了神主后就会撤掉重，把它掩埋起来。用朴素的器皿来盛放供奉死者的食物，这是因为活着的人哀痛肃穆；只有葬礼之后的祭祀中，主人才尽量地使用有文饰的器皿来寄托感情。主人哪里知道神灵会享用有文饰的器皿呢？不过是主人以此来表示庄重敬爱之情罢了。捶胸跳脚，是因为悲哀至极，但又规定了次数，目的是有所节制。袒露左臂，用麻束发，改变了平时的服饰；忧郁愤懑，是哀伤所导致的情绪变化。去除周身的饰物，是为了去除华美；袒露左臂，用麻束发，是去除修饰的极端表现。时而袒露左臂，时而穿好衣服，这是为了对哀伤有所节制。在爵弁上加葛制的绖带举行葬礼，这是为了与神明沟通，有尊敬神明的心意。周代的人戴着爵弁举行葬礼，殷代的人戴着冔冠举行葬礼。要让主人、主妇和年老的家臣喝一些稀饭，这是因为他们哀痛伤身又劳累坏了，所以国君命令他们吃东西。送葬后回家哭泣，主人要登堂哭，这是回到亲人生前行礼的地方；主妇要入室哭，这是回到亲人在世的时候奉养他们的地方。送葬回来哀哭，亲友要来吊问，因为这是主人最悲伤的时候——回家一看，亲人不在了，于是悲伤就更深了。殷代在下葬之后就慰问丧主，周代变成葬后反室哀哭时来吊问。孔子说："殷代的礼太质朴了，我赞同周礼。"把死者埋葬在北郊，头朝北，这是三代通行的礼法，这是因为鬼神要走向幽暗之地的缘故。已经下棺了，主人要用束帛赠送死者，将其放在圹中，而负责祭祀的祝则先行返回邀请尸，约定行礼的时间。主人不等填土完毕，就先行回家哀哭，之后与执事者一同查看虞祭要用的牺牲，而此时墓地上的执事者要将凭几和席子摆放在坟墓的左边，设置祭品，他做完这些事回来，就在正午的时候举行虞祭。在送葬的这一天举行虞祭，是因为孝子不忍心亲人离开一日。在这一天，用有尸的虞祭来取代殡葬期间无尸的祭祀。举行卒哭祭时，祝会说"成事"，从这天开始，就要用吉祭来取代丧祭了。第二天，丧主就要捧着新死者的木主在祖庙里与祖先的木主一起祭祀。把丧祭变成吉祭，一直到祔祭，一定要连着举行两日，这是因为孝子不忍心使亲人的神魂一日无所依凭。殷礼在练祭后举行祔祭，周礼在卒哭后举行祔祭。孔子赞同殷礼。

穆公问于子思曰："为旧君反服[①]，古与？"子思曰："古之君子，进人以礼，退人以礼，故有旧君反服之礼也。今之君子，进人若将加诸膝，退人若将队诸渊。毋为戎首,不亦善乎! 又何反服之礼之有?"

〔注释〕

①反服:王夫之说是"反奔其丧为制齐衰三月",为亡故的故国国君服丧三月。

〔译文〕

鲁穆公问子思说:"臣子离开故国后,还会为亡故的故国国君服三月之丧,这是古代的礼节吧?"子思说:"古代的国君,他们根据礼法来选用人,根据礼法来罢免人,所以才有臣子为故君服丧的礼仪。而如今的君主们,用人的时候好像要把对方抱到膝盖上一般亲近,黜退人的时候又好像要把对方推到深渊里一般绝情。这些被罢免离国的大臣,不带头领着别的国家来攻打故国就不错了,怎么还会为故国的国君服三月之丧呢?"

曾子曰:"晏子可谓知礼也已①,恭敬之有焉。"有若曰:"晏子一狐裘三十年,遣车一乘,及墓而反。国君七个②,遣车七乘;大夫五个,遣车五乘。晏子焉知礼?"曾子曰:"国无道,君子耻盈礼焉;国奢,则示之以俭;国俭,则示之以礼。"

〔注释〕

①晏子:名婴,字仲,史称"晏子",春秋时期齐国著名的政治家,有政治远见和外交才能,并以作风朴素闻名诸侯。
②个:牲肉的数量。

〔译文〕

曾子说:"晏子可以称得上是知礼的人了,他具有恭敬的德行。"有若说:"晏子一件狐裘穿了三十年,送葬时载肉的小车只有一辆,到了墓地匆匆下窆埋葬后就回来了。按照礼法规定,国君用七个一苞的牲肉,遣车七辆;大夫用五个一苞的牲肉,遣车五辆。晏子怎么能说是知礼的呢?"曾子说:"国家无道的时候,君子就厌恶把礼仪做到丰盛完备;国家奢靡过度的时候,君子就会向人们示范简朴的作风;国家太过简朴的时候,君子就会向人们示范如何做到礼仪完备。"

吴侵陈,斩祀杀厉①,师还出竟②。陈大宰嚭使于师。夫差谓行人仪曰:"是夫也多言,盍尝问焉③,师必有名,人之称斯师也者,则谓之何?"大宰嚭曰:"古之侵伐者,不斩祀,不杀厉,不获二毛④。今斯师也,杀厉与?其不谓之杀厉之师与?"曰:"反尔地,归尔子,则谓之何?"曰:"君王讨敝邑之罪,又矜而赦之⑤,师与,有无名乎?"

〔注释〕

①斩祀:砍伐神祠近旁的树。杀厉:杀戮染有疫病的人。
②竟:后来写作"境",国境。
③尝:尝试。
④二毛:鬓发有黑白两种颜色,指年老的人。
⑤矜:怜悯,同情。

〔译文〕

　　吴国入侵陈国,砍伐了神祠旁的树木,杀害了感染疾病的人,军队旋即又离开了陈国的国境。陈国于是派遣太宰嚭为使者到吴国的军队中去交涉。吴王夫差对外交官仪说:"这个人很会说话,为什么不试着问问他,凡是出战的军队都有一定的称号,他们是如何称呼我们这支军队的?"太宰嚭回答说:"古人在攻打敌国的时候,不砍伐神祠近旁的树,不杀害染病的人,不俘虏年老的人。如今你们的军队,杀害了染病的人吧?难道不应该把你们叫作杀害病人的军队吗?"又问:"归还你们的土地,归还你们的子民,这样又该如何称呼我们的军队呢?"太宰嚭回答说:"这就要说是贵国的国君讨伐有罪的敝国,又怜悯并赦免了我们。这样的军队还怕没有好名声吗?"

　　知悼子卒①,未葬。平公饮酒,师旷、李调侍②,鼓钟。杜蒉自外来③,闻钟声,曰:"安在?"曰:"在寝。"杜蒉入寝,历阶而升,酌,曰:"旷饮斯。"又酌,曰:"调饮斯。"又酌,堂上北面坐饮之。降,趋而出。平公呼而进之曰:"蒉,曩者尔心或开予,是以不与尔言。尔饮旷何也?"曰:"子卯不乐④,知悼子在堂,斯其为子卯也大矣。旷也大师也,不以诏,是以饮之也。""尔饮调何也?"曰:"调也,君之亵臣也,为一饮一食,忘君之疾,是以饮之也。""尔饮何也?"曰:"蒉也宰夫也,非刀匕是共,又敢与知防,是以饮之也。"平公曰:"寡人亦有过焉,酌而饮寡人。"杜蒉洗而扬觯。公谓侍者曰："如我死,则必无废斯爵也。"至于今,既毕献,斯扬觯,谓之"杜举"。

〔注释〕

①知悼子:荀盈,春秋时期晋国大夫,字伯夙,智氏第四代家主,又称知盈、智盈。

②平公:晋平公。师旷:晋平公的乐师。李调:晋平公的宠臣。

③杜蒉(kuài):晋平公的宰夫。

④子卯不乐:殷纣在甲子日自焚,夏桀在乙卯日流放,所以君主以子卯二日为忌日,不奏乐。

〔译文〕

知悼子去世了,还没有下葬。晋平公宴饮饮酒,师旷、李调陪饮,还演奏编钟助兴。杜蒉从外面回来,听到了钟声,便问:"国君在什么地方?"宫人回答说:"在正寝。"杜蒉于是走进正寝,登阶升堂,倒了一杯酒,说:"师旷,你把这杯酒喝了。"又倒了一杯酒,说:"李调,你把这杯酒喝了。"又倒了一杯酒,在堂上面朝北方坐着喝了。然后便从堂上下来,快步地走了出去。晋平公唤他进来,说:"蒉,刚才你或许是有心想开导我,所以我才不和你说话。你为什么要让师旷喝酒呢?"蒉回答说:"子日卯日本来就不能够奏乐,更何况知悼子的遗体还殡在堂上,这比子卯日奏乐更严重了。师旷是太师,却不告诉您这些道理,所以我才罚他酒。"晋平公又问:"你为什么让李调喝酒?"杜蒉答道:"调是国君的近臣,为了一顿酒饭,就忘了国君的过失,所以我要罚他酒。""那你为什么又要自己饮酒呢?"答道:"我是宰夫,不在厨房里用刀匕做饭侍奉君主,反而斗胆僭越职守地来进谏,所以自罚一杯。"晋平公说:"我也有过错,你盛酒来,罚我一杯。"杜蒉洗好了酒杯,然后高举酒杯。晋平公对身旁侍奉的人说:"即便在我死后,也不要废弃这只酒杯。"直到现在,献酒之后,都要高举酒杯,并称之为"杜举"。

石骀仲卒^①,无嫡子,有庶子六人,卜所以为后者。曰:"沐浴佩玉则兆^②。"五人者皆沐浴佩玉。石祁子曰:"孰有执亲之丧而沐浴佩玉者乎?"不沐浴佩玉,石祁子兆。卫人以龟为有知也。

〔注释〕

①石骀(tái)仲:卫大夫。
②兆:古代占验吉凶时灼烧龟甲等所形成的裂纹。

〔译文〕

石骀仲去世了,没有嫡子,只有六个庶出的儿子,只好用占卜的方式来确定谁是继任者。卜人说:"要让庶子们沐浴并佩戴上玉饰后才能根据龟甲的裂纹获得结果。"于是五个庶子都沐浴佩玉了。石祁子说:"哪有为父亲守丧期间能够沐浴佩玉的呢?"他就不沐浴佩玉,结果占卜的兆文选择了石祁子。卫国人也因此都认为用龟甲占卜很灵验。

陈子车死于卫^①,其妻与其家大夫谋以殉葬^②,定,而后陈子亢至③,以告曰:"夫子疾,莫养于下,请以殉葬。"子亢曰:"以殉葬,非礼也。虽然,则彼疾当养者,孰若妻与宰?得已,则吾欲已;不得已,则吾欲以二子者之为之也。"于是弗果用。

〔注释〕

①陈子车:齐国大夫,客死卫国。

②家大夫:家宰,古代卿大夫家中的管家,本是士,僭越者称之为家大夫。

③陈子亢:陈子车的弟弟,郑玄认为他就是孔子的学生陈亢。

〔译文〕

陈子车客死于卫国,他的妻子和家宰谋划着要用活人殉葬,事情商定后,陈子亢奔丧也赶到了,于是他们就告诉陈子亢说:"夫子身体不好,没有人在九泉之下照顾他,请允许我们用活人给他陪葬吧!"子亢说:"用活人陪葬,这是不合礼法的。虽然如此,倘若他有病确实需要照料的话,又有谁能比得上妻子和家宰照顾得更周到呢?要是能够停止殉葬,那我是很愿意的。要是坚持用活人殉葬,那我打算用你们二位去殉葬。"于是最终没有用活人殉葬。

陈乾昔寝疾,属其兄弟①,而命其子尊己曰:"如我死,则必大为我棺,使吾二婢子夹我。"陈乾昔死,其子曰:"以殉葬,非礼也,况又同棺乎?"弗果杀。

〔注释〕

①属:后来写成"嘱",叮嘱,嘱托。

〔译文〕

陈乾昔病重,吩咐他的兄弟,又命令他的儿子尊己说:"如果我死了,一定要给我做一口大棺材,让我的两个小妾躺在我身旁。"陈乾昔死后,他的儿子说:"用活人殉葬,这不合乎礼,更何况是同棺合葬呢?"最终也没有杀了这两个小妾殉葬。

战于郎①,公叔禺人遇负杖入保者②,息曰:"使之虽病也,任之虽重也,君子不能为谋也,士弗能死也。不可!我则既言矣。"与其邻童汪踦往,皆死焉。鲁人欲勿殇童汪踦,问于仲尼。仲尼曰:"能执干戈以卫社稷,虽欲勿殇也,不亦可乎!"

〔注释〕

①战于郎:鲁哀公十一年,齐国进攻鲁国,在郎这个地方作战。
②公叔禺人:鲁昭公的儿子。负杖:把扁担之类的东西放在颈上,双手扶着,类似于横挑。保:后来写作"堡",城堡。息:休息。

〔译文〕

齐国进攻鲁国,在郎这个地方作战,公叔禺人遇到一个横挑着杖进城避难的人,他感慨地说:"让人民服徭役已经很辛苦了,使人民承担赋税也已经很沉重了,可是君子却不能够好好地为他们谋划,士也不能为国牺牲。这怎么可以!我既这么说,就该实践我说的话!"于是,他就带上交好的少年汪踦一同前往齐军,最后都牺牲了。鲁国人想不用未成年人的殇礼来埋葬汪踦,向孔子询问。孔子说:"他既然能够拿起武器捍卫国家,那么不用未成年人的丧礼来埋葬他,不也是合理的吗?"

孔子过泰山侧,有妇人哭于墓者而哀。夫子式而听之①。使子路问之曰:"子之哭也,壹似重有忧者②。"而曰:"然。昔者吾舅死于虎③,吾夫又死焉,今吾子又死焉。"夫子曰:"何为不去也?"曰:"无苛政。"夫子曰:"小子识之,苛政猛于虎也。"

〔注释〕

①式:通"轼",车前的横木,这里指扶轼。古代乘车,遇到应当表示敬意的事情,乘者便俯身扶轼。这里孔子扶轼是表示对妇人哭墓的注意和关怀。

②壹:实在,的确。重(chóng):重叠。

③舅:丈夫的父亲,公公。

〔译文〕

孔子从泰山旁经过,听见有妇人在墓地上哭泣并且哭得很悲哀。孔子扶轼关切,认真倾听。他让子路上前询问,说:"听您的哭声,实在像有许多哀伤的事。"妇人于是回答说:"是啊。之前我的公公被老虎咬死了,之后我的丈夫也被老虎咬死了,如今我的孩子也死于虎口。"孔子问:"那为什么不离开这危险之地呢?"妇人说:"只因为这地方没有繁苛的税役啊。"孔子说:"你们好好地记住这件事吧,繁苛的税役比老虎还要可怕啊!"

延陵季子适齐①,于其反也,其长子死,葬于嬴、博之间。孔子曰:"延陵季子,吴之习于礼者也。"往而观其葬焉。其坎深不至于泉,其敛以时服。既葬而封,广轮揜坎②,其高可隐也③。既封,左袒,右还其封且号者三,曰:"骨肉归复于土,命也。若魂气则无不之也,无不之也。"而遂行。孔子曰:"延陵季子之于礼也,其合矣乎!"

〔注释〕

①延陵季子:姬姓,寿氏,名札,又称公子札,季札,春秋时吴王寿梦第四子,品德高尚,也是当时有名的政治家和外交家。
②广:宽度。轮:长度。
③隐:凭靠。

〔译文〕

延陵季子出使齐国,在返程途中,他的长子死了,埋葬在齐国嬴、博二邑之间。孔子说:"延陵季子是吴国精通礼仪的人。"于是便前往观看葬礼的情况。只见墓坑的深度没有挖掘到地下泉的位置,入殓时所用的服饰也是日常穿着的衣服。下葬之后便在墓上堆起了土堆,宽度和长度可以掩过墓坑,高度到可以让普通人凭靠的程度。堆好土堆后,季子袒露左臂,向右绕着土堆转圈并哭喊了三遍,说:"骨肉又回归到尘土中去,这是注定的命运啊。至于你的魂灵却可以无所不在,无所不在啊!"随后便离开了。孔子说:"延陵季子对丧礼的处理是合适的!"

齐大饥,黔敖为食于路,以待饿者而食之。有饿者蒙袂辑屦①,贸贸然来②。黔敖左奉食,右执饮,曰:"嗟!来食。"扬其目而视之,曰:"予唯不食嗟来之食,以至于斯也。"从而谢焉,终不食而死。曾子闻之曰:"微与?其嗟也可去,其谢也可食。"

〔注释〕

①蒙袂:以袖遮面。一说是手垂不能举。辑屦:拖着鞋子。
②贸贸然:眼睛看不清楚,迷迷糊糊的样子。

〔译文〕

齐国发生了严重的饥荒,一个叫黔敖的富人在路边设食,给来往的饿坏了的灾民充饥。有一个饿坏了的人,用衣袖掩面,拖着鞋子,迷迷糊糊地走过来。黔敖左手捧着食物,右手拿着汤饮,对他说:"喂!过来吃吧!"这个饥民抬眼看着黔敖,说:"我就是不吃这'喂'声唤我来吃的饭,才沦落至此!"黔敖跟着他,连声道歉,但这人仍不肯吃,最终饿死了。曾子听说了这件事,说:"恐怕这样做也是不该吧!别人无礼唤他来吃的饭可以不吃,但是对方道歉之后,这饭就可以吃了。"

第五　王制

[题解]

郑玄《目录》曰："名曰《王制》者，以其记先王班爵、授禄、祭祀、养老之法度，此于《别录》属制度。"司马迁《史记》曰："汉文帝使博士诸生刺六经作王制。"东汉卢植认为即此篇。篇中记述了古代爵禄、封国、朝聘、殡葬、祭祀、学校、养老等典章制度，近似于一份施政大纲。但内容与周代礼制不尽相符，含有理想成分，大致可以视为研究古代政治制度和伦理思想的资料。

王者之制禄爵①，公、侯、伯、子、男，凡五等。诸侯之上大夫卿、下大夫、上士、中士、下士，凡五等。天子之田方千里，公侯田方百里，伯七十里，子男五十里。不能五十里者，不合于天子，附于诸侯曰"附庸"。天子之三公之田视公侯②，天子之卿视伯，天子之大夫视子、男，天子之元士视附庸③。

[注释]

①禄：俸禄。爵：爵位。

②三公：三公为古官名，说法各异，一说是太师、太傅、太保，一说是司马、司徒、司空。

③元士：周代称天子之士为元士，以与诸侯之士相区别。

[译文]

　　王者制定的俸禄爵位制度有公、侯、伯、子、男，共五等。诸侯国里分为上大夫即卿、下大夫、上士、中士、下士，共五等。天子的田地有一千平方里，公爵、侯爵的田地是一百平方里，伯爵的田地是七十平方里，子、男的田地是五十平方里。不足五十平方里的就不归天子统辖，而归附于诸侯称之为"附庸"。天子三公的田地数量比照公爵侯爵，天子之卿的田地比照伯爵，天子之大夫的田地比照子爵和男爵，天子之士的田地比照附庸。

　　诸侯之于天子也，比年一小聘①，三年一大聘，五年一朝。天子五年一巡守②。岁二月，东巡守至于岱宗，柴而望祀山川③。觐诸侯，问百年者就见之。命大师陈诗以观民风。命市纳贾以观民之所好恶④，志淫好辟。命典礼考时月，定日，同律，礼乐制度衣服正之。山川神祇，有不举者，为不敬，不敬者，君削以地。宗庙，有不顺者，为不孝，不孝者，君绌以爵。变礼易乐者，为不从，不从者，君流。革制度衣服者，为畔，畔者君讨。有功德于民者，加地进律⑤。五月，南巡守至于南岳，如东巡守之礼。八月，西巡守至于西岳，如南巡守之礼。十有一月，北巡守至于北岳，如西巡守之礼。归，假于祖祢⑥，用特⑦。

〔注释〕

①比年:每年。
②巡守:旧称天子巡行诸国。
③柴:烧柴祭天。后又写作"祡"。望祀山川:遥望而祭祀山川。
④纳贾:缴纳物价记录。贾,通"价"。
⑤律:旧说律是法度,义不可通。一说律乃"禄"之误。
⑥假:至。
⑦特:特牲,祭礼或宾礼只用一种牲畜。

〔译文〕

诸侯对于天子,每年要派大夫出使,进行一次小的聘问,每三年要派卿出使,进行一次大的聘问,每五年要亲自出使,朝见天子。天子每五年巡行一次诸侯国。二月出发,向东巡行到泰山,焚柴而遥望祭祀山川。接见诸侯,询问百岁老人并且亲去礼见。命令太师展示当地的诗歌,以此来考察民风。命令管理市场的官员缴纳物价记录,以此来观察人民的喜好,判断他们的喜好是否过于奢侈或者邪僻。命令主管礼制的官员考订四时月令,确定日辰,协同律法,厘正礼乐、制度、衣服的乖误。如有未能按时奉祀山川神灵的就判定其为不敬,不敬的诸侯就削减他的封地。有不能祭祀宗庙的就判定其为不孝,不孝的诸侯就废黜他的爵位。有变易礼乐制度的就断定其为不顺服,不顺服的诸侯就将其流放。有变革制度衣服的就判定其为叛变,叛变的诸侯就被征讨。对人民有功德的诸侯,就加封土地,加赐田禄。五月,向南巡行,抵达南岳,按照东巡的礼节行礼。八月,向西巡行,抵达西岳,按照南巡的礼节行礼。十一月,向北巡行,抵达北岳,按照西行的礼节行礼。巡行回来,用一头牲畜祭告父祖。

天子、诸侯无事则岁三田:一为干豆①,二为宾客,三为充君之庖②。无事而不田曰不敬;田不以礼曰暴天物。天子不合围③,诸侯不掩群④。天子杀则下大绥⑤,诸侯杀则下小绥,大夫杀则止佐车。佐车止则百姓田猎。獭祭鱼⑥,然后虞人入泽梁⑦。豺祭兽⑧,然后田猎。鸠化为鹰⑨,然后设罻罗⑩。草木零落,然后入山林。昆虫未蛰,不以火田,不麛⑪,不卵,不杀胎,不殀夭⑫,不覆巢。

[注释]

①干豆:放在祭器中供祭祀用的干肉。干,干肉。豆,古代盛肉或其他食品的器皿,形状像高脚盘。

②庖(páo):厨房。

③合围:打猎时从四面包围。

④掩群:尽取兽群。

⑤绥(suí):古代的旌旗。

⑥獭祭鱼:《月令》之文,时值正月。

⑦虞人:古代掌山泽、苑囿田猎的官员。泽梁:水泽中用来堵水捕鱼的泥坝。

⑧豺祭兽:《月令》之文,时值九月。

⑨鸠化为鹰:孔颖达言"八月,鸠化为鹰"。

⑩罻(wèi)罗:捕鸟的网。

⑪麛(mí)：幼鹿,这里做动词,泛指猎杀幼兽。
⑫殀(yāo)：残害。

〔译文〕

　　天子、诸侯在没有战争凶丧等特殊情况下,每年要田猎三次：一次是为了准备祭祀的供品,一次是为了招待宾客,一次是为了丰富天子、诸侯的饮食。国无大事而不去田猎,就是不敬。田猎时不守礼制,就是暴殄天物。田猎的规矩是：天子打猎时不可四面合围,诸侯打猎时不应把成群的野兽全部杀光。天子射杀野兽后要放下指挥的大旗,诸侯射杀野兽后要放下指挥的小旗,大夫要命令协助驱赶野兽的副车停下来。大夫的副车停下来后,百姓才开始田猎。正月里獭祭鱼后,虞人才可以进入泥坝捕鱼。九月豺祭兽后,才可以开始田猎。八月鸠化为鹰后,才可以设网捕鸟。草木零落后,才可以进入山林砍伐。昆虫未蛰居地下前,不可以纵火焚草肥田。不可捕捉小兽,不可探取鸟卵,不可杀怀孕的母兽,不可残害刚出生的小兽,不可捣毁鸟巢。

　　天子七日而殡,七月而葬。诸侯五日而殡,五月而葬。大夫、士、庶人,三日而殡,三月而葬。三年之丧,自天子达,庶人县封①,葬不为雨止,不封不树②,丧不贰事,自天子达于庶人。丧从死者,祭从生者。支子不祭③。天子七庙,三昭三穆④,与太祖之庙而七。诸侯五庙,二昭二穆,与太祖之庙而五。大夫三庙,一昭一穆,与太祖之庙而三。士一庙。庶人祭于寝。

〔注释〕

①县封:即悬窆(biǎn)。古制庶人死后以绳束棺,下穴覆土埋葬。

②不封:不封闭坟墓堆土成包。

③支子:宗法制度下称正妻所生的嫡长子以下的儿子和妾所生的儿子。

④三昭三穆:昭穆是古代宗法制度中宗庙或宗庙中神主的排列次序,始祖居中,以下父子递为昭穆,左为昭,右为穆,三昭三穆即左边三所昭庙,右边三所穆庙。

〔译文〕

天子死后七天停枢待葬,七月下葬。诸侯死后五天停枢待葬,五月下葬。大夫、士、平民死后三天停枢待葬,三月下葬。为父母守丧三年,上自天子下至庶民无一例外。平民下葬,只能用绳子束棺入穴,下雨也不停止,不聚土成坟,也不种树,服丧期间不得做其他事情,天子到平民都遵此行事。办丧事的规格是依据死者的爵位来定,而祭祀的规格是依据主持祭祀者的爵位来定。不是嫡长子就不能主持祭祀。天子设立七庙:左边三所昭庙,右边三所穆庙,加上正中的太祖庙,一共七庙。诸侯立五庙,即左边两所昭庙,右边两所穆庙,加上太祖庙,共五庙。大夫设立三庙,一昭一穆,加上太祖庙,共三庙。士只设一庙。平民无庙,在正寝祭祀祖宗。

凡居民材,必因天地寒暖燥湿,广谷大川异制。民生其间者异俗:刚柔轻重迟速异齐,五味异和,器械异制,衣服异宜。修其教,不易其俗;齐其政,不易其宜。中国戎夷五方之民,皆有其性也,不可推移。东方曰夷,被发文身,有不火食者矣。南方曰蛮,雕题交趾①,有不火食者矣。西方曰戎,被发衣皮,有不粒食者矣。北方曰狄,衣羽毛穴居,有不粒食者矣。中国、夷、蛮、戎、狄,皆有安居、和味、宜服、利用、备器。五方之民,言语不通,嗜欲不同。达其志,通其欲,东方曰寄,南方曰象,西方曰狄鞮,北方曰译。

〔注释〕

①雕题:在额上刺花纹。题,额头。交趾:足相向,即盘腿。

〔译文〕

凡为人民安置住处,必须考虑气候的寒冷温暖、干燥潮湿与人民的生活习惯相适应,根据他们生活于山谷或是大水旁的习惯而采取不同的制度。生活在不同环境中的人,他们的风俗习惯也自然不同:性情刚柔轻重迟速不同,口味不同,使用的器械不同,服饰不同。政府应当注重对他们进行礼义方面的教育,但不必改变其风俗;应当注重政令的统一,但不必改变其习惯。由中原民族与四方少数民族构成的五方之民,各有自己的生活习性,不可互换。住在东方的民族叫作夷,他们时兴剃发,在身上刺纹饰,其中有不吃熟食的人。住在南方的民族叫作蛮,他们额头上刻着花纹,两足相向盘腿,其中也有不吃熟食的人。住在西方的民族叫作戎,他们披头散发,用兽皮做衣服,有只吃禽兽的肉,不吃五谷杂粮的人。住在北方的民族叫作狄,以禽兽的羽毛为衣,住在洞穴里,也有只吃禽兽的肉,不吃五谷杂粮的人。中原、夷人、蛮人、戎人、狄人这五方之民尽管生活习性不同,却都有自认为安适的住所、喜好的口味、适合的衣服、便利的工具、完备的器物。五方之民言语不通,嗜好不同。当他们要表达心意、沟通想法时,就有各种通译传达的人,在东方叫作寄,在南方叫作象,在西方叫作狄鞮,在北方叫作译。

司徒修六礼以节民性,明七教以兴民德,齐八政以防淫,一道德以同俗,养耆老以致孝,恤孤独以逮不足,上贤以崇德,简不肖以绌恶①。

〔注释〕

①简:捐弃,剔除。

〔译文〕

司徒的职务是修明六礼来调节人民的情性,宣明七教来振兴社会的伦理道德,整齐八政来防止淫乱,统一道德来形成共同的民俗,奉养老人来培养人们的孝心,体恤孤独来救助弱者,推举贤能来崇尚道德,捐弃不善者来斥退罪恶。

司寇正刑明辟以听狱讼①。必三刺②。有旨无简不听。附从轻,赦从重。凡制五刑,必即天论,邮罚丽于事③。凡听五刑之讼,必原父子之亲,立君臣之义以权之。意论轻重之序,慎测浅深之量以别之。悉其聪明,致其忠爱以尽之。疑狱,泛与众共之,众疑,赦之。必察小大之比以成之。

〔注释〕

①辟:法律。
②三刺:周代治理重案依次与群臣、群吏和万民反复计议,然后定罪判决,以示审慎。
③邮罚:判人罪过,处罚其身。邮,通"尤"。丽:附丽,附着。

〔译文〕

司寇要审定刑书,明断律法,受理刑狱诉讼。一定要反复审议。虽有犯罪的行状但法律无明文规定者,不受理诉讼。治罪量刑时依据罪罚较轻的律文,如赦免则选取罪罚重的人。凡是制定五等刑罚,一定要考虑天理伦常,判断处罚一定要符合事实。凡是听断五等刑罚的狱讼,一定要体谅权衡父子亲情和君臣之义。要考虑罪行的轻重、量刑的深浅,区别对待。要尽力发挥耳聪目明的才能,竭尽忠恕仁爱之心地听狱断讼。有疑点的刑狱,要与民众共同商议,如果民众也疑虑难决,就要赦免嫌疑人的罪过。处理案件,一定要审察罪行的大小,参照刑律,做出合理的判决。

凡养老:有虞氏以燕礼,夏后氏以飨礼,殷人以食礼,周人修而兼用之。五十养于乡,六十养于国,七十养于学。达于诸侯。

〔译文〕

凡养老之礼,有虞氏用燕礼,夏后氏用飨礼,殷人用食礼,周人遵循古制而兼用三礼。五十岁的老人就有资格受养于乡,六十岁的老人就有资格受养于国,七十岁的老人就有资格受养于太学。诸侯国也是如此。

少而无父者谓之孤,老而无子者谓之独,老而无妻者谓之矜①,老而无夫者谓之寡。此四者,天民之穷而无告者也,皆有常饩②。瘖、聋、跛、躃③、断者、侏儒、百工,各以其器食之。

〔注释〕

①矜:通"鳏",无妻或丧妻的男人。
②饩(xì):给养,生活补给。
③躃(bì):瘸腿,两脚残废不能走。

〔译文〕

年幼丧父的人叫作孤,老了却失去儿子的人叫作独,年老而没有妻子的人叫作鳏,年老而没有丈夫的人叫作寡。这四种人都是世上可怜又得不到安慰的人,国家对他们有经常性的生活补贴。哑巴、聋人、瘸腿的人、两足俱废者、肢体残缺者、躯体矮小者以及各种手艺人,这些人都靠着做点力所能及的工作和国家的给养照顾来生活。

道路,男子由右,妇人由左,车从中央。父之齿随行,兄之齿雁行,朋友不相逾。轻任并①,重任分,斑白者不提挈②。君子耆老不徒行,庶人耆老不徒食。大夫祭器不假。祭器未成,不造燕器。

〔注释〕

①任:担子。
②斑白:头发花白,常用来形容年老。提挈(qiè):用手提着。

〔译文〕

在道路上,男子靠右走,妇人靠左走,车子走中央。遇到和自己父亲年龄差不多的人要走在他的后边,遇到和自己兄长年龄相仿的人要与之并行而稍后之,和朋友同行不可争先恐后。老年人与年轻人都挑着担子,轻的担子年轻人应合并挑起,重的担子要助人分担,不能让头发花白的老人独自提携着东西。士以上身份的老人出门必坐车,平民阶层的老人吃饭必有肉。大夫须自备祭器,不能向别人借用。祭器没有备齐之前,不制造日常的生活器具。

六礼:冠、昏、丧、祭、乡、相见。七教:父子、兄弟、夫妇、君臣、长幼、朋友、宾客。八政:饮食、衣服、事为①、异别②、度、量、数、制③。

〔注释〕

①事为:指工艺技术。

②异别:不同,区别,这里指器具类别的差异。
③制:指布帛的宽窄。

[译文]

　　六礼包括冠礼、婚礼、丧礼、祭礼、乡饮酒礼和相见礼。七教指父子、兄弟、夫妇、君臣、长幼、朋友、宾客七种人伦关系。八政包括饮食、衣服、工艺技术、器具类别、长度、容量、数码和布帛宽窄八种制度。

第六　月令

[题解]

郑玄《目录》曰:"名曰《月令》者,以其记十二月政之所行也。本《吕氏春秋》十二月纪之首章也。以礼家好事抄合之。后人因题之名曰《礼记》。"郑玄认为此是吕不韦所作。篇中兼记"月""令"二事,"月"是天文,"令"是政令。文章分一年为四季,每季分孟、仲、季三月,逐一记载了各月的天文月象及帝、神、虫、音、律、数、味、臭、祀、祭的情况。其实质是以阴阳五行学说为基础而设计出来的依天文而行政令的理论大纲,比《夏小正》更为丰富、系统,也是研究古代农业、医学、天人观念的重要文献。

孟春之月,日在营室①,昏参中,旦尾中。其日甲乙②。其帝大皞③,其神句芒④。其虫鳞。其音角,律中大蔟⑤。其数八⑥。其味酸,其臭膻⑦。其祀户,祭先脾。东风解冻,蛰虫始振,鱼上冰,獭祭鱼,鸿雁来。天子居青阳左个⑧。乘鸾路,驾苍龙⑨,载青旂,衣青衣,服仓玉,食麦与羊,其器疏以达⑩。

〔注释〕

①营室:星名,即室宿,二十八宿之一。

②其日:以为择日之用,以甲乙之日为吉日,以十个天干与五行相配,甲乙属木行。

③大皞(hào):传说中的上古帝王伏羲氏。

④句(gōu)芒:神话传说中的人物,本少皞氏的后代,死后为木官之神。

⑤大蔟(cù):十二律之一。古乐分为十二调,其中阳律六,包括黄钟、太蔟、姑洗、蕤宾、夷则、亡射;阴律六,包括大吕、夹钟、中吕、林钟、南吕、应钟。共为十二律。

⑥其数八:数指五行相生之数,天生之数为水一、火二、木三、金四、土五。地上的五行各加土行之数,故与木行相对应的成数是三加五为八。

⑦臭(xiù):味道,在鼻为嗅,在口为味。

⑧青阳:明堂名。明堂有五室,位于左面东方的叫青阳,为帝王祭祀、布政之所。

⑨苍龙:青色的马。

⑩以:连词,并且、又的意思。达:通达,这里指刻镂有洞孔的器物。

〔译文〕

孟春之月,太阳的位置在营室,黄昏时,参星位于南方天空正中,拂晓时,尾星位于南方天空正中。吉日的天干是甲乙,五行属木。尊崇的帝是以木德王的太皞,敬奉的神是木官句芒。动物中与木相配的是鳞虫。五声中与木相配的是角声,十二律中与此相配的是太蔟。与木相配的成数是八。五味是酸,五臭是膻。当月要祭祀户神,祭品以脾脏为尊。这个月,东风使冰雪解冻,蛰伏土中的动物开始活动,鱼儿从深水处上游到冰层下,水獭像祭祀一样将捕到的鱼陈放在岸边,鸿雁从南方飞来。天子居住在明堂青阳室的左侧室,乘坐饰有鸾铃的车,驾青马,车上插着青色的旗帜,穿着青色的衣服,佩戴青色的饰玉,吃麦与羊,使用的器物粗疏又通达。

孟夏之月,日在毕,昏翼中,旦婺女中[1]。其日丙丁。其帝炎帝,其神祝融。其虫羽。其音徵,律中中吕。其数七。其味苦,其臭焦。其祀灶,祭先肺。蝼蝈鸣[2],蚯蚓出,王瓜生[3],苦菜秀[4]。天子居明堂左个,乘朱路,驾赤骝,载赤旗,衣朱衣,服赤玉,食菽与鸡[5],其器高以粗。

〔注释〕

①婺(wù)女:星宿名,即女宿,二十八宿之一。
②蝼蝈(lóuguō):古时称青蛙为蝼蝈。
③王瓜:植物名,葫芦科王瓜属,多年生蔓草。生于原野间,根呈块状,味如山药。
④秀:植物吐穗开花。
⑤菽:豆类的总称。

〔译文〕

孟夏之月,太阳的位置在毕宿,黄昏时,翼宿位于南方天空正中,拂晓时,女宿位于南方天空正中。吉日的天干是丙丁,五行属火。尊崇的帝是以火德王的炎帝,敬奉的神是火官祝融。

动物中与火相配的是羽虫。五声中与火相配的是徵声,十二律中与此相配的是中吕。与火相配的成数是七。五味是苦,五臭是焦。当月要祭祀灶神,祭品以肺脏为尊。这个月,青蛙开始鸣叫,蚯蚓从土里钻出来,王瓜开始生长,苦菜开花。天子居住在明堂之南的左侧室,乘坐朱红色的车,驾赤马,车上插着赤色的旗子,穿着朱红色的衣服,佩戴赤色的饰玉,吃豆类和鸡,使用的器物高大又粗糙。

孟秋之月,日在翼,昏建星中,旦毕中。其日庚辛。其帝少皞,其神蓐收。其虫毛。其音商,律中夷则。其数九。其味辛,其臭腥。其祀门,祭先肝。凉风至,白露降,寒蝉鸣。鹰乃祭鸟,用始行戮。天子居总章左个①,乘戎路,驾白骆,载白旗,衣白衣,服白玉,食麻与犬,其器廉以深②。

〔注释〕

①总章:古代天子明堂之西向室,取西方总成万物而章明之意。
②廉:有棱角。

〔译文〕

孟秋之月,太阳的位置在翼星,黄昏时,建星位于南方天空正中,拂晓时,毕星位于南方天空正中。吉日的天干是庚辛,五行属金。尊崇的帝是以金德王的少皞,敬奉的神是金官蓐收。动物中与金相配的是毛虫。五声中与火相配的是商声,十二律中与此相配的是夷则。与火相配的成数是九。五味是辛,五臭是腥。当月要祭祀门神,祭品以肝脏为尊。这个月,凉风开始吹,露水降落,寒蝉鸣叫,老鹰祭鸟,开始处决犯人。天子居住在明堂总章室的左侧室,乘坐白色的兵车,驾白马,车上插着白色的旗子,穿白色的衣服,佩戴白色的饰玉,食品是麻和狗肉,使用的器物外有棱角又深邃。

孟冬之月,日在尾,昏危中,旦七星中。其日壬癸。其帝颛顼,其神玄冥。其虫介。其音羽,律中应钟。其数六。其味咸,其臭朽。其祀行,祭先肾。水始冰,地始冻。雉入大水为蜃①。虹藏不见。天子居玄堂左个②,乘玄路,驾铁骊,载玄旗,衣黑衣,服玄玉,食黍与彘,其器闳以奄③。

〔注释〕

①蜃(shèn):大蛤,《说文》载"雉入海化为蜃"。
②玄堂:北向的堂,古天子冬月所居。
③闳:通"宏",大,宏大。奄:通"掩",指有覆盖的器皿。

〔译文〕

孟冬之月,太阳的位置在尾宿,黄昏时,危星位于南方天空正中,拂晓时,七星位于南方天空正中。吉日的天干是壬癸,五行属水。尊崇的帝是以水德王的颛顼,敬奉的神是水官玄冥。动物中与水相配的是介虫。五声中与火相配的是羽声,十二律中与此相配的是应钟。与火相配的成数是六。五味是咸,五臭是朽。当月要祭祀行神,祭品以肾脏为尊。这个月,水开始结冰,地表开始上冻。野鸡潜入水下化为大蛤。虹藏起来不再出现。天子住在明堂北向的左侧室,乘坐黑色的车,驾黑马,车上插着黑色的旗子,穿黑色的衣服,佩黑色的饰玉,吃黍米和猪肉,使用的器物体大而口小。

第七　曾子问

[题解]

此篇因首章"曾子问"三字而得名。郑玄《目录》曰:"名为《曾子问》者,以其记所问多明于礼,故著姓名以显之。曾子,孔子弟子曾参。此于《别录》属丧服。"篇中记述了曾子与孔子之间的相互问答,内容多与丧礼变例有关,可补常礼之不足,是研究古代丧葬制度和孔子丧葬思想的重要材料。

曾子问曰:"君薨而世子生,如之何?"孔子曰:"卿、大夫、士从摄主①,北面于西阶南。大祝裨冕②,执束帛,升自西阶,尽等不升堂,命毋哭。祝声三,告曰:'某之子生,敢告。'升,奠币于殡东几上,哭,降。众主人、卿、大夫、士、房中皆哭不踊③。尽一哀,反位。遂朝奠。小宰升举币。三日,众主人、卿、大夫、士,如初位,北面。大宰、大宗、大祝皆裨冕。少师奉子以衰④,祝先,子从,宰宗人从。入门,哭者止,子升自西阶。殡前北面。祝立于殡东南隅。祝声三,曰:'某之子某,从执事,敢见。'子拜稽颡哭⑤。祝、宰、宗人、众主人、卿、大夫、士哭踊三者三,降,东反位,皆袒,子踊,房中亦踊三者三。袭衰,杖,奠出。大宰命祝史,以名遍告于五祀山川。"曾子问曰:"如已葬而世子生,则如之何?"孔子曰:"大宰、大宗从大祝而告于祢。三月,乃名于祢,以名遍告及社稷宗庙山川。"

〔注释〕

①摄主:代理主事丧事的人。
②裨冕:穿着裨衣,戴冕。
③踊:丧礼仪节,边哭边顿足。
④衰(cuī):古代用粗麻布制成的毛边丧服。
⑤稽颡(qǐsǎng):以额触地的敬礼。

〔译文〕

曾子问道:"国君死后世子诞生,怎样行礼呢?"孔子回答说:"卿、大夫、士都跟着摄主到殡宫,面朝北,站在西阶南面。太祝身着裨冕,手执束帛,从西阶上登上最高的台阶,不登堂,吩咐在场的人不要哭泣。然后,长呼三声,向灵柩禀告说:'夫人某氏生了世子,敢以奉告。'说完登堂,把束帛放在灵柩东面的几案上,哭泣,下堂。众主人、卿、大夫、士及房中的妇女们都哭泣而不顿足。尽情地哭了一阵之后,都返回平常朝夕哭奠的位置。于是举行朝奠礼。礼毕,小宰走上堂,把放在几案上的束帛等祭品取下,埋在两阶之间。第三天,众主人、卿、大夫、士又都站到前天的位置上,面向北。太宰、太宗、太祝都身着裨冕。少师抱着世子和孝服,太祝走在前面,少师抱着世子跟在后面,太宰、宗人又跟在世子后面。进入殡宫的门,众人都停止哭泣。少师抱着世子从西阶登堂。在灵柩前朝北而立。太祝站在灵柩的东南角,长喊三声,说:'夫人某氏所生世子某,由执事陪同,特来拜见。'然后少师便抱着世子向灵柩稽颡再拜,哭泣。太祝、太宰、宗人、众主人、卿、大夫、士齐哭,踩脚,三次为一节,踩三节,随后都由西阶下堂,回到东边原位,袒露左臂。少师抱着世子踩脚,妇女等人也跟着踩脚,踩三节。再让世子穿上孝服,拿着丧杖成为正式的丧主,举行朝奠礼。礼毕,走出殡宫,太宰命令太祝、太史把世子的名字遍告五祀及山川诸神。"曾子问道:"如果国君的灵柩已埋葬而后世子出生,当如何?"孔子答道:"太宰、太宗跟着太祝到殡宫去向神主禀报。三个月之后,再次拜见神主并给世子取名,然后把世子的名字遍告社稷、宗庙及山川诸神。"

曾子问曰:"昏礼既纳币①,有吉日,女之父母死,则如之何?"孔子曰:"婿使人吊。如婿之父母死,则女之家亦使人吊。父丧称父,母丧称母。父母不在,则称伯父世母。婿已葬,婿之伯父致命女氏曰:'某之子有父母之丧,不得嗣为兄弟,使某致命。'女氏许诺而弗敢嫁,礼也。婿免丧,女之父母使人请,婿弗取而后嫁之,礼也。女之父母死,婿亦如之。"

〔注释〕

①纳币:古代婚礼有纳采、问名、纳吉、纳征、请期、亲迎六礼,纳币即

纳征,在纳吉后择日送聘礼至女家,女家受物,婚姻乃定。

[译文]

曾子问道:"婚礼已经进行到纳征之后,并且定好了亲迎的吉日,如果忽然女方的父亲或母亲死了,那该怎么办呢?"孔子答道:"婿家应该派人去吊丧。如果是婿的父亲或母亲去世了,女方也应该派人到婿家吊丧。如果一方是丧父,另一方就以父亲的名义吊丧;如果一方是丧母,另一方就以母亲的名义吊丧。如果父母不在,就以伯父、伯母的名义吊丧。婿家在料理完丧事后,婿的伯父出面向女方致意说:'某之子遭遇父或母丧,居丧期间不能和府上结为婚姻,特使我来致意。'女方答应了,便不敢把女儿改嫁他人,这是正礼。婿除丧后,女方父母派人到婿家敦请联姻,若婿还不迎娶,女方就可以把女儿改嫁了,这也是正礼。如果女方的父或母死,男方也要这样。"

子游问曰:"丧慈母如母①,礼与?"孔子曰:"非礼也。古者,男子外有傅,内有慈母,君命所使教子也,何服之有?昔者,鲁昭公少丧其母,有慈母良,及其死也,公弗忍也,欲丧之。有司以闻曰:'古之礼,慈母无服,今也君为之服,是逆古之礼而乱国法也。若终行之,则有司将书之以遗后世。无乃不可乎!'公曰:'古者天子练冠以燕居②。'公弗忍也,遂练冠以丧慈母。丧慈母,自鲁昭公始也。"

〔注释〕

①慈母：古代称抚育自己成人的庶母为慈母。
②练冠：厚缯或粗布之冠，古礼亲丧一周年祭礼时戴练冠。燕居：闲居。

〔译文〕

子游问道："为慈母如同生母一般地服丧，这符合礼吗？"孔子答道："这不符合礼。古时候，男孩子的教育，外有师傅，内有慈母，他们是奉君命施教的，为什么要为他们服丧呢？从前，鲁昭公幼年丧母，有个慈母待他很好，慈母死后，昭公于心不忍，想要为她服丧。司礼的官员就告诉他说：'按照古礼，是不当为慈母服丧的，现在您要为之服丧，这是违背古礼和扰乱国法。如果您坚持这样办，有关官员就会将此载入史册，传于后世，恐怕是不可行吧！'昭公说道：'古时天子也有闲居时佩戴练冠的。'昭公不忍心，于是就头戴练冠为慈母服丧。为慈母服丧，就是从鲁昭公开始的。"

曾子问曰："三年之丧，吊乎？"孔子曰："三年之丧，练不群立①，不旅行②。君子礼以饰情，三年之丧而吊哭，不亦虚乎？"

〔注释〕

①练：古代亲丧一周年的祭礼，又称"小祥"。
②旅行：与众人同行。旅，俱、一同。

〔译文〕

  曾子问道:"为父母居丧期间,可以到别人家吊丧吗?"孔子答道:"居父母之丧,到了小祥的时候,还不与众人同立同行。君子是用礼来表达情感的,自己尚处在丧失父母的极大悲痛中,却去为别人吊丧,这难道不是虚伪地装模作样吗?"

  贱不诔贵①,幼不诔长,礼也。唯天子,称天以诔之。诸侯相诔,非礼也。

〔注释〕

  ①诔(lěi):致辞以叙述死者生前事迹,表示哀悼。

〔译文〕

  卑贱者不能为尊贵者作诔,晚辈不能为长辈作诔,这是正礼。至于天子,则臣下以天的名义为他作诔。诸侯互相作诔,这不符合礼的规定。

  曾子问曰:"祭必有尸乎?若厌祭亦可乎①?"孔子曰:"祭成丧者必有尸,尸必以孙。孙幼,则使人抱之。无孙,则取于同姓可也。祭殇必厌,盖弗成也。祭成丧而无尸,是殇之也。"

〔注释〕

  ①厌祭:古代祭祀常用活人为"尸",代替死者受祭,而不用"尸"的祭

祀则称厌祭。

〔译文〕

曾子问道:"祭祀时一定要有尸吗?像厌祭那样不用尸可以吗?"孔子答道:"祭祀成年人一定要有尸,尸一定用孙辈来充当。如果亲孙子还年幼,可以使人抱着。如果没有亲孙子,可以从同姓的孙辈中挑选一人代替。祭祀未成年的死者一定用厌祭,大概是因为他们还未成人。如果祭祀成年人却无尸,那就等于将之视为未成年了。"

子夏问曰:"三年之丧卒哭,金革之事无辟也者,礼与?初有司与?"孔子曰:"夏后氏三年之丧既殡而致事①,殷人既葬而致事。《记》曰:'君子不夺人之亲,亦不可夺亲也。'此之谓乎?"子夏曰:"金革之事无辟也者,非与?"孔子曰:"吾闻诸老聃曰:'昔者鲁公伯禽有为为之也。'今以三年之丧从其利者,吾弗知也!"

〔注释〕

①致事:犹致仕,辞役。

〔译文〕

子夏问道:"居父母之丧,到了卒哭的阶段,就不能逃避兵役了,这是正礼呢?还是当初有关部门的规定呢?"孔子答道:"居父母之丧,在夏代,入殡后就辞役,在殷代,下葬后就辞役。

古《记》记载：'国君不可以强迫臣子抛弃父子亲情，自己也不可以忘掉父子亲情。'说的大概就是这个道理。"子夏又问："那么不逃避兵役，是不合礼的吗？"孔子答道："我听老聃说过：'从前鲁公伯禽曾在卒哭后就兴兵征伐，那是不得已而为之。'而现在居父母之丧时却为了私利而从事战争，我就不知所谓了！"

第八　文王世子

〔题解〕

郑玄《目录》曰:"名曰《文王世子》,以其记文王为世子时之法,此于《别录》属世子法。"文王,即周文王姬昌。世子,即古代天子、诸侯的嫡长子。清儒孙希旦曰:"此篇合众篇而成。首言文王、武王为世子及周公教成王之事,次言大学教士之法,次言三王教世子之法,次言庶子正公族之法,次言养老之事,末引《世子之记》以终之。"依其所见,本篇六部分内容原各自成文,后由作记者杂集而成。内容庞杂,主旨与贵族子弟教育有关。

文王之为世子,朝于王季①,日三。鸡初鸣而衣服,至于寝门外,问内竖之御者曰②:"今日安否何如?"内竖曰:"安。"文王乃喜。及日中,又至,亦如之。及莫③,又至,亦如之。其有不安节,则内竖以告文王,文王色忧,行不能正履。王季复膳,然后亦复初。食上,必在,视寒暖之节。食下,问所膳,命膳宰曰:"末有原④!"应曰:"诺。"然后退。

武王帅而行之,不敢有加焉。文王有疾,武王不脱冠带而养。文王一饭亦一饭,文王再饭亦再饭。旬有二日乃间⑤。

文王谓武王曰:"女何梦矣?"武王对曰:"梦帝与我九龄。"文王曰:"女以为何也?"武王曰:"西方有九国焉,君王其终抚诸?"文王曰:"非也。古者谓年龄,齿亦龄也。我百,尔九十,吾与尔三焉。"文王九十七乃终,武王九十三而终。

成王幼,不能莅阼⑥,周公相,践阼而治。抗世子法于伯禽⑦,欲令成王之知父子、君臣、长幼之道也。成王有过,则挞伯禽,所以示成王世子之道也。《文王之为世子》也。

〔注释〕

①王季:周文王的父亲,名季历。

②内竖:宫内小臣,多用未冠童子任职,为王传达与内宫或外廷有关的琐碎事务的命令。

③莫:后来写作"暮",傍晚。

④末,勿。原,再。末有原,不要重复原来的饭菜。

⑤间:依郑玄训为瘳(chōu),病愈、减少。

⑥莅阼:帝王登位执政。莅,到、来。阼,本指大堂前东面的台阶,帝王嗣位或祭祀时所登,这里指帝位。

⑦抗:举。

〔译文〕

文王做世子时,向王季请安,每日三次。鸡刚刚打鸣,他就穿好衣服,来到父王寝门外,询问内臣:"昨晚父王一切安好吗?"内臣回答:"一切安好。"文王听了就高兴。中午,他再去请安,同早上一样。到了傍晚,他第三次请安,也同前两次一样。如果王季抱恙,内臣告知文王,文王就会面有忧色,连走路的步子都乱了。王季恢复日常饮食后,他才恢复常态。每顿饭端上来时,文王一定要亲自察看饭菜的冷热。每顿饭撤下去的时候,文王一定要问吃了多少。同时交代掌厨的官员:"不要重复原来的菜饭。"官员回答:"是。"文王才离开。

　　武王做太子时完全遵循父亲的孝行,不敢求更好。如果文王生病,武王就不脱冠不解衣带地侍奉文王。文王吃得少,武王也吃得少,文王吃得多些了,武王也随之增多。十二天后文王病好了,武王才放松下来。

　　文王问武王道:"你做过什么梦吗?"武王答道:"我梦到天帝给我九龄。"文王说:"你认为这个梦是什么意思?"武王说:"西方还有九个国家,父王您大概最终会拥有它们吧!"文王说:"不是这样的。古人说年龄,齿也是龄的意思。我的寿命是一百,你的寿命是九十,这个梦的意思是我会把我三年的寿命分给你。"文王最终活到九十七岁,武王则活到了九十三岁。

　　成王年幼,不能即位执政,周公辅佐他,代行天子职权。周公用教育太子的规矩对待伯禽,想要以伯禽为模范让成王懂得父子、君臣、长幼的道理。成王有过失,周公就责罚伯禽,以此向成王示范如何做世子。以上是《文王之为世子》。

　　凡三王教世子必以礼乐。乐,所以修内也,礼,所以修外也。礼乐交错于中,发形于外,是故其成也怿,恭敬而温文。立大傅、少傅以养之,欲其知父子、君臣之道也。大傅审父子、君臣之道以示之;少傅奉世子,以观大傅之德行而审喻之。大傅在前,少傅在后。入则有保,出则有师,是以教喻而德成也。师也者,教之以事而喻诸德者也;保也者,慎其身以辅翼之而归诸道者也。《记》曰:"虞、夏、商、周有师保,有疑丞①,设四辅及三公。不必备,唯其人。"语使能也。君子曰德,德成而教尊,教尊而官正,官正而国治,君之谓也。仲尼曰:"昔者周公摄政,践阼而治,抗世子法于伯禽,所以善成王也。闻之曰:'为人臣者,杀其身有益于君则为之。'况于其身以善其君乎?周公优为之!"是故知为人子,然后可以为人父;知为人臣,然后可以为人君;知事人,然后能使人。成王幼,不能莅阼,以为世子,则无为也。是故抗世子法于伯禽,使之与成王居,欲令成王之知父子、君臣、长幼之义也。君之于世子也,亲则父也,尊则君也。有父之亲,有君之尊,然后兼天下而有之。是故养世子不可不慎也。行一物而三善皆得者,唯世子而已,其齿于学之谓也。故世子齿于学,国人观之曰:"将君我而与我齿让,何也?"曰:"有父在则礼然。"然而众知父子之道矣。其二曰:"将君我而与我齿让,何也?"曰:"有君在则礼然。"然而众著于君臣之义也。其三曰:"将君我而与我齿让,何也?"曰:"长长也。"然而众知长幼之节矣。故父在斯为子,君在斯谓之臣,居子与臣之节,所以尊君亲亲也。故学之为父子焉,学之为君臣焉,学之为长幼焉,父子、君臣、长幼之道得而国治。语曰:"乐正司业,父师司成,一有元良,万国以贞。"世子之谓也。《周公践阼》。

〔注释〕

①疑丞:古官名,疑者,决疑之官。丞者,应对、记事之官。后泛指辅佐大臣。

〔译文〕

夏商周三代的君主都用礼乐教育世子。用乐来陶冶内在的精神,用礼来修饬外在的行为。礼乐在内心交汇,显露于外,所以其结果就既能使太子内心欢悦,又能使其恭敬有礼,温文尔雅。国君又设立太傅、少傅来培养世子,要让他知道父子、君臣的道理。太傅负责明辨父子君臣的道理并且身体力行地做出榜样;少傅负责侍奉世子,引导他观察太傅的德行并且为之分析,使之明白。太傅在前,少傅在后。宫内有太保,宫外有师,所以才能够教育得分明,使世子养成美德。师的责任是用事理教育世子以使其知德;太保的责任是谨慎地辅佐世子以使其合乎正轨。古《记》上说:"虞夏商周四代有师、保、疑、丞,还设立了四辅及三公。不要求诸官具备,只有具备合适的人选时才设置相应的官职,宁缺毋滥。"这说的是设官任能。君子重德,德行树立起来,从教的官员就会被尊重;从教的官员获得了尊重,百官就会正直;百官正直,国家就会大治,这就是为君之道。仲尼说:"从前周公摄政,代成王治理天下,用教育太子的规矩教育伯禽,目的是使成王效法并养成美德。听人说:'做臣子的,如果遇事需牺牲自己而有利于国君,就要去做。'更何况是不必杀身而能有利于国君的事呢?周公自然是愿意这样做的。"所以,知道了如何做儿子,然后才能懂得如何做父亲;知道了如何做人臣,然后才能懂得如何做人君;知道了如何侍奉他人,然后才能懂得如何使唤他人。成王年幼,不能执政,倘若把他当作世子就无须这样做了。正因为成王是王,所以周公才把教育世子的规定用于伯禽,让伯禽与成王同处,想要由此使成王懂得父子、君臣、长幼的道理。国君和世子的关系,从血缘上说是父亲,从尊卑上说是国君,既有为父之亲,又有为君之尊,然后才能够统治天下。所以,培养世子不可以不慎重。做一件事情而能获得三种好处的,只有教育世子这一件事了,这指的就是世子在学校里以年龄叙礼。所以,世子在学校里要按年龄大小与众人叙礼,国人看到后说:"世子是我们未来的国君,却与我们按年龄叙礼,这是为什么?"答曰:"有父在世子就应如此叙礼。"这样众人就懂得父子之道了。其二,有人说:"世子是我们未来的国君,却与我们按年龄叙礼,这是为什么?"回答说:"有国君在世子就当如此叙礼。"这样众人就懂得君臣之道了。其三,有人说:"世子是我们未来的国君,却与我们按年龄叙礼,这是为什么?"回答说:"年幼者应当尊敬年长者。"这样众人就懂得长幼之节了。所以说,父亲在,世子就是儿子;国君在,世子就是臣子;世子以子礼和臣礼自居,就是要他明白尊君、亲亲的道理。所以,教育世子学好父子之道,君臣之道,长幼之节,父子、君臣、长幼的关系处理好,国家也就治理好了。古语说:"乐正负责世子的学业,太师负责培养世子的德行,为国家造就贤良的国君,天下就会太平。"说的就是世子的事。以上是《周公践阼》。

第九　礼运

[题解]

郑玄《目录》云："名曰《礼运》者，以其记五帝三王相变易，阴阳转旋之道。此于《别录》属通论。"此篇大约是战国末年至西汉初年儒家学者托名孔子的著作，多采用问答的形式，论述了礼的产生、内涵、功用等。元儒陈澔释题曰："此篇记帝王礼乐之因革，及阴阳造化流通之理。"由此可知，"运"的意思一为"因革"，一为"流通"，而所谓"礼运"，指的就是礼的历代因革和依阴阳五行流通而发生的轮转。此外，篇中还提到了"大同""小康"的社会理念，影响深远。

昔者仲尼与于蜡宾①，事毕，出游于观之上，喟然而叹。仲尼之叹，盖叹鲁也。言偃在侧曰："君子何叹？"孔子曰："大道之行也，与三代之英，丘未之逮也，而有志焉。

"大道之行也，天下为公，选贤与能，讲信修睦。故人不独亲其亲，不独子其子，使老有所终，壮有所用，幼有所长，矜寡孤独废疾者，皆有所养。男有分②，女有归。货恶其弃于地也,不必藏于己;力恶其不出于身也,不必为己。是故谋闭而不兴,盗窃乱贼而不作,故外户而不闭。是谓大同。

"今大道既隐,天下为家,各亲其亲,各子其子,货力为己,大人世及以为礼。城郭沟池以为固,礼义以为纪。以正君臣,以笃父子,以睦兄弟,以和夫妇,以设制度,以立田里,以贤勇知,以功为己。故谋用是作,而兵由此起。禹、汤、文、武、成王、周公,由此其选也③。此六君子者,未有不谨于礼者也。以著其义,以考其信④,著有过,刑仁讲让,示民有常。如有不由此者,在势者去,众以为殃,是谓小康。"

言偃复问曰:"如此乎礼之急也?"孔子曰:"夫礼,先王以承天之道,以治人之情。故失之者死,得之者生。《诗》曰:'相鼠有体,人而无礼。人而无礼,胡不遄死?'是故夫礼,必本于天,殽于地,列于鬼神,达于丧、祭、射、御⑤、冠、昏、朝、聘。故圣人以礼示之,故天下国家可得而正也。"

言偃复问曰:"夫子之极言礼也,可得而闻与?"孔子曰:"我欲观夏道,是故之杞⑥,而不足征也,吾得《夏时》焉。我欲观殷道,是故之宋⑦,而不足征也,吾得《乾坤》焉。《乾坤》之义,《夏时》之等,吾以是观之。

"夫礼之初,始诸饮食,其燔黍捭豚⑧,污尊而抔饮⑨,蒉桴而土鼓⑩,犹若可以致其敬于鬼神。及其死也,升屋而号,告曰:'皋!某复⑪。'然后饭腥而苴孰⑫。故天望而地藏也,体魄则降,知气在上。故死者北首,生者南乡,皆从其初。

"昔者先王,未有宫室,冬则居营窟,夏则居橧巢⑬。未有火化,食草木之实,鸟兽之肉,饮其血,茹其毛。未有麻丝,衣其羽皮。后圣有作,然后修火之利,范金合土⑭,以为台榭、宫室、牖户,以炮以燔,以亨以炙,以为醴酪;治其麻丝,以为布帛,以养生送死,以事鬼神上帝,皆从其朔。

"故玄酒在室,醴盏在户⑮,粢醍在堂⑯,澄酒在下⑰。陈其牺牲,备其鼎俎,列其琴瑟管磬钟鼓,修其祝嘏⑱,以降上神与其先祖。以正君臣,以笃父子,以睦兄弟,以齐上下,夫妇有所。是谓承天之祜⑲。

"作其祝号,玄酒以祭,荐其血毛,腥其俎,孰其殽。与其越席,疏布以幂,衣其浣帛,醴盏以献,荐其燔炙。君与夫人交献,以嘉魂魄,是谓合莫。然后退而合亨,体其犬豕牛羊,实其簠、簋、笾、豆、铏羹⑳。祝以孝告,嘏以慈告,是谓大祥。此礼之大成也。"

〔注释〕

①蜡(zhà):古代的一种祭名,年终大祭万物。
②分(fèn):职分。
③选:这里是活用为名词,指被选拔出来的优秀人物。

④考：成全。

⑤御：当为"乡"，指乡饮酒礼。

⑥杞：周朝所分封的诸侯国，姒姓，武王封夏后氏之后于杞。

⑦宋：周成王时封纣的庶兄微子启于宋。

⑧捭：当从《盐铁论》作"焷"，炙烤。

⑨污尊：古代掘地为坑当酒樽。抔（póu）饮：用手捧水而饮。

⑩蒉桴（kuàifú）：用草和土抟成鼓槌。

⑪皋：呼喊的声音。复：招魂之礼，招魂时由复者拿着死者的衣服，面向北方，拉长声音高呼死者的名字，叫他的灵魂回来，再由另一个人接过衣服，给死者穿上，希望死者可以复生。

⑫饭腥而苴（jū）孰：古代送死送葬的风俗，饭腥是指在死者口中放入珠贝、稻米之类，又称"饭含"。腥，指生米。苴孰，苴是草叶，孰是"熟"的古字，苴孰是指用草叶包着熟食送死者安葬。

⑬橧（zēng）巢：古时用柴木在树上所筑的像鸟巢一样的住所。

⑭范金合土：用模具浇铸金属，和泥烧制砖瓦，用于营建宫室。

⑮醴盏（lǐzhǎn）：初酿成的甜酒。

⑯粢醍（zītí）：以黍稷酿制的浑酒，较醴盏更为成熟。

⑰澄酒：一种已经酿成的没有沉淀物的清酒。

⑱祝嘏（gǔ）：祭祀时祝祷和所传达的言辞。

⑲祜（hù）：福。

⑳簠（fǔ）、簋（guǐ）：古代祭祀燕享时两种盛黍稷稻粱的礼器。笾（biān）、豆：用来盛枣栗之类的竹器和盛菹醢之类的高脚木器。铏（xíng）羹：铏是古代盛羹的小鼎，铏羹即盛在铏器中的调以五味的羹。

〔译文〕

从前，孔子曾作为来宾参与蜡祭，礼毕，他出游于门楼上，不禁感慨而叹。孔子的感叹，大概是感叹鲁国。言偃在旁问道：

"老师为何叹气呢?"孔子说:"大道实行的时代,和夏商周三代杰出君主在位的时期,我没有赶上,但有书记载那时的情况。

"大道实行的时代,天下是公共的,大家推选贤能的人为领导,彼此之间讲究诚信,和睦相处。所以大家不只把自己的亲人当作亲人,不只把自己的子女当作子女,使老年人都能安度晚年,壮年人都有工作可做,幼年人都能健康成长,鳏寡孤独和残废有病的人,都能得到社会的照顾。男子有职业,女子有归宿。对于财物,人们不愿看到它被白白地扔在地上,都想收起来,倒不一定藏到自己家里;对于气力,人们生怕它不是从自己身上使出来的,倒不一定是为了自己。所以,阴谋奸诈的坏心思不会产生,偷东西作乱害人的事也不会发生,因此门户只需从外面带上而不用上锁。这就叫作大同社会。

"现在,大道已经被破坏了,天下成为私家的,人们各自亲近自己的父母,疼爱自己的子女,财物和力气也都是为了自己,天子、诸侯们,以权力的世系为礼。他们以城墙和护城河作为防守工事,把礼义作为纲纪,用礼来规范君臣的关系,使父子感情笃厚,兄弟和睦,夫妇和谐,用礼来设立制度,确立田地和住宅,认为有勇有智的人是贤德的,把为自己做事认为是有功的。因此,钩心斗角的事就随之产生,战争也由此兴起。夏禹、商汤、周文王、武王、成王、周公,就是在这种情况下产生的佼佼者。这六位君子,没有不谨慎地对待礼的。他们都根据礼来表彰人们做对了的事,来成全人们讲信誉的事,揭露人们做错的事,把合乎仁的行为定为准则,提倡谦让,并向人民示范一切都有规可循。如有在位的人不按礼办事的,就要被撤职,民众都把他看作祸害,这就是小康社会。"

言偃又问道:"礼果真这样紧要吗?"孔子说:"礼,是先王用来遵循天的旨意,治理人情百态的。所以谁失掉了礼谁就会死亡,谁得到了礼谁就能生存。《诗经》说:'你看那老鼠还有个形体,做人却没有礼仪。如果做人而无礼,还不如快点死掉!'所以,礼一定是源于天,法于地,参验于鬼神,贯彻于丧、祭、射、乡饮酒、冠、婚、觐、聘礼之中的。所以圣人用礼来昭示天下,而天下国家由此才能步入正轨。"

言偃又问道:"老师说礼如此重要,可以讲得更详细点吗?"孔子曰:"我曾想要观知夏代的礼,就特地跑到杞国考察,但杞地留下的文献已不足以考证夏礼了,只得到了一种叫《夏时》的书。我又想观知殷代的礼,就特地跑到宋国去考察,但宋国留下的文献也很少,只得到了一种叫《坤乾》的书。我就是根据《夏时》《坤乾》这样的文献来观知礼的。

"礼的产生,是从饮食开始的,当时的人们只知道烤熟谷物和小猪,挖个小坑当酒杯,用双手捧起来喝,他们用土抟成鼓槌,垒个小土台子当鼓,仿佛这样就可以表达对鬼神的敬意。等到他们死的时候,其家属就上到屋顶向北方高喊:'喂,某某你回来吧!'招魂后,就把生稻、米贝等含在死者口中,送葬的时候就用草叶包着熟食作为祭品送他上路。所以,他们就是这样地向天上招魂,向地下埋葬,而后肉体降于地下,灵魂升到天上。所以人死了就要头朝北方,活人都面向南方,这些都是从上古时代传下来的。

"从前的先王们,没有宫室,冬天就住在土窟里,夏天就住在柴火搭成的巢里。那时还不懂得用火,人们吃的是草木的果实,鸟兽的肉,喝鸟兽的血,连肉带毛地生吞。那时也不会纺织麻丝，人们穿的是鸟兽的羽皮制的衣服。后来圣人出现了，人们才开始发挥火的作用，用模型铸造金属，和泥烧制砖瓦，用来建造台榭宫室门窗，又用火来焙、烧、煮、烤，酿造甜酒和奶酪，纺织丝麻，制成布帛，以此来供养活人，料理丧事，祭祀鬼神和上帝，而其意义和原则都同上古一样。

"因为延续着古法，所以祭祀时玄酒摆在室内，醴盏摆在门旁，粢醍摆在堂上，澄酒摆在堂下。还要陈列牺牲，备齐鼎俎，设置琴、瑟、管、磬、钟、鼓等乐器，修饰祝祷的言辞，用以迎接天神和祖宗的降临。他们用这样的方式来规范君臣的关系，加深父子的感情，使兄弟和睦，上下均能得到神惠，夫妇各有自己应处的位置。这就叫作承受上天的福祉。

"拟定祝辞的名号，设置玄酒来祭神，先进献牲的血毛，再进献生肉之俎，再进献半熟的牲体。主人主妇亲践蒲席，用粗布蒙上酒樽，身穿新染的帛衣，献上醴盏，献上烤肉和烤肝。国君与夫人交替着向神进献，使得祖先的灵魂得以快慰，这就叫作人神交通。正祭以后，再将半熟的牲体合在一起烹煮，煮熟后区别犬豕牛羊的不同部位，放到簋、簠、笾、豆、铏羹等容器里来招待宾客和兄弟。祝辞表达了主人对神的孝敬之意，嘏辞表达了对子孙的爱护之心，这就叫大吉祥，也是礼最圆满的状态。"

第十　礼器

〔题解〕

此篇因首章"礼器"二字而得名。郑玄《目录》曰:"名为《礼器》者,以其记礼,使人成器之义也。故孔子谓子贡:'汝,器也。''何器也?'曰:'瑚琏也。'此于《别录》属制度。"元儒陈澔释题曰:"一是学礼者成德器之美,一是行礼者明用器之制。"则礼器既指行礼时使用器具的制度,也指学习礼仪的人修身成器的成才之路。篇文与《礼运》《郊特牲》多有相合,侧重于从心理层面解说礼制,即如清儒孙希旦所言:"以忠信义理言礼,而归重于忠信;以内心、外心言礼之文,而归重于内心。"

　　礼器,是故大备。大备,盛德也。礼释回,增美质。措则正,施则行。其在人也,如竹箭之有筠也①,如松柏之有心也,二者居天下之大端矣,故贯四时而不改柯易叶②。故君子有礼,则外谐而内无怨,故物无不怀仁,鬼神飨德。
　　先王之立礼也,有本有文。忠信,礼之本也;义理,礼之文也。无本不正,无文不行。礼也者,合于天时,设于地财，顺于鬼神，合于人心，理万物者也。是故天时有生也，地理有宜也，人官有能也，物曲有利也。故天不生，地不养，君子不以为礼，鬼神弗飨也。居山以鱼鳖为礼，居泽以鹿豕为礼，君子谓之不知礼。故必举其定国之数，以为礼之大经。礼之大伦，以地广狭，礼之薄厚，与年之上下。是故年虽大杀，众不匡惧，则上之制礼也节矣。

礼，时为大，顺次之，体次之，宜次之，称次之。尧授舜，舜授禹，汤放桀，武王伐纣，时也。《诗》云："匪革其犹，聿追来孝。"天地之祭，宗庙之事，父子之道，君臣之义，伦也。社稷山川之事，鬼神之祭，体也。丧祭之用，宾客之交，义也。羔豚而祭，百官皆足，大牢而祭，不必有余，此之谓称也。诸侯以龟为宝，以圭为瑞。家不宝龟，不藏圭，不台门，言有称也。

礼，有以多为贵者：天子七庙，诸侯五，大夫三，士一。天子之豆二十有六，诸公十有六，诸侯十有二，上大夫八，下大夫六。诸侯七介七牢③，大夫五介五牢。天子之席五重，诸侯之席三重，大夫再重。天子崩，七月而葬，五重八翣④。诸侯五月而葬，三重六翣。大夫三月而葬，再重四翣。此以多为贵也。有以少为贵者：天子无介，祭天特牲。天子适诸侯，诸侯膳以犊。诸侯相朝，灌用郁鬯⑤，无笾豆之荐。大夫聘礼以脯醢。天子一食，诸侯再，大夫、士三，食力无数。大路繁缨一就⑥，次路繁缨七就。圭璋特,琥璜爵。鬼神之祭单席。诸侯视朝,大夫特,士旅之。此以少为贵也。

有以大为贵者:宫室之量,器皿之度,棺椁之厚,丘封之大。此以大为贵也。有以小为贵者:宗庙之祭,贵者献以爵,贱者献以散,尊者举觯,卑者举角⑦。五献之尊⑧,门外缶,门内壶,君尊瓦甒。此以小为贵也。

有以高为贵者:天子之堂九尺,诸侯七尺,大夫五尺,士三尺。天子、诸侯台门。此以高为贵也。有以下为贵者:至敬不坛,扫地而祭。天子、诸侯之尊废禁,大夫棜禁⑨。此以下为贵也。

礼有以文为贵者:天子龙衮,诸侯黼,大夫黻,士玄衣纁裳⑩。天子之冕,朱绿藻十有二旒⑪,诸侯九,上大夫七,下大夫五,士三。此以文为贵也。有以素为贵者:至敬无文,父党无容,大圭不琢,大羹不和⑫,大路素而越席⑬,牺尊疏布鼏⑭,樿杓⑮。此以素为贵也。

〔注释〕

①筼(yún):竹子的青皮。

②柯:草木的枝茎。

③介:诸侯出访时负责传话的副官。牢:主国招待来宾的肴馔。

④重:指抗木和茵的数量,抗木是棺椁上面的木架,木上加茵席,以挡住泥土。翣(shà):障扇,形状像扇子的饰物,出殡时用来屏障柩车。

⑤灌:彼此敬酒。郁鬯(chàng):古代的一种香酒,用鬯酒调和郁金汁而成,用于祭祀或待宾。

⑥大路:天子乘坐的车驾。繁缨:天子、诸侯所用辂马的带饰。繁是马腹带,缨是马颈革。一就:犹一匝。

⑦角:古代酒器,前面的爵、散、觯(zhì),也都是酒器,容量不同,郑玄曰:"一升曰爵,二升曰觚,三升曰觯,四升曰角,五升曰散。"

⑧五献:飨礼时献酒五次。古代飨礼,上公九献,侯伯七献,子男五献。

⑨禁:承酒器用的托盘。棜(yù)禁:无足的禁。

⑩龙衮:天子的礼服,衣服上绣有龙纹。黼(fǔ):有黑白相间花纹的礼服。黻(fú):有黑青相间花纹的礼服。玄衣:赤黑色礼服。纁(xūn)裳:浅绛色的遮蔽下体的衣裙。

⑪藻:古代帝王冕上系玉的五彩丝绳。旒(liú):礼帽前后的玉串。

⑫大羹:不加任何调料的肉汁,又称"太羹"。

⑬越席:结蒲草为席。

⑭牺尊:古代的一种酒器,牺牛形,背凿孔以盛酒。幂(mì):同"幂",覆盖东西的巾。

⑮樿杓(shànsháo):用白理木制作的勺子。

[译文]

　　礼是修身的器具,所以大备。大备是盛德的表现。礼能够消除邪恶,增进美质。将礼措置于身,则身正;将礼施用于事,则事成。礼对人而言,就像是竹箭外表的青皮,就像是松柏内在的实心,而它们是天下万物的集大成者,故能一年四季枝叶不败。所以,君子有了礼,就能对外和善,内无怨愤,因而人们也无不感念他的仁慈,鬼神也都欣赏他的德行。

　　先王制定的礼,既有内在的实质,又有外在的形式。忠信是礼的内在本质,义理是礼的形式。没有内在本质,礼就不能成立;没有形式,礼就无法施行。礼是上合天时,下合地财,顺应鬼神,契合人心,理顺万物的。四时各有生物,土地各有出产,人的五官各有功能,万物各有用途。所以,凡是天时不生的,土地不产的,君子不拿它们当作祭品,鬼神也不会享用。住在山里却以水产的鱼鳖作为祭品,住在水边却以山里产的鹿豕作为祭品,君子认为这样做是不知礼。所以,一定要根据立国时物产的多少来制定礼用的大概,这是礼的原则。礼的规模要根据土地的广狭,礼的厚薄要根据年成的好坏。所以遇到灾荒凶损的年成,民众也不恐慌,就是因为他们知道在上的统治者制礼是有分寸的。

制礼,首先考虑的是合乎时代环境,其次是合乎伦理顺次,次而是合乎祭祀的对象,再其次是合乎尺度,最后是要分配合理并符合身份。尧传位给舜,舜传位给禹,而商汤放逐夏桀,武王讨伐殷纣,这是时代环境的问题。《诗经》说:"周文王并非急于实现自己的愿望,而是追念祖先的功业来实践孝心。"祭祀天神地祇,列祖列宗,父子之道,君臣之义,这是伦理顺次的问题。祭祀社稷山川,祭祀鬼神,礼因祭祀的对象不同而异,这是体的问题。丧祭的用度,宾客交际的费用,这是宜的问题。即使是小到只用一只羔羊或一头小猪的祭祀,每个助祭者也都可以分到一份祭肉,大到使用牛、羊、猪三牲的祭祀,也不会有多余的没有分完的祭品,这是分配合理的问题。诸侯有宝龟,有瑞圭,而大夫则不能有宝龟、瑞圭,不能有宫阙的建筑,这是合乎身份的问题。

礼有以多为贵的:天子有七庙,诸侯五庙,大夫三庙,士一庙。天子的饭食有二十六道菜,公爵十六道,诸侯十二道,上大夫八道,下大夫六道。诸侯出访有七个副使,主国招待的肴馔有七席,大夫只有五个副官,五席肴馔。天子的座席有五重,诸侯有三重,大夫有两重。天子去世后七个月才下葬,葬时茵和抗木各用五重,障扇用八重。诸侯五月而葬,茵和抗木各用三重,障扇用六重。大夫三月而葬,茵和抗木各用两重,障扇用四重。这都是以多为贵的例子。礼有以少为贵的:天子出巡没有副手,祭天仅用一头牛。天子驾临诸侯,诸侯也仅用一头牛犊款待。诸侯互相朝聘,彼此只用郁鬯酒相敬,不设脯醢等菜肴。大夫相互聘问反而有脯醢。天子进食,吃一口就说饱了,诸侯吃两口说饱了,大夫和士吃三口说饱了,劳动者则可不计数地进食。天子祭天所用的大辂,只用一圈繁缨作为马饰,其他用车则有多至七圈的马饰。圭璋是最贵重的玉,单独进献,次于圭璋的琥璜则以爵为配,同时进献。祭祀比人尊贵的鬼神只使用一重席子。诸侯临朝,大夫少,国君就逐一与之行礼,士多,国君就只对他们集体作揖。这都是以少为贵的例子。

礼有以大为贵的:宫室的规模,器皿的尺寸,棺椁的厚度,坟墓的大小,这些都是大者为贵。礼有以小为贵的:宗庙之祭,主人献尸用较小的爵,贱者献尸用较大的散。尸尊举奠觯,主人卑举角。子爵、男爵在宴饮宾客时,最大的缶摆在门外,小点的壶摆在门内,最小的瓦甒是供国君使用的,就放在堂上。这都是以小为贵的例子。

礼有以高为贵的:天子的堂高九尺,诸侯七尺,大夫五尺,士三尺。天子、诸侯宫门上都有观阙,大夫、士则无,这都是以高为贵的例子。礼有以低为贵的:天子祭天不在高坛上,而是在坛下扫地而祭。天子、诸侯的酒杯不用托盘,大夫的酒杯用无足的托盘。这是以低为贵的例子。

礼有以文为贵的:天子穿彩绣的龙袍,诸侯穿有黑白相间花纹的礼服,大夫穿有黑青相间花纹的礼服,士穿赤黑色的上衣、浅绛色的下裳。天子头戴的冕,用朱、绿色编织的丝绳系玉,有十二条,诸侯有九条,上大夫七条,下大夫五条,士三条。这是以文为贵的例子。礼有以素为贵的:祭天时天子穿无绣文的大裘,在父亲的面前不需要装饰。大圭不雕琢,大羹不加任何调料,天子乘坐的大路朴素无华,只铺一层蒲席,牺牛形的酒尊用粗布覆盖,勺子也只用白理木来做。这是以素为贵的例子。

第十一　郊特牲

[题解]

　　此篇因首章"郊特牲"三字而得名。郑玄《目录》曰："名《郊特牲》者，以其记郊天用骍犊之义。此于《别录》属祭祀。""郊"为祭天之名，祭用一牛，故名"郊特牲"。篇中记述了祭祀用牲的情况，以及古代大飨、社祭、蜡祭、冠礼、婚礼的诸多仪节，内容与《礼器》有重复，但更侧重于从阴阳思想的层面加以阐释。

　　郊特牲，而社稷大牢。天子适诸侯，诸侯膳用犊。诸侯适天子，天子赐之礼大牢，贵诚之义也。故天子牲孕弗食也，祭帝弗用也。大路繁缨一就，先路三就，次路五就①。郊血，大飨腥②，三献爓③，一献孰。至敬不飨味而贵气臭也。诸侯为宾，灌用郁鬯，灌用臭也。大飨，尚腶脩而已矣④。

[注释]

①先路：亦作"先辂"，天子或诸侯用的一种用象牙装饰的车。次路：

亦作"次辂",副车。

②大飨:合祭先王。

③焖(xún):在热汤里煮至半熟的用于祭祀的肉。

④腶脩(duànxiū):捣碎加以姜桂的干肉。

〔译文〕

南郊祭天只用一头牛,而祭祀社稷要用牛、羊、豕三牲。天子到诸侯国巡行,诸侯用一头牛犊招待天子进膳。诸侯朝见天子,天子招待诸侯的宴饮却是牛、羊、豕具备,这表现的是以诚为贵。所以天子不吃怀孕的牛,也不用怀孕的牛祭天。天子祭天所用的大路,只用一圈繁缨作为马饰,先路则用三圈,次路则用五圈。用牲血祭天,合祭先王用生肉,祭社稷用半熟的肉,祭群小祀用熟肉。这说明崇高的鬼神不享用符合活人口味的祭品,而贵在祭品的气味。诸侯互相出访,敬以郁鬯香酒,看重的也是酒香。天子宴会诸侯,先进呈加以姜桂的干肉,看重的也是气味。

宾入大门而奏《肆夏》,示易以敬也。卒爵而乐阕,孔子屡叹之。奠酬而工升歌,发德也。歌者在上,匏竹在下,贵人声也。乐由阳来者也,礼由阴作者也,阴阳和而万物得。旅币无方①,所以别土地之宜而节远迩之期也。龟为前列,先知也,以钟次之②,以和居参之也。虎豹之皮,示服猛也。束帛加璧,往德也。

〔注释〕

①旅币:指四方进贡的物品。无方:没有一定的成规。

②钟:郑玄曰:"钟,金也。"献金作器,钟则是其大者。

〔译文〕

天子大宴诸侯时,宾客进入庙门,乐队就奏响《肆夏》,以此显示和悦和敬意。至主人饮毕时,乐曲也恰好奏完一节。孔子对此曾屡屡赞叹。主人置杯预备劝酒时,乐工登堂,意在颂扬宾主之德。歌者在堂上,伴奏的乐工在堂下,这是以人声为贵。乐音可闻,属阳,礼据德行而作,属阴,阴阳调和而万物各得其所。各国进献的物品没有常规,要据各方土地的特产以及路程的远近而定。陈列的贡品中,龟要放在最前面,这是因为龟有占卜先知的作用。其次是金属,因其性柔和,故置于龟和其他贡品中间。虎豹的皮是显示天子以威德服众的。束帛加璧,是崇尚德行的表现。

庭燎之百①,由齐桓公始也。大夫之奏《肆夏》也,由赵文子始也。朝觐,大夫之私觌②,非礼也。大夫执圭而使,所以申信也;不敢私觌,所以致敬也;而庭实私觌,何为乎诸侯之庭?为人臣者无外交,不敢贰君也。大夫而飨君,非礼也。大夫强而君杀之,义也。由三桓始也③。天子无客礼,莫敢为主焉。君适其臣,升自阼阶,不敢有其室也。觐礼,天子不下堂而见诸侯。下堂而见诸侯,天子之失礼也,由夷王以下。

〔注释〕

①庭燎:古代庭院中照明的火炬。

②朝觐:诸侯朝见天子。王引之认为"朝觐"二字下有脱文。私觌(dí):使臣私下里用礼物拜会出使国的国君。

③三桓:春秋时鲁国大夫孟孙氏、叔孙氏、季孙氏,他们都是鲁桓公的后代,故称"三桓",势力强大,掌握了鲁国的实际政权。王引之认为"由三桓始也"五字当是后文衍于此。

〔译文〕

庭中照明的火炬使用一百个,这是从齐桓公开始的。大夫奏《肆夏》而迎宾,是从晋国大夫赵文子开始的。诸侯朝见天子、大夫奉命出使时以私人名义拜见外国国君,这是不合礼的。大夫出使时执圭,是要证明自己是奉君命出使的;不敢以私人名义拜见国君,是为了表达对使命的敬重;如果大夫私备礼品作为庭实,私下拜见,哪里还像是诸侯之庭?作为臣子的不能私下与外国交往,不敢分属于二君。大夫宴请国君是不合礼的。大夫的势力超过了国君,国君杀了他,理所应当。天子没有做客的礼仪,因为普天之下没有人能当天子的主人。国君到臣子家,从阼阶升堂,以表明臣子不敢以主人自居。诸侯朝见天子,天子不下堂迎接诸侯。下堂迎接诸侯是失礼的,而这是周夷王之后才有的。

诸侯不敢祖天子,大夫不敢祖诸侯。而公庙之设于私家,非礼也,由三桓始也。天子存二代之后,犹尊贤也,尊贤不过二代。诸侯不臣寓公①,故古者寓公不继世。君之南乡,答阳之义也。臣之北面,答君也。大夫之臣不稽首②,非尊家臣,以辟君也。大夫有献弗亲,君有赐不面拜,为君之答己也。

〔注释〕

①寓公:亡国后寄居他国的诸侯。
②稽(qǐ)首:古时的一种跪拜礼,叩头至地,是九拜中最恭敬的。

〔译文〕

诸侯不敢有天子的祖庙,大夫不敢有诸侯的祖庙。而今大夫私设诸侯祖庙,是不合礼的,这从三桓开始。天子封前两个朝代的后裔为国君,这是尊重前代贤者的表示,但这种尊贤也只以之前的两个朝代为限。流亡到他国的国君,诸侯不敢以臣礼相待,但他的后人就不再享有这样的优待了。国君坐北朝南,意思是向着阳位,对天负责。臣子立南朝北,是要对国君负责。大夫家里的臣仆不对大夫行叩头礼,这不是尊重这些臣仆,而是要回避自拟国君的嫌疑。大夫有东西献给国君时不亲自出面,国君对大夫有所赏赐,大夫也不当面拜谢,目的都是要避免国君的答拜。

冠义:始冠之,缁布之冠也①。大古冠布,齐则缁之。其緌也②,孔子曰:"吾未之闻也。"冠而敝之可也。嫡子冠于阼,以著代也。醮于客位③,加有成也。三加弥尊④,喻其志也。冠而字之,敬其名也。委貌,周道也。章甫,殷道也。毋追,夏后氏之道也。周弁,殷冔⑤,夏收。三王共皮弁素积⑥。无大夫冠礼,而有其昏礼。古者，五十而后爵，何大夫冠礼之有？诸侯之有冠礼，夏之末造也。天子之元子，士也，天下无生而贵者也。继世以立诸侯，象贤也。以官爵人，德之杀也。死而谥，今也。古者生无爵，死无谥。

〔注释〕

①缁布之冠：黑色帛制成的帽子。

②緌(ruí)：冠缨，即冠带结在下巴以下的下垂部分。

③醮(jiào)：冠礼时的一种简单仪式，尊者为卑者酌酒，卑者接受后饮尽，无须回敬。

④三加：古人行冠礼，初加缁布冠，次加皮弁(biàn)，次加爵弁。

⑤冔(xú)：殷代的冠名。

⑥皮弁：古冠名，用白鹿皮制成。素积：亦作"素绩"，古代的一种礼服，是一种腰间有褶裥的素裳。

〔译文〕

冠礼的意义：第一次加的冠，是缁布冠。远古的时候人们是以白布为冠，斋戒时再将其染成黑色的。至于缁布冠是否有冠缨，孔子说："我没有听说过。"行过冠礼后就可以弃置不用了。为嫡子加冠要在阼阶上，以显示嫡子是继承人。要在客人的位置上对嫡子敬酒，因其成人而加敬。加冠三次，一次比一次尊敬，是要其明志向上。加冠后为冠者取字，此后便称其字而避讳其名，以示尊重。日常佩戴的冠，周代称作委貌，殷代称作章甫，夏代称作毋追。祭祀时佩戴的礼冠，周代称作弁，殷代称作冔，夏代称作收。但三代君主也都使用皮弁素积。大夫无冠礼，而有婚礼。古制,五十岁后才能受爵为大夫,怎么会有大夫冠礼呢?诸侯有冠礼,那是夏末礼乱后才有的事。天子的长子也不过是士,天下没有生下来就尊贵的人。诸侯的后人继嗣爵位,是为了尊重其先人的贤德。至于用官爵赏赐人,是以功德的大小等差的做法。死后称谥,是今人的行为,古代的人则生时没有爵位,死后不加谥号。

有虞氏之祭也,尚用气。血腥爓祭,用气也。殷人尚声,臭味未成,涤荡其声。乐三阕,然后出迎牲。声音之号,所以诏告于天地之间也。周人尚臭,灌用鬯臭①,郁合鬯,臭,阴达于渊泉。灌以圭璋,用玉气也。既灌,然后迎牲,致阴气也。萧合黍稷,臭,阳达于墙屋。故既奠,然后焫萧合膻芗②。凡祭,慎诸此。

〔注释〕

①灌:指祭祀时酌酒洒地以告神。

②焫(ruò):点燃,焚烧。膻芗(shānxiāng):指祭祀所用的黍稷等谷物。膻,通"馨"。芗,通"香"。

〔译文〕

虞舜时的祭祀,贵尚腥气。所以祭祀时使用鲜血、生肉、半生的肉,是使用其气味。殷代的祭祀,贵尚声音,在未杀牲没有气味之前,已经乐声起伏了。乐曲奏过三章,然后才出门迎牲。乐曲的声音,就是用来召唤天地之间的鬼神来享受祭祀的。周人的祭祀,贵尚香气,始献神时用香郁的鬯酒灌地,郁金香草配合着黑秬黍酿成的酒香，直达地下。用来酌酒的勺子是圭璋制成的，意在于利用玉石的润洁之气。行过灌礼后再迎牲，是为了使阴气盈至。焚烧蒿草和黍稷，气味缭绕，使属阳的烟气充满墙屋。所以他们在既奠酒于尸后焚烧蒿草和黍稷，就是希望阴阳诸神降临。凡是祭祀，目的都是要请神受飨，所以都需谨慎地对待这些仪式。

第十二　内则

〔题解〕

郑玄《目录》曰："名曰《内则》者，以其记男女居室，事父母、舅姑之法。此于《别录》属子法，以闺门之内，轨仪可则，故曰《内则》。"作者大概是战国末年至西汉初年的儒家学者。篇中详细记述了男女居家侍奉父母公婆的各种礼节，包括膳食、养老、分娩、名子、教子诸事，提倡孝敬父母、男女有别、重视妇德，是了解古代贵族家庭伦理道德理论的重要文献，也曾作为封建家庭女子的必读物，影响深远。

后王命冢宰降德于众兆民。子事父母，鸡初鸣，咸盥漱，栉縰笄总①，拂髦冠緌缨②，端韠绅③，搢笏④。左右佩用。左佩纷帨、刀、砺、小觿、金燧⑤，右佩玦、捍、管、遰、大觿、木燧⑥，偪屦着綦⑦。妇事舅姑，如事父母。鸡初鸣，咸盥漱，栉縰，笄总，衣绅。左佩纷帨、刀、砺、小觿、金燧，右佩箴管线纩⑧，施縏帙⑨，大觿、木燧，衿缨綦屦。

〔注释〕

①栉缞(zhìxǐ)：栉,梳发。缞,用来束发的帛。笄总：插笄束发。

②髦(máo)：齐眉的发饰,用牦牛尾等为之,类似于刘海,以像幼时发型。子事父母之饰。

③韠(bì)：蔽膝,古代一种遮蔽在身前的皮制服饰。绅：束腰的大带。

④笏(hù)：古代大臣上朝拿着的手板,用玉、象牙等制成,可以指画、记事。

⑤纷帨(shuì)：古代男女通用的佩巾。小觿(xī)：用象骨制作的锥状用具,用来解衣带结成的小结。金燧(suì)：向日取火的铜质工具,形似凸镜。

⑥玦：当为"决",射箭时戴在射者右手大指上,用以钩弦。捍：射者左臂所戴皮制袖套,又名"拾"。遰(zhì)：刀鞘。木燧(suì)：木制的钻取火种的用具。

⑦偪(bī)：古代绑腿的布帛带。綦(qí)：鞋带。

⑧箴(zhēn)管：箴,缝衣针。管,收置针线的器具。

⑨縏(pán)：小囊,口袋。袠(zhì)：縏的垂带。

〔译文〕

天子命令冢宰教化人民。男子侍奉父母,在鸡刚打鸣时就要洗手漱口,梳头,用帛束发作髻,插上发笄,戴上齐眉的发饰,戴上帽子,整理冠缨,系好冠带,穿上玄端,戴上蔽膝,系好大带,把笏板插入带间。身上左右佩上饰物。左边佩戴的是手帕、小刀、磨石、小锥子和金燧,右边佩戴的是射箭用的决和捍、笔管、刀鞘、大锥子和木燧。戴好偪,穿好鞋子,系上鞋带,然后见父母。媳妇侍奉公婆,要同儿子侍奉父母一样。也是鸡刚打鸣时就洗手漱口梳头，用缯帛束发作髻，插上发笄，穿上衣服，系上大带。身上左右佩戴的东西，左边和男子一样，右边则佩戴针、收针的管、麻线、丝线、大锥子、小锥子，前四种东西装在一个有垂带的小口袋里。穿戴整齐，系好鞋带，再到公婆那里去请安。

男不言内，女不言外。非祭非丧，不相授器。其相授，则女受以篚，其无篚则皆坐奠之而后取之。外内不共井，不共湢浴，不通寝席，不通乞假，男女不通衣裳。内言不出，外言不入。男子入内，不啸不指。夜行以烛，无烛则止。女子出门，必拥蔽其面，夜行以烛，无烛则止。道路，男子由右，女子由左。

〔译文〕

　　男子主外，不问内事；女子主内，不问外事。如果不是举行祭祀和办理丧事，男女之间不能用手传递东西。如果必须传递物品，那么女方就用竹筐来承接，没有竹筐时就要让递东西的人坐着把东西放在地上，然后再去取。男女不从同一口井中汲水，不用同一间浴室，不用同一张寝席，不相互借用东西，不同衣裳。闺内的话不传于外，闺外的话不传于内。男子入内宅，不可以声示人，不可指指点点。夜行时要点燃火把，没有火把就不要外出。女子外出，一定要以物掩面，夜行也要点燃火把，没有火把也不要外出。走路的时候，男人靠右边，女人靠左边。

　　子妇孝者敬者，父母舅姑之命，勿逆勿怠。若饮食之,虽不耆①,必尝而待;加之衣服,虽不欲,必服而待;加之事,人代之,己虽弗欲,姑与之而姑使之,而后复之。子妇有勤劳之事,虽甚爱之,姑纵之,而宁数休之。子妇未孝未敬,勿庸疾怨,姑教之。若不可教,而后怒之。不可怒,子放妇出而不表礼焉。

〔注释〕

①耆:古同"嗜",爱好。

〔译文〕

　　孝敬父母公婆的儿子媳妇,就必须对于父母公婆的旨意,不要违背懈怠。父母公婆赠予的饮食,即使不爱吃,也要尝一些,等到父母公婆说不爱吃就算了,才能住口;父母公婆赠予的衣服,即使不爱穿也要暂时穿上,等到父母公婆说不爱穿就算了,才能脱下。父母公婆交代的事,若有人代做,即使不合己意,也要暂且听从,请人代做,之后再亲自打理。儿子媳妇辛苦劳作时,父母公婆也要心疼他们,虽然任他们去做,但也要时时叮嘱他们多加休息。如果儿子媳妇不孝敬公婆,也不用忿恨埋怨,可以教育他们,教育不管用,再来责备,责备不管用,再把儿子赶出家门,媳妇休回娘家,但仍不要对外宣扬其过。

　　礼,始于谨夫妇,为宫室,辨外内,男子居外,女子居内,深宫固门,阍寺守之①,男不入,女不出。男女不同椸枷②,不敢悬于夫之楎椸,不敢藏于夫之箧笥,不敢共温浴。夫不在,敛枕箧簟席襡器而藏之③。少事长,贱事贵,咸如之。

〔注释〕

①阍(hūn)寺:阍人和寺人,古代宫中掌管门禁的官。
②楲枷(yíjiā):衣架。
③簟(diàn)席:竹席。

〔译文〕

礼是从慎重地处理夫妇关系上开始的,营造宫室,以区别内外,男子居外,女子居内。宫殿深邃,门禁森严,有阍人、寺人等看守,男不入内,女不出外。男女不共用衣架,妻子不敢把自己的衣服挂到丈夫的衣架上,不敢存放在丈夫的衣箱里,不敢使用丈夫的浴室。丈夫不在家时,妻子要把丈夫的枕头收到箱子里,竹席等用器也都要收好。少者侍奉长者,卑者侍奉尊者,都是如此。

子能食食,教以右手。能言,男"唯"女"俞"。男鞶革,女鞶丝。六年教之数与方名。七年男女不同席,不共食。八年出入门户及即席饮食,必后长者,始教之让。九年教之数日。十年出就外傅,居宿于外,学书计①,衣不帛襦裤,礼帅初,朝夕学幼仪,请肄简谅②。十有三年学乐,诵《诗》,舞《勺》。成童舞《象》③,学射御。二十而冠,始学礼,可以衣裘帛,舞《大夏》,惇行孝弟,博学不教，内而不出。三十而有室，始理男事，博学无方，孙友视志。四十始仕，方物出谋发虑，道合则服从，不可则去。五十命为大夫，服官政。七十致事。凡男拜，尚左手。

〔注释〕

①书计：文字与筹算，六艺中六书、九数之学。
②肄（yì）：学习。简：书策。谅：信实质直。
③成童：十五岁以上的青少年。

〔译文〕

幼儿长到可以自己吃饭的时候，就教他使用右手。能说话了，就要教他们如何应答，男孩用"唯"，女孩用"俞"。身上的佩囊，男孩的用皮革制成，女孩的用丝帛制成。六岁时，要教他们识数和辨认方位。七岁时，教导他们男女不能同席，不能一起吃饭。八岁时，教导他们出入饮食时，要让长者在前，开始让他们知道谦让的道理。九岁时，教他们用干支记日。十岁时，男孩就要离开家跟着外边的老师学习，吃住在外，学习文字和计算，不穿帛制的衣裤，仍穿孩提时的服饰，早晚学习洒扫进退的礼节，勤习简策，诚实待人。十三岁时，学习音乐，诵读诗歌，学习《勺》舞。十五岁以上的成童学习《象》舞，学习射箭和驾车。二十岁时，加冠成年，开始学习吉、凶、宾、军、嘉诸礼。此时可以穿皮衣、帛衣了，跳《大夏》舞，笃行孝悌，广泛地学习，蓄藏于内，但不足以教人。三十岁时娶妻成家，开始料理田政军役诸事，广泛地学习，但仍志向未定，要谦逊交友，视其志向而自勉。四十岁时,开始做官,要分辨事物的轻重利害,懂得谋划考虑,与君臣道义契合的就职任事,否则就离开。五十岁时,受命为大夫,参与邦国大事。七十岁时,就告老请退。凡行礼相拜,男子左手在上,右手在下。

第十三　玉藻

〔题解〕

　　此篇因首章"玉藻"二字而得名。郑玄《目录》曰："名曰《玉藻》者,以其记天子服冕之事也。冕之旒以藻纰经为之,贯玉为饰。此于《别录》属通论。"玉藻本义为古代天子冕冠上垂挂的一种玉饰,借以名篇,篇中所记也多为天子服冕的样式、尺寸、质地、色彩、使用场合、意义等,兼记诸侯、大夫、士在不同场合的着装礼仪,是了解古代贵族服饰文化的重要材料。

　　君无故不杀牛,大夫无故不杀羊,士无故不杀犬、豕。君子远庖厨①,凡有血气之类,弗身践也。至于八月不雨,君不举②。年不顺成,君衣布搢本③,关梁不租,山泽列而不赋④,土功不兴,大夫不得造车马。

〔注释〕

　　①庖厨:厨房,杀牲烹牲的地方。《孟子》曰:"君子之于禽兽也,见其生不忍见其死,闻其声不忍食其肉,是以君子远庖厨也。"
　　②举:指君每日杀牲以食,食前举肺脊以祭。不举,即不杀牲。

③本:竹制的笏,士执竹笏。
④列:遮遏,阻止,禁止非时的采伐。

[译文]

没有特殊的原因,诸侯不杀牛,大夫不杀羊,士不杀狗和猪。君子有仁爱之心,都远离厨房,对于一切有生命的动物,都不会亲自动手宰杀。如果连续八个月不下雨,国君每日饮食就不得杀牲。遇到收成不好的年份,国君要改穿布衣,插竹笏,关口和桥梁不收租税,山泽虽然禁止非时的采伐,但不再征收赋税,不兴建土木,大夫也不允许造新车。

始冠缁布冠,自诸侯下达,冠而敝之可也。玄冠朱组缨,天子之冠也。缁布冠缋緌①,诸侯之冠也。玄冠丹组缨,诸侯之齐冠也。玄冠綦组缨②,士之齐冠也。缟冠玄武③,子姓之冠也。缟冠素纰④,既祥之冠也。垂緌五寸,惰游之士也⑤。玄冠缟武,不齿之服也。居冠属武,自天子下达,有事然后緌。五十不散送⑥。亲没不髦。大帛不緌⑦。衣冠紫緌,自鲁桓公始也。

[注释]

①缋緌(huìruí):有画纹的帽带。
②綦(qí):青黑色。
③缟(gǎo):未经染色的绢。武:冠带。
④素纰(pí):用白绢制的冠上的镶边。素,洁白的绢。纰,冠上的镶边。

⑤惰游:不务正业,游手好闲,这里指罢官。
⑥散送:服丧时系在腰间的麻散垂,送葬时亦散麻。
⑦大帛:白缯制的冠,是国有凶祸时国君所戴。

〔译文〕

　　行冠礼时最先佩戴的是缁布冠,自诸侯至士都如此,行过冠礼后就可任其破败而不再佩戴了。玄色的冠,配上朱色的冠带,是天子的冠。缁布冠,配上有画纹的冠带,是诸侯的冠。玄色的冠,配上红色的冠带,是诸侯斋戒时戴的冠。玄色的冠,配上青黑色的冠带,是士斋戒时戴的冠。白色生绢制成的冠,配上玄色的冠带,是子孙在祖父去世后父亲丧服未除而自己丧服已除时戴的冠。白色生绢制成的冠,配上白绢制的镶边,是孝子在大祥以后戴的冠。被惰游的人,冠制同上,只是冠带下垂的部分只准有五寸长。玄色冠,配以白绢制成的冠带,这是刚被释放的囚犯所戴的冠。闲居时冠带不下垂,固定在冠圈两侧,自天子以下都是如此,只有遇到斋祭等事情时才让它垂下来。五十岁后,送葬时可以不必散麻。父母去世后,就不用再佩戴象征幼童的髦饰了。白缯制的冠不用垂饰。玄色的冠,配以紫色的冠带,是从鲁桓公开始的。

　　古之君子必佩玉,右徵、角,左宫、羽。趋以《采齐》,行以《肆夏》,周还中规,折还中矩,进则揖之,退则扬之,然后玉锵鸣也。故君子在车,则闻鸾和之声①,行则鸣佩玉,是以非辟之心,无自入也。

　　君在不佩玉,左结佩,右设佩,居则设佩,朝则结佩,齐则绩结佩而爵韠②。凡带必有佩玉，唯丧否。佩玉有冲牙。君子无故，玉不去身，君子于玉比德焉。

〔注释〕

①鸾和：鸾、和古代车上的两种铃儿。

②绩(zhēng)：屈曲。爵韠：玄端服。

〔译文〕

　　古代的君子一定要佩戴玉饰，右边佩玉的叩击和鸣应合于徵、角之声，左边佩玉的叩击和鸣应合于宫、羽之声。疾行时的节拍应与《采齐》相应，慢行时的节拍应与《肆夏》相应，回身行走时应走圆形，旁行转向时应走方形，前进时身体略前倾，倒退时身体略后仰，如此行走，才能使佩玉铿锵和鸣。所以，君子乘车时，便能听到鸾和铃声；行步时，便能听到佩玉和鸣，如此一来，所有邪僻的恶念就都不会进入君子的内心了。

　　面见国君时，君子不佩玉，意思是要将左边的佩玉连接起来不使其发出声响，而右边的佩玉则照常佩戴。闲居时也佩戴垂玉，上朝时连接佩玉，斋戒时则身穿玄端，将佩玉屈结，折于带间，不使其发出声响。天子至士，革带上必佩有玉饰，只有服丧期间例外。佩玉中间有个部件叫冲牙。君子除了丧疾等特殊情况，玉不离身，因为君子是用玉来比拟德行的。

　　凡自称，天子曰"予一人"，伯曰"天子之力臣"。诸侯之于天子曰"某土之守臣某"，其在边邑，曰"某屏之臣某"。其于敌以下曰"寡人"，小国之君曰"孤"，摈者亦曰"孤"①。上大夫曰"下臣",摈者曰"寡君之老",下大夫自名,摈者曰"寡大夫"。世子自名,摈者曰"寡君之嫡"。公子曰"臣孽"。士曰"传遽之臣"②,于大夫曰"外私"。大夫私事使,私人摈则称名,公士摈则曰"寡大夫""寡君之老"。大夫有所往,必与公士为宾也。

〔注释〕

①摈(bīn)者:接待宾客的人。摈,通"傧"。
②传遽(jù):乘传车驿马的使者。

〔译文〕

　　凡自称时,天子称"予一人",伯自称"天子之力臣"。诸侯去朝见天子时自称"某地之守臣某",如果封地在边陲,就自称"某屏之臣某"。诸侯对于和自己身份相等的和低于自己的,自称"寡人",小国的国君自称"孤",傧者为他传话时也称他为"孤"。上大夫在自己的国君面前自称"下臣",傧者为他传话时称他为"寡君之老"。下大夫在自己的国君面前自称己名,傧者为他传话时称他为"寡大夫"。太子在国君面前自称己名,傧者为他传话时称他为"寡君之嫡"。公子在国君面前自称"臣孽"。士在国君面前自称"传遽之臣",在他国大夫面前自称"外私"。大夫因私事出使,则使家臣通报,称大夫之名;因公事出使,则由公士通报,称"寡大夫""寡君之老"。大夫奉命出使,一定要以公士为介。

第十四　明堂位

[题解]

郑玄《目录》曰:"名曰《明堂》者,以其记诸侯朝周公于明堂之时所陈列之位也。在国之阳,其制东西九筵,南北七筵,堂崇一筵,五室,凡室二筵,此于《别录》属明堂阴阳。"篇中记述了诸侯在明堂朝见周公的方位排列,追溯了周公有功故而成王赐鲁国天子礼乐的旧事,并杂记鲁国礼乐制度、器物的使用情况,是研究明堂礼制的参考资料。

昔者周公朝诸侯于明堂之位:天子负斧依①,南乡而立;三公,中阶之前,北面东上;诸侯之位,阼阶之东,西面北上;诸伯之国,西阶之西,东面北上;诸子之国,门东,北面东上;诸男之国,门西,北面东上。九夷之国,东门之外,西面北上;八蛮之国,南门之外,北面东上;六戎之国,西门之外,东面南上;五狄之国,北门之外,南面东上;九采之国,应门之外,北面东上。四塞,世告至。此周公明堂之位也。明堂也者,明诸侯之尊卑也。

昔殷纣乱天下,脯鬼侯以飨诸侯。是以周公相武王以伐纣。武王崩,成王幼弱,周公践天子之位以治天下;六年,朝诸侯于明堂,制礼作乐,颁度量,而天下大服。七年,致政于成王。成王以周公为有勋劳于天下,是以封周公于曲阜,地方七百里,革车千乘,命鲁公世世祀周公以天子之礼乐。

〔注释〕

①斧依:又作"斧扆",指户牖间所设画斧的屏风。

〔译文〕

　　过去周公在明堂接受诸侯朝见,各自的位置是:周公背靠斧依朝南而立;三公并排立于中阶前,面朝北,以靠东边者为尊;侯爵的诸侯,成列地立于阼阶的东边,面向西,以靠北边者为尊;伯爵的诸侯,成列地立于西阶的西边,面向东,以靠北边者为尊;子爵的诸侯,成排地立于门内东边,面向北,以靠东边者为尊;男爵的诸侯,成排地立于门内西边,面向北,以靠东边者为尊。东方夷族诸国的国君,成列地立于东门之外,面向西,以靠北边者为尊;南方蛮族诸国的国君,成排地立于南门之外,面向北,以靠东边者为尊;西方戎族诸国的国君,成列地立于西门之外,面向东,以靠南边者为尊;北方狄族诸国的国君,成排地立于北门之外,面向南,以靠东边者为尊;九州之牧,成排地立于应门之外,面向北,以靠东边者为尊。四方极远边塞之国的国君,一世来朝一次就可以了。这就是周公在明堂接受诸侯朝见时的位次。明堂,就是表明诸侯地位尊卑的。

从前，殷纣扰乱天下，把鬼国的国君制成肉干，用以宴请其他诸侯。所以周公辅佐武王，来讨伐纣王。武王去世后，成王幼小，于是周公摄政，代行天子职务，治理天下。摄政的第六年，诸侯都来明堂朝见，于是周公制定了各种礼仪和乐章，颁行统一的度量衡，天下由此大为悦服。摄政的第七年，周公将政权还给成王。成王认为周公对天下功勋卓越，所以封周公于鲁，建都曲阜，土地方圆七百里，允许拥有千乘战车的兵力，还让鲁国的国君可以世世代代地用天子的礼乐祭祀周公。

第十五　丧服小记

[题解]

郑玄《目录》曰:"《丧服小记》者,以其记丧服之小义也。此于《别录》属丧服。"所谓"小义",是较《仪礼·丧服传》而言,有补充后者,解释其未尽之意和细节末义的意思。内容涉及丧服服制、日期、同异等,提倡"亲亲,尊尊,长长,男女之有别",是研究古代丧服制度和儒家宗法伦理思想的重要材料。

斩衰①,括发以麻②。为母,括发以麻,免而以布③。齐衰④,恶笄以终丧⑤。男子冠而妇人笄,男子免而妇人髽⑥。其义:为男子则免,为妇人则髽。苴杖⑦,竹也;削杖,桐也。

祖父卒,而后为祖母后者三年。为父母,长子稽颡⑧。大夫吊之,虽缌必稽颡。妇人为夫与长子稽颡,其余则否。男主必使同姓,妇主必使异姓。为父后者为出母无服。

亲亲,以三为五,以五为九。上杀,下杀,旁杀,而亲毕矣。

王者禘其祖之所自出⑨,以其祖配之,而立四庙。庶子王,亦如之。别子为祖,继别为宗,继祢者为小宗。有五世而迁之宗,其继高祖者也。是故祖迁于上,宗易于下。尊祖故敬宗,敬宗所以尊祖祢也。庶子不祭祖者,明其宗也。庶子不为长子斩,不继祖与祢故也。庶子不祭殇与无后者,殇与无后者从祖祔食。庶子不祭祢者,明其宗也。亲亲,尊尊,长长,男女之有别,人道之大者也。

[注释]

①斩衰(cuī):古代五种丧服中最重的一种。用最粗的大麻雌株纤维织成的布制成,不缝边缘,服制三年。儿女为父母、媳妇为公婆、嫡长孙为祖父母、妻为夫等皆穿此服。

②括发:把头发束起来。

③免(wèn):古代丧服,成服以后的发饰,以布缠头。

④齐衰(zīcuī):五服之一,次于斩衰。用大麻雄株纤维织成的布制成,较斩衰布稍细,缉边缝齐,服制有四种,为继母等服三年,为妻等服一年,为曾祖父母等服五月,为高祖父母等服三月。

⑤恶笄:服丧时所用的以榛木制成的簪子,与平时所用骨制的"吉笄"相对。

⑥髽(zhuā):古代妇女在守丧期间用麻布扎髻。

⑦苴(jū)杖:服斩衰时所用的竹杖。

⑧稽颡(qǐsǎng):屈膝下拜,以额触地。

⑨禘(dì):古代帝王在始祖庙里祭祀祖先的一种盛大祭祀。

〔译文〕

父丧,孝子服斩衰,小殓后用麻缕束发。母丧,小殓后也要用麻线束发,成服以后用麻布条缠头。女人服齐衰,丧期始终头戴榛木做的丧笄。平时,男子戴冠,女人戴笄,小殓后,男子用麻布条缠头,女子用麻布扎髻,这是说,用免和髽来分辨男女。孝子为父服丧用的是苴杖,是用竹木制成的;为母服丧用的是削杖,是用桐木做的。

祖父死后,祖母又死,承重的嫡孙要为祖母服丧三年。为父母服丧,长子要下拜叩头行稽颡礼。如有大夫来吊唁,即使是服缌麻之服的远亲也一定要行稽颡礼。妇人为丈夫和长子服丧时行稽颡礼,此外就不再如此行礼了。绝嗣的丧家,只能找同姓的男子代摄男性丧主,找同姓的女子代摄女性丧主。父亲的嫡长子不为被父遣出的生母服丧。

凡人之亲其所亲,由父、己、子三辈推广至祖、父、己、子、孙五辈,再扩展至高祖、曾祖、祖、父、己、子、孙、曾孙、玄孙九辈。亲情往上,往下,往旁属,越是疏远,便越是损减,减至殆尽。

天子举行祭祀始祖的禘祭是为了祭奠诞生其始祖的天帝,以其始祖配享,设立了高、曾、祖、祢四庙。即便是庶子为王,也是如此。以别子为祖,继承别子的嫡长子是大宗,继承别子的庶子是小宗。小宗传到五世就要迁易,这是继承高祖以下的一支。因此,超过五世后,在上的高祖的庙就要迁动,在下的祢庙也要变动,由新的继任者将亡父的神主安置在庙内成为新祢。尊祖故而尊敬嫡长子,尊敬嫡长子正是尊重祖祢的表现。庶子之所以不能祭祖,是为了使宗主的身份显豁。庶子不能为其长子服斩衰,就在于庶子不是继祖继祢的正体,自然其长子也就不是祖父的继承人了。庶子不祭祀未成年的死者和没有后嗣的死者,是因为他们都已依附于祖先而由宗子在祖庙祭祀。庶子不祭父庙,是因为父庙由嫡长子祭祀,表明主祭权在宗子。亲近亲人,尊敬尊者,敬重长者,注意男女之别,这是人伦之道的大原则。

第十六　大传

[题解]

郑玄《目录》曰:"名曰《大传》者,以其记祖宗人亲之大义。此于《别录》属通录。"篇中记述了古代贵族大宗、小宗有别的宗法制度,提倡"亲亲""尊祖""敬宗"的宗法思想,是研究古代宗法制度和儒家宗法伦理的重要文献。

圣人南面而听天下,所且先者五,民不与焉:一曰治亲,二曰报功,三曰举贤,四曰使能,五曰存爱。五者一得于天下,民无不足,无不赡者。五者,一物纰缪,民莫得其死。圣人南面而治天下,必自人道始矣。

立权度量,考文章,改正朔,易服色,殊徽号,异器械,别衣服,此其所得与民变革者也。其不可得变革者则有矣:亲亲也,尊尊也,长长也,男女有别,此其不可得与民变革者也。

同姓从宗,合族属。异姓主名,治际会。名著,而男女有别。其夫属乎父道者,妻皆母道也;其夫属乎子道者,妻皆妇道也。谓弟之妻"妇"者,是嫂亦可谓之"母"

乎？名者，人治之大者也，可无慎乎！四世而缌，服之穷也。五世袒免，杀同姓也。六世，亲属竭矣。其庶姓别于上而戚单于下①，昏姻可以通乎？系之以姓而弗别，缀之以食而弗殊，虽百世而昏姻不通者，周道然也。

[注释]

①戚：亲密的关系。单：通"殚"，殆尽。

[译文]

圣人面朝南治理天下，当务之急要处理五件事情，其中还不包括百姓的事：第一件事是确定亲疏的关系，第二件事是报答有功之臣，第三件事是选举贤良，第四件事是任用有能力的人，第五件事是体恤仁爱之人。这五件事如果全部做到，人民也就无不富足，无不得以照料了。相反，若有一件事出现纰漏舛误，人民就难以保全了。所以圣人治理天下，一定要从治理人道开始。

制定度量衡，考订文章典籍，改正历法，更易服色，改变徽号，更换器械，区别不同身份的人的服饰，这些都是可以与时俱进地让人民随之变革的。但也有一些是不可变革的，包括亲近同族，尊重尊者，敬爱长者，男女有别，这都是要人民永远坚守，不能改变的。

凡是同姓的人都有一个共同的祖宗，汇合成一个族属。嫁过来的异姓女子，要靠称呼明确彼此的关系，以便参与族内的交际和聚会。名分称呼明确了，才可以做到男女有别。对于异姓女子而言，若她的丈夫属于父辈，那么她就属于母辈；若她的丈夫属于子辈，那么她就属于儿媳一辈。如果称呼弟弟的妻子为儿媳，不是要称呼嫂子为母亲了吗？所以，名分称呼，是人伦大事，怎么可以不慎重地对待呢？同祖四世的人服缌服，这是五服中最次一等的了。五世同祖的人出了五服，吊丧时只需袒免示哀，这是削减了同姓的关系。六世同祖的人，彼此已没有了亲属关系。这些人从上代就有了分支，后代没了亲情，彼此可以通婚吗？他们到底仍出于同姓的祖宗，这一点是没有分别的，而且在合族聚餐的时候他们也同样要按照辈分聚在一起，所以，只要是同姓的人，即便过了百世，也不可以通婚，周人的制度就是如此。

第十七　少仪

〔题解〕

郑玄《目录》曰:"《少仪》者,以其记相见及荐羞之少威仪。少,犹小也。此于《别录》属制度。"篇中记述了古代宾主相见、吊丧、致赗、交接、洒扫、问卜、御车、馈赠、饮酒、膳羞、事君、侍尊诸事,多是细小威仪,故名曰"少仪",与《曲礼》《内则》等较为接近,故可互作参考。

闻始见君子者,辞曰:"某固愿闻名于将命者。"不得阶主。敌者曰"某固愿见"。罕见曰"闻名"。亟见曰"朝夕"。瞽曰"闻名"。适有丧者曰"比"。童子曰"听事"。适公卿之丧,则曰"听役于司徒"。

〔译文〕

听闻古人相见之礼,第一次拜访君子时要说:"某很希望把名字报给传达者。"不可直接求见主人。如果是拜访与自己地位相等的人,就说"某特来拜会"。平时很少见面的,就与第一次见面一样,说"某很希望将名字报给传达者"。经常见面的,就说"某常劳烦您的传达"。失明的人求见,致辞要与不常见面的人一样。到有丧事的人家去求见,就说"特来与您一齐效劳"。未成年的孩子求见,就说"特来听候您的差遣"。到有丧事的公卿之家求见,要说"特来听候府上管事者的差遣"。

毋拔来,毋报往①,毋渎神,毋循枉②,毋测未至。士依于德,游于艺③。工依于法,游于说。毋訾衣服成器,毋身质言语④。言语之美,穆穆皇皇⑤。朝廷之美,济济翔翔⑥。祭祀之美,齐齐皇皇⑦。车马之美,匪匪翼翼⑧。鸾和之美,肃肃雍雍⑨。

〔注释〕

①拔来:拔,急速。报往:报通"赴",迅速。拔来报往,形容跑来跑去。
②循枉:循,依循。枉,弯曲,这里指指行为不合正道。
③艺:指六艺,即礼、乐、射、御、书、数六种技艺。
④质:验证。
⑤穆穆皇皇:穆穆,和美。皇皇,美盛。
⑥济济翔翔:济济,整齐雄美,有威仪的样子。翔翔,庄敬的样子。
⑦齐齐皇皇:齐齐,谨慎诚恳的样子。惶惶,惶恐的样子。
⑧匪匪翼翼:匪匪,马行走不停的样子。翼翼,有次序的样子。
⑨肃肃雍雍:素素,清脆。雍雍,和谐。

〔译文〕

做事不可冲动仓促,祭祀不可亵渎神明,不可不依循正道,不可妄测未来。读书人要以道德为依归,熟习六艺。作为工匠,要以法度为依归,钻研相关的理论。不要诋毁别人的衣服和制成的器皿,不要以身验证虚妄无稽之谈。言语的美,在于意旨和美,辞气昌盛。朝廷的美,在于端庄整齐,庄敬威严。祭祀的美,在于谨慎诚恳,惶恐小心。车马的美,在于阵容整齐,井然有序。鸾和的美,在于铃声悦耳,乐律和谐。

乘兵车,出先刃,入后刃。军尚左,卒尚右。宾客主恭,祭祀主敬,丧事主哀,会同主诩①。军旅思险,隐情以虞②。

〔注释〕

①诩:夸耀,炫耀。
②虞:准备,防范。

〔译文〕

乘坐战车,出城时刀锋向前,入城时刀锋向后。军队的排列,将士以居左为尊,兵卒以居右为尊。宾客之礼以容貌恭敬为主,祭祀之礼以内心敬畏为主,丧葬之礼以哀伤悲痛为主,诸侯会盟以炫耀国威为主。行军作战,要以思败为戒,留心险阻,要隐藏己方实情,严加防范。

第十八　学记

[题解]

郑玄《目录》曰："名曰《学记》者,以其记人学教之义。此于《别录》属通论。"篇文共一千二百余字,记述了学习的目的、功用、古代的学校制度、教育原则和教学方法等,被誉为古代最早的教育专著。作者和成书时间不详,一般认为是战国末期思孟学派的著述,后经西汉戴圣等整理补充而成,是了解古代学校教育和道德教育的重要文献。此篇全译。

发虑宪,求善良,足以谀闻①,不足以动众。就贤体远,足以动众,未足以化民。君子如欲化民成俗,其必由学乎!

玉不琢,不成器;人不学,不知道。是故古之王者建国君民,教学为先。《兑命》曰:"念终始典于学。"其此之谓乎!

虽有嘉肴,弗食,不知其旨也;虽有至道,弗学,不知其善也。故学然后知不足,教然后知困。知不足,然后能自反也;知困,然后能自强也。故曰:教学相长也。

《兑命》曰:"学学半②。"其此之谓乎!

古之教者,家有塾,党有庠③,术有序④,国有学。比年入学,中年考校。一年视离经辨志,三年视敬业乐群,五年视博习亲师,七年视论学取友,谓之小成,九年知类通达,强立而不反,谓之大成。夫然后足以化民易俗,近者说服而远者怀之,此大学之道也。《记》曰:"蛾子时术之⑤。"其此之谓乎!

大学始教,皮弁祭菜,示敬道也;《宵雅》肄三⑥,官其始也;入学鼓箧,孙其业也;夏楚二物⑦,收其威也;未卜禘不视学,游其志也;时观而弗语,存其心也;幼者听而弗问,学不躐等也。此七者,教之大伦也。《记》曰:"凡学官先事,士先志。"其此之谓乎!

大学之教也时,教必有正业,退息必有居。学,不学操缦⑧,不能安弦;不学博依,不能安《诗》;不学杂服,不能安礼;不兴其艺,不能乐学。故君子之于学也,藏焉,修焉,息焉,游焉。夫然,故安其学而亲其师,乐其友而信其道。是以虽离师辅而不反也。《兑命》曰:"敬孙务时敏,厥修乃来。"其此之谓乎!

今之教者,呻其占毕⑨,多其讯,言及于数,进而不顾其安,使人不由其诚,教人不尽其材;其施之也悖,其求之也佛⑩。夫然,故隐其学而疾其师,苦其难而不知其益也,虽终其业,其去之必速。教之不刑,其此之由乎!

大学之法,禁于未发之谓豫,当其可之谓时,不陵节而施之谓孙,相观而善之谓摩。此四者,教之所由兴也。

发然后禁,则扞格而不胜⑪;时过然后学,则勤苦而难成;杂施而不孙,则坏乱而不修;独学而无友,则孤陋而寡闻;燕朋逆其师;燕辟废其学。此六者,教之所由废也。

君子既知教之所由兴,又知教之所由废,然后可以为人师也。故君子之教喻也,道而弗牵,强而弗抑,开而弗达。道而弗牵则和,强而弗抑则易,开而弗达则思,和易以思,可谓善喻矣。

学者有四失,教者必知之。人之学也,或失则多,或失则寡,或失则易,或失则止。此四者,心之莫同也。知其心,然后能救其失也。教也者,长善而救其失者也。

善歌者,使人继其声;善教者,使人继其志。其言也约而达,微而臧,罕譬而喻,可谓继志矣。

君子知至学之难易,而知其美恶,然后能博喻;能博喻,然后能为师;能为师,然后能为长;能为长,然后能为君。故师也者,所以学为君也。是故择师不可不慎也。《记》曰:"三王四代唯其师。"此之谓乎!

凡学之道,严师为难。师严然后道尊,道尊然后民知敬学。是故君之所不臣于其臣者二:当其为尸则弗臣也,当其为师则弗臣也。大学之礼,虽诏于天子,无北面,所以尊师也。

善学者,师逸而功倍,又从而庸之;不善学者,师勤而功半,又从而怨之。善问者,如攻坚木,先其易者,后其节目,及其久也,相说以解;不善问者反此。善待问者,如撞钟,叩之以小者则小鸣,叩之以大者则大鸣,待其从容,然后尽其声;不善答问者反此。此皆进学之道也。

记问之学,不足以为人师。必也听语乎!力不能问,然后语之。语之而不知,虽舍之可也。

良冶之子,必学为裘;良弓之子,必学为箕。始驾马者反之,车在马前。君子察于此三者,可以有志于学矣。

古之学者,比物丑类⑫。鼓无当于五声,五声弗得不和;水无当于五色,五色弗得不章;学无当于五官,五官弗得不治;师无当于五服,五服弗得不亲。

君子曰:大德不官,大道不器,大信不约,大时不齐。察于此四者,可以有志于学矣。

三王之祭川也,皆先河而后海,或源也,或委也。此之谓务本。

〔注释〕

①谆(xiǎo)闻:稍有声誉。谆,小。

②学学半:上一"学"字《尚书》作"敩",音 xiào,意思是教。学学半,教占学的一半。

③党:五百家。

④术:通"遂",一万两千五百家。

⑤蛾(yǐ):同"蚁",蚂蚁。术:学习。
⑥宵雅:小雅。宵,小。肄(yì):学习。
⑦夏(jiǎ)楚:古代学校两种体罚越礼犯规者的用具,夏是榎木,楚是荆条。
⑧操缦:调弄琴瑟的弦丝。
⑨占毕:简册、书本。
⑩佛:通"拂",违背,乖戾。
⑪扞格:互相抵触,格格不入。
⑫丑类:以同类的事物相比。丑,通"俦"。

[译文]

发动思虑,广求良善,虽足以获得小的声誉,却不足以感动众人。就教于贤,亲近远交,虽足以感动众人,却不足以教化人民。君子欲化育人民,移风易俗,一定要从教育着手!

玉不经雕琢,不能制成器物;人不经学习,不能明白道理。所以,古代的君王立国治民,都以教育为先。《兑命》篇说:"始终要经常想着学习。"说的就是这个道理!

虽有美味的佳肴,不吃,就不知道它的美味;虽有完善的道理,不学,就不知道它的好处。所以,学习了,才能知道自己的不足,教导别人,才能知道自己的困惑。知道不足,才能够反过来要求自己;知道困惑,才能够自我勉励。所以说,教与学是互相促进的。《兑命》说:"教占学的一半。"说的就是这个道理!

古代教学,家里设"塾",党里设"庠",术里设"序",国都里设"学"。每年都有新生入学,隔一年考试一次。入学一年考查断章句读,志趣所趋;三年考查是否专注学业,乐合群众;五年考查是否学识广博,亲敬师长;七年考查是否学有见解和择友如何,此时叫作小成,九年则知识通达,触类旁通,临事不惑,不悖师教,这叫作大成。如此,方能教化人民,改良风俗,使近人悦服,使远人归附,而这就是大学的教育之道。古《记》有言:"蚂蚁时时学习衔泥。"说的就是这个道理!

大学开学之初,士子们身着礼服,用祭菜祭祀先哲,以示尊师重道;学习《诗经·小雅》的《鹿鸣》《四牡》《皇皇者华》三篇,使他们从一开始就明白莅官事上的道理;入学后,击鼓召集众人,再打开书箧,教导他们用心学业;苦茶荆条,用以整肃威仪;未行禘祭,天子不得视察学校,为的是让学生有充裕的时间按照自己的志愿学习;老师时时观察却不置评论,是要学生用心思考,自发自觉;年幼的学生要留心听讲,不乱发问,因为学习要循序渐进,不能逾越。这七件事,是教学的大道理。古《记》有言:"教学当中,教官先要尽职,学者先要立志。"说的就是这个道理!

大学的教学活动按时进行,各有正式的课业,休息时也有需要温习的课业。学习,如果不学习如何调弄琴弦,就不能把琴弹好;不学习广博的知识和比喻,就不能学好诗;不学习洒扫应对的知识,就不能学好礼;不学习各种杂艺,就不能提升学习的乐趣。所以,君子对待学习,存于内心,付诸实践,休息时不忘,游乐时不忘,只有这样,才能安心学习,亲近师长,乐于交友,信奉其学。如此才能做到即使离开师长的辅导,也能不违其学。《兑命》篇说:"恭敬谦逊,时时勤敏,才能学有所成。"说的就是这个道理!

如今的从教者,吟读书本,大量灌输,多讲名物度数,讲得多却不顾学生明不明白,只让学生诵习,自己却内心孟浪,并无诚意,教人却不能因人而异,人尽其才。如此施教既违背了教学的原则,提出的要求也不切实际。这样,学生就会憎恶学业,怨恨老师,苦于学业艰难,而不知道它的好处。即使完成了学业,也很快就忘记了。教学之所以失败,原因就在于此!

大学的育人法则,在邪念未发前加之制止叫作"豫",在恰可受教时及时施教叫作"时",不超越程度而因人施教叫作"孙",相互观摩而从中受益叫作"摩"。这四项,就是使教育兴盛的办法。

恶念已生再去禁止,就会格格不入,难以变改;错过时机再去教育,就会勤苦劳顿,而难有所成;东拉西扯而不循序渐进,就会混乱无度,无法修治;独自学习而不与友人切磋,就会孤陋寡闻,见识浅薄;交友不当就会悖逆老师;养成不良的习惯就会荒废学业。这六点,就是教育衰败的原因。

君子既已知道教育所以兴盛、所以衰败的原因,就可以当好老师了。所以,君子育人的方式是晓喻,引导学生而不强迫他们,劝勉却不抑制,启发却不尽言。引导而不强迫就能亲和融洽,劝勉却不抑制就能使学生感觉简易可行,启发而不尽言就能让学生自主思考,为师者可以做到亲和、简易,又能引人思考,就可以说是善于晓喻了。

学生有四种过失,施教者必须了解。人在学习时,有的失于贪多,有的失于寡陋,有的失于态度轻率,有的失于止步不前。这四个方面,学生的心态各有不同。了解他们的内心,施教者才能够弥补他们的过失。从教的人,就是擅长发扬学习者的长处而弥补其短处的人。

善于唱歌的人,能让人感动并随之唱和;善于教学的人,能让人继承其志努力向学。他们的言语简约又通达,精微又美善,譬喻少而又明了,这样就可以称得上是能使人继承其志了。

君子能知道学术的深浅,了解学生的资质,如此才能够做到广博地晓喻;能做到广博地晓喻才能够当好老师;能当好老师才能够当好官长,能当好官长才能够当好君主。所以,学习如何做老师,就是在学习如何做君主。所以选择老师时也不可不慎重。古《记》有言:"虞夏商周的君主们都谨慎地选择老师。"说的就是这个道理!

学习中,最难能可贵的就是尊敬教师。尊师才能够敬重道理,敬重道理人民才知道敬畏学业。所以,君主不以臣礼对待的人有两种:其一是祭祀时的尸,其一是老师。大学的礼法,即使被天子召见,也无须面朝北方对国君行臣子之礼。这样做就是为了尊师。

善于学习的人,老师省力,结果反而收效显著,学生也感激老师;不善于学习的人,老师勤苦却收效甚微,学生还会埋怨老师。善于提问的人,就像砍伐坚硬的木头一样,先从容易砍伐的地方着手,再去砍伐坚硬的木节,时间久了,就能迎刃而解。不善于发问的人则与此相反。善于答问的人,就像是撞钟一般,用力小,钟声就小;用力大,钟声就大,从容不迫,钟声就能余韵悠扬。不善于答问的人则与此相反。这都是使学业精进的办法。

治学不能深入且没有独到见解的人,没有足够的资格成为老师。老师一定要在学生提问后再回答,要在学生没有能力去表达时,再加以开导。开导后却仍不理解,就暂时搁舍,这也是可以的。

高明的铁匠的儿子,一定要学习缝制裘皮。高明的弓匠的儿子，一定要学习编织簸箕。刚学习驾车的小马，要拴在车后，跟着前面的车子走。君子懂得了这三点，就可以确定学习的志向了。

古代的学者，能够比照事物的同异，分门别类。鼓声不同于五声，但五声中没有鼓音，就不和谐。水色不同于五色，但五色没有水的调和就不能鲜明。学者不属于五官，但任何官职不经学习都不能胜任。老师不是五服之亲，但没有老师的教导，人们也不懂得五服人伦。

君子说：德行很高的人不偏治一种职务，伟大的道理不限于一种事物，大的诚信无须盟约，大的天时不需要整齐划一也会如期而至。明白这四种道理的人，可以立志向学了。

夏、商、周三王祭祀河川，都要先祭河再祭海，河是水源，海是归宿。这就叫作务本。

第十九　乐记

[题解]

郑玄《目录》曰:"名曰《乐记》者,以其记乐之义。此于《别录》属乐记。"作者不详,一说是孔子再传弟子公孙尼子所著;一说是汉代刘向、刘歆父子校先秦古籍所得,后为戴圣收入《礼记》。该篇文本多与《史记·乐书》相合,对音乐的起源、社会作用、礼与乐的关系等均有论述,是我国现存的最早的一部体系完整的音乐理论著作。

凡音之起,由人心生也。人心之动,物使之然也。感于物而动,故形于声。声相应,故生变。变成方,谓之音。比音而乐之,及干戚羽旄,谓之乐。

乐者,音之所由生也,其本在人心之感于物也。是故其哀心感者,其声噍以杀①;其乐心感者,其声啴以缓②;其喜心感者,其声发以散;其怒心感者,其声粗以厉;其敬心感者,其声直以廉;其爱心感者,其声和以柔。六者,非性也,感于物而后动。是故先王慎所以感之者。故礼以道其志,乐以和其声,政以一其行,刑以防其奸。

礼乐刑政,其极一也,所以同民心而出治道也。

凡音者,生人心者也。情动于中,故形于声。声成文,谓之音。是故治世之音安以乐,其政和;乱世之音怨以怒,其政乖;亡国之音哀以思,其民困。声音之道,与政通矣。宫为君,商为臣,角为民,徵为事,羽为物。五者不乱,则无怗懘之音矣③。宫乱则荒,其君骄;商乱则陂,其官坏;角乱则忧,其民怨;徵乱则哀,其事勤;羽乱则危,其财匮。五者皆乱,迭相陵,谓之慢。如此,则国之灭亡无日矣。郑、卫之音,乱世之音也,比于慢矣。桑间濮上之音,亡国之音也,其政散,其民流,诬上行私而不可止也。

凡音者,生于人心者也。乐者,通伦理者也。是故知声而不知音者,禽兽是也;知音而不知乐者,众庶是也。唯君子为能知乐。是故审声以知音,审音以知乐,审乐以知政,而治道备矣。是故不知声者不可与言音,不知音者不可与言乐。知乐则几于礼矣。礼乐皆得,谓之有德。德者,得也。

是故乐之隆,非极音也。食飨之礼,非致味也。《清庙》之瑟,朱弦而疏越,壹倡而三叹,有遗音者矣。大飨之礼,尚玄酒而俎腥鱼,大羹不和,有遗味者矣。是故先王之制礼乐也,非以极口腹耳目之欲也,将以教民平好恶而反人道之正也。

〔注释〕

①噍(jiāo):焦急、急促。杀(shài):肃杀、衰微。
②啴(chǎn):和缓。
③怗懘(zhānchì):敝败不和。

〔译文〕

大凡声音的产生,都源于人的心理活动。人心活动,是因为受到了外物的影响。因外物影响而心动,就会通过"声"(声音)表现出来。异声相应,就会出现错综的变化;变化形成一定的规律,就会形成"音"(音律);排比音律,配以乐器,以及执干戚的武舞、执羽旄的文舞,就会形成"乐"(音乐)。

所以,"乐"是由"音"构成的,从根本上它是因人心受外物影响而产生的。所以,人心若感到哀戚,发出的声音就会焦急而肃杀;若感到和乐,声音就会和缓而放松;若感到喜悦,声音就会昂发而散朗;若感到愤怒,声音就会粗重而猛烈;若感到恭敬,声音就会直诚而端方;若感到爱恋,声音就会温和而柔美。这六种反应,不是人的天性有别,而是因外物的影响而产生。所以,古代圣王们都非常重视影响人心的外物。因此,他们用礼来引导人们的情志,用乐来调和声音,用政令来统一人们的行动,用刑罚来防止人们做坏事。礼、乐、政、刑的目的最终都是一个,就是要统一民心,治理天下。

但凡声音,都源于人心。内心动情,表现为声,声音成文,便是音。所以,太平盛世的音乐安详又欢乐,反映了社会政治的和谐;混沌乱世的音乐幽怨又愤怒,反映了社会政治的乖戾;末世亡国的音乐哀伤又沉郁,反映了人民的疾苦困厄。就此而言,声音的道理与政治是相通的。宫声代表君,商声代表臣,角声代表民,徵声代表事,羽声代表物。五声不乱,就不会有不和谐的音调。如果宫声混乱就会荒乱,有如国君骄恣;商声混乱就会倾颓,有如官事败坏;角声混乱就会忧患,有如人民怨沸;徵声混乱就会哀伤,有如多事劳苦;羽声混乱就会危急,有如财政匮乏。五声皆乱,交相侵犯,就会出现"慢"音。这时,就离亡国不远了。郑、卫之音,就是乱世之音,接近于慢。桑间濮上之音,就是亡国之音,反映出国政的散乱,民众的流离,欺瞒君主,只顾私利已到了无可救药的地步。

但凡声音,都源于人心。而乐则是与社会伦理相通的。所以,只懂得声却不懂得音的,是禽兽;只懂得音却不懂得乐的,是凡庶。只有君子才懂得乐。因此,君子能够审声而知音,审音而知乐,审乐而知政事,由此而掌握了一套治国的办法。所以,不懂得声的人不能与之谈论音,不懂得音的人不能与之谈论乐。懂得了乐,也就近乎懂得礼了。礼乐都懂,就可称之为有德之人了。就此而言,德的意思就是得到。

所以,最隆重的音乐,不是最好听的音乐;最盛大的宴飨,也不是最美味的菜肴。演奏《清庙》的瑟,有朱色的弦,稀疏的底孔,一人领唱,三人应和,在意的不是音色的极美。大飨礼,尊用玄酒,盘子里放着生肉生鱼,大羹不用五味调和,在意的也不是味道的极美。所以,先王制礼作乐,并不是要最大限度地满足人的口腹之欲和耳目感官上的享受,而是要以此来教育人民辨别好坏,回归人伦正道。

第二十　杂记上

〔题解〕

郑玄《目录》曰："名曰《杂记》者，以其杂记诸侯以下至士之丧事，此于《别录》属丧服。"篇中杂记诸侯至士各个等级的丧事礼仪。分为上、下两篇，上篇主要记载诸侯、大夫、士的丧礼仪节，下篇并记其他杂事，不限于丧礼。篇文次序散乱，或为先秦断文残简的辑录。

诸侯行而死于馆，则其复如于其国。如于道，则升其乘车之左毂，以其绥复①。其輤有裧②，缁布裳帷，素锦以为屋而行。至于庙门，不毁墙，遂入，适所殡，唯輤为说于庙门外。大夫、士死于道，则升其乘车之左毂，以其绥复。如于馆死，则其复如于家。大夫以布为輤而行，至于家而说輤，载以辁车③，入自门，至于阼阶下而说车，举自阼阶，升适所殡。士輤苇席以为屋，蒲席以为裳帷。

〔注释〕

①绥：古代登车时手挽的绳索。

②輤(qiàn)：载灵柩的车上用作装饰的覆盖物。裧(chān)：古代灵车旁的布幕。

③輴(chuán)车：古代运载棺材的车子。

〔译文〕

诸侯出访他国时死在了宾馆，那么招魂仪式就和死在本国时一样。如果死于半道，那么就登上他所乘坐的车子的左轮，用绥来招魂。柩车的车盖有垂边，车身围着黑色的帷布，盖着素锦像小帐一样地行进。到了庙门，不拆毁似墙的帷幕而直接进入殡宫，只把车顶盖卸下来放到庙门外就可以了。大夫和士死在半路上，就登上他所乘坐的车的左轮，用绥来招魂。如果是在国外宾馆去世的，那么招魂仪式就同死在自己家中一样。大夫死，就用布制的车盖帷幕上路，到家后就卸掉车盖上的帷幕，用輴车拉着，从大门进去，来到阼阶下，把尸柩搬下来，从东阶上抬上去，抬到殡尸的地方。士死，柩车也有顶盖，用苇席覆盖，用蒲席制成裳帷。

大夫附于士，士不附于大夫，附于大夫之昆弟。无昆弟则从其昭穆①。虽王父母在亦然。妇附于其夫之所附之妃，无妃则亦从其昭穆之妃。妾附于妾祖姑，无妾祖姑则亦从其昭穆之妾。男子附于王父则配，女子附于王母则不配。公子附于公子。君薨，大子号称子，待犹君也。

〔注释〕

①昭穆：古代的宗法制度，宗庙中神主的排序，始祖居中，以下父子递

为昭穆,左为昭,右为穆。

[译文]

　　大夫死后,他的神主可以依附在生前为士的祖父的神主进行祭祀;相反士死后的神主不能依附于生前是大夫的祖父的神主,而是要依附于祖父的昆弟的神主。倘若祖父没有昆弟,就只能遵从昭穆的排序依附于高祖的神主。即使祖父母仍在世,也是如此。妇人死后,神主依附于丈夫所附者配偶的神主,若无配偶,就也按照昭穆的排序依附于高祖配偶的神主。妾的神主要依附于同样是妾的祖姑神主,若没有妾祖姑,也可以按昭穆排序依附于高祖妾的神主。男子附于祖父时,要并祭祖母;女子附于祖母时,则不并祭祖父。国君的庶子只能附于上一代国君的庶子。国君去世当年,太子称"子",但仍享受国君的礼遇。

第二十一　杂记下

〔题解〕

此为《杂记》下篇。

子贡问丧,子曰:"敬为上,哀次之,瘠为下①。颜色称其情,戚容称其服。"请问兄弟之丧,子曰:"兄弟之丧,则存乎书策矣。君子不夺人之丧,亦不可夺丧也。"孔子曰:"少连、大连善居丧,三日不怠,三月不解,期悲哀,三年忧。东夷之子也。"

〔注释〕

①瘠:枯槁,憔悴。

〔译文〕

子贡询问如何居父母之丧,孔子答道:"最重要的是敬,其次是哀,枯槁憔悴最为下。神色要和哀情相称,悲容要和孝服相符。"子贡又问如何居兄弟之丧,孔子答道:"如何为兄弟居丧,这在书本上是有记载的。君子既不能剥夺别人丧痛的权利,也不能忘掉自己的丧亲之痛。"孔子说："少连、大连两个人都很懂得如何为父母守丧，最初三天里他们哭泣不止，之后的三个月里祭奠不松懈，一年的时间里时时悼念哀戚，三年的时间里都面有忧色。他们是东夷人。"

丧食虽恶必充饥，饥而废事，非礼也。饱而忘哀，亦非礼也。视不明，听不聪，行不正，不知哀，君子病之。故有疾饮酒食肉，五十不致毁，六十不毁，七十饮酒食肉，皆为疑死。有服，人召之食，不往。大功以下，既葬，适人，人食之，其党也食之，非其党弗食也。功衰食菜果①，饮水浆，无盐酪。不能食食，盐酪可也。孔子曰："身有疡则浴②，首有创则沐，病则饮酒食肉。毁瘠为病，君子弗为也。毁而死，君子谓之无子。"

〔注释〕

①功衰：古丧服名，指斩衰、齐衰之丧在练祭后所穿的丧服。
②疡（yáng）：生疮，溃烂。

〔译文〕

居丧期间即使食物粗恶也一定要用来充饥，因为饿坏了而耽误丧事，是不合礼的；饱食而忘记哀戚，也是不合礼的。悲伤过度而造成视力不明，听力不清，行路摇晃，精神麻木而不知哀伤，这是君子所不认同的。所以，若身染疾病，就要饮酒吃肉，五十岁的人就不能极尽悲哀，六十岁的人就不能哀伤，七十岁的人可以照常饮酒吃肉,这样做都是为了避免哀戚过度而导致死亡。服丧期间,有人宴请,不应前往。为大功以下的亲属服丧,下葬后可以出门访友,有人宴请,若是亲属就可以赴宴,若不是亲属就不能赴宴。练祭后换上了大功之服,就可以吃蔬菜水果,喝汤水饮料,但仍不能用盐和乳酪佐餐。如果吃不下饭,就可以吃盐和乳酪了。"孔子说:"居丧时,若身上生疮就洗澡,头上生疮就洗头,生病了就饮酒吃肉。哀伤憔悴以至于大病,君子不会如此。因哀伤以至于丧命,君子认为这是要让父母绝嗣的错误行为。"

君子有三患:未之闻,患弗得闻也;既闻之,患弗得学也;既学之,患弗能行也。君子有五耻:居其位,无其言,君子耻之;有其言,无其行,君子耻之;既得之而又失之,君子耻之;地有余而民不足,君子耻之;众寡均而倍焉,君子耻之。

〔译文〕

君子有三种忧患:没有听说过的知识,担心不能够听到;已经听过的知识,担心不能够学会;已经学会的知识,担心不能够践行。君子有五种引以为耻的事:身居其位却毫无政见,君子以为耻;有政见却不能付诸行动,君子以为耻;付诸行动却不能坚持到底,君子以为耻;管辖的区域地广民稀,君子以为耻;大家平均分配而自己多得一倍,君子以为耻。

诸侯出夫人,夫人比至于其国,以夫人之礼行。至,以夫人入,使者将命曰:"寡君不敏,不能从而事社稷宗庙,使使臣某,敢告于执事。"主人对曰:"寡君固前辞不教矣,寡君敢不敬须以俟命。"有司官陈器皿,主人有司亦官受之。妻出,夫使人致之曰:"某不敏,不能从而共粢盛①,使某也敢告于侍者。"主人对曰:"某之子不肖,不敢辟诛,敢不敬须以俟命。"使者退,主人拜送之。如舅在,则称舅;舅没,则称兄;无兄,则称夫。主人之辞曰:"某之子不肖。"如姑姊妹,亦皆称之。

〔注释〕

①粢(zī)盛:古代盛在祭器中用以祭祀的谷物。

〔译文〕

诸侯休弃夫人,派人将夫人送回母国,沿途仍待之以夫人之礼。抵达母国后,以夫人之礼送入母家,使者向传话的傧者说:"敝国国君不才,不能与她一同祭祀社稷宗庙,特派臣某,冒昧地将此事告知执事。"主家答话说:"敝国国君本就没有教好女儿,如今又怎敢不恭敬从命。"于是相关官员陈列夫人的陪嫁物品,主国官员如数接受。士人休妻,遣人送她回娘家并致辞说:"某人不才,不能与她一同祭祀宗庙,特派某来禀告左右。"主家答道:"我的女儿不好,不敢逃避责罚,怎敢不恭敬从命。"使者退出,主人拜送。如果妇人的公公在世,就以公公的名义说"某人不才";如果公公已死,就以兄长的名义致辞;如果没有兄长,就以夫君的名义致辞。主人回答说:"我的女儿不好。"如果被休的是姑姑或姐妹,也要做出符合身份的回答。

第二十二　丧大记

〔题解〕

郑玄《目录》曰："名曰《丧大记》者,以其记人君以下始死、小殓、大殓、殡葬之事。此于《别录》属丧服。"此篇内容诚如郑说,所记均为生者饰死者事,依其身份、情境,分辨度数,铺陈仪节,道之弥详。记事、言辞多近于《士丧礼》,可互为参照。

疾病,外内皆扫。君大夫彻县,士去琴瑟。寝东首于北牖下。废床。彻亵衣①,加新衣,体一人。男女改服。属纩以俟绝气。男子不死于妇人之手,妇人不死于男子之手。君夫人卒于路寝,大夫世妇卒于适寝,内子未命则死于下室,迁尸于寝。士之妻皆死于寝。

〔注释〕

①亵(xiè)衣:脏衣,穿过的衣服。

〔译文〕

病危时,要把寝室内外打扫干净。国君和大夫要撤去乐悬,士要收敛琴瑟。让病人头朝东躺在室内北墙下。废弃床榻，脱下病人穿过的衣服，换上新衣，四肢各由一人把持。主人主妇更换服饰，将丝絮放到病人口鼻之下观察气息。男子死时不能由妇人照料，妇人死时不能由男子照料。国君夫人要死在正寝，大夫夫人也要死在正寝，若死于任命加爵服之前，就死在自己的寝室内，死后再将尸体搬运到正寝。士的妻子都死在正寝里。

小殓，主人即位于户内，主妇东面，乃殓。卒殓，主人冯之踊，主妇亦如之。主人袒，说髦，括发以麻，妇人髽，带麻于房中。彻帷，男女奉尸夷于堂，降拜。君拜寄公国宾，大夫士拜卿大夫于位，于士旁三拜。夫人亦拜寄公夫人于堂上，大夫内子士妻特拜，命妇泛拜众宾于堂上。主人即位，袭带绖踊。母之丧，即位而免，乃奠。吊者袭裘①，加武带绖，与主人拾踊。

〔注释〕

①袭裘：古代盛礼时，掩上裼衣而不使羔裘见于外。

〔译文〕

　　小殓时，主人站在门内东边，面向西，主妇站在门内西边，面向东，然后小殓。小殓结束后，主人凭尸号哭跳跃，主妇也如此。哭后，主人袒露左臂，脱去髦饰，以麻缕束发，妇人用麻扎成发髻，腰佩麻带，这些都在屋内进行。随后，撤掉堂上的帷幕，主人和主妇等恭敬地把遗体抬到堂上，之后再下堂拜谢前来吊唁的宾客。国君拜谢来吊唁的寄公和宾客,大夫和士逐一地拜谢卿、大夫,对众士则统一地向着他们拜三下。国君夫人也在堂上拜谢寄公夫人,大夫未加爵位的妻妾和士的妻子要逐一地拜谢卿、大夫的妻子,已加爵服的命妇则在堂上统一地向众女宾拜一拜。然后,主人站到阼阶下,穿好左边的衣袖,围上麻带,系上腰绖,号哭跳跃。若去世的是母亲,此时只需以布束发,然后开始设置小敛之奠。来吊唁的客人需要掩上裼衣而不使羔裘见于外,在冠圈上加上麻绖,腰束麻带,在主人、主妇后轮流哭踊。

君将大敛,子弁绖,即位于序端①,卿大夫即位于堂廉楹西②,北面东上,父兄堂下北面,夫人命妇尸西东面,外宗房中南面③。小臣铺席,商祝铺绞纺衾衣④,士盥于盘,上士举迁尸于敛上。卒敛,宰告,子冯之踊,夫人东面亦如之。大夫之丧,将大敛,既铺绞纺衾衣。君至,主人迎,先入门右,巫止于门外,君释菜⑤,祝先入升堂,君即位于序端,卿大夫即位于堂廉楹西,北面东上。主人房外南面,主妇尸西,东面。迁尸,卒敛,宰告,主人降,北面于堂下,君抚之,主人拜稽颡,君降,升主人冯之,命主妇冯之。士之丧,将大敛,君不在,其余礼犹大夫也。铺绞纺,踊;铺衾,踊;铺衣,踊;迁尸,踊;敛衣,踊;敛衾,踊;敛绞纺,踊。

〔注释〕

①序端:堂的东墙或西墙的南端近阶处,这里指东墙南端。

②堂廉：指堂的侧边，这里是堂的南边。

③外宗：指王的诸姑及姐妹女儿等同宗妇女。

④绞纷：入殓时裹束尸体的束带和被单。衾衣：小殓用的被子和衣服。

⑤释菜：君临臣丧入门前向门神致礼的仪式。郑玄曰："释菜，礼门神也。"一说是进门前脱去华美的外衣。

〔译文〕

即将举行国君的大殓，世子戴弁冠加绖，就位于东墙南端，卿、大夫就位于堂的南边，东楹以西，面朝北，以东边为尊，父兄辈的族人立于堂下，面朝北，夫人和命妇站在尸体西边，面朝东，同宗的妇女立于西房，面朝南。小臣在阼阶上铺设殓席，商祝铺设入殓用的束带、被单、被子和衣服，士在盘子里洗过手，上士将尸体抬放到殓服上。大殓之后，太宰报告世子，世子凭尸哭踊，夫人向东面对着尸体哭踊。大夫的丧礼，将行大殓之际，已经铺好了绞纷衾衣，此时国君来吊唁，主人就要出门迎接，然后先折返进门后立于门右，陪同国君来的巫就留在门外，国君致敬门神后，祝先入门登堂，随后国君就位于东墙南端，卿、大夫就位于堂南沿东楹以西，面朝北，以东为尊，主人站在东房外面向南，主妇站在尸体的西边面向东。将尸体抬到殓服上，大殓后，太宰禀告，主人降阶，站在堂下，面朝北面向国君。国君抚摸一下尸体，主人叩头拜谢，国君下堂，命令主人升堂凭尸，命令主妇升堂凭尸。士的丧礼，即将大殓时，国君不来吊唁，其他的礼节都和大夫一样。铺设绞纷时，主人要哭踊；铺设被子时，主人要哭踊；铺设殓衣时，主人要哭踊；抬尸时，主人要哭踊；用殓衣裹尸时，主人要哭踊;用殓被裹尸时,主人要哭踊;用布带与被单束缚尸体时,主人要哭踊。

父母之丧,居倚庐①,不涂,寝苫枕块,非丧事不言。君为庐宫之,大夫士襢之。既葬柱楣,涂庐不于显者。君、大夫、士皆宫之。凡非嫡子者,自未葬以于隐者为庐。既葬,与人立,君言王事,不言国事;大夫士言公事,不言家事。君既葬,王政入于国,既卒哭而服王事。大夫、士既葬,公政入于家,既卒哭、弁绖带,金革之事无辟也。既练,居垩室②,不与人居。君谋国政,大夫、士谋家事。既祥,黝垩③。祥而外无哭者,禫而内无哭者④,乐作矣故也。禫而从御,吉祭而复寝。

〔注释〕

①倚庐:守丧者所住的草房,建在中门外东墙下,向北开门,以草为屏,不加泥涂。

②垩(è)室:居丧者居住的没有经过修饰的房子。

③黝垩:用黑白色颜料涂饰,黝是黑色,涂地;垩是白土,涂墙。

④禫(dàn):父母丧期服满,脱除孝服的祭礼。

〔译文〕

为父母居丧,孝子要住在倚庐里,倚庐不涂泥,孝子就睡在草垫上,以土块为枕,不说与丧事无关的话。国君的倚庐外有帷幕,大夫、士的倚庐外则没有帷幕,袒露在外。父母下葬后,可以支起门楣,在不显眼的地方涂上泥。国君、大夫、士都可以在庐外加设帷幕了。嫡子以外的庶子,在父母未下葬前要在隐蔽的地方设立倚庐。下葬之后,虽可以与人并立交谈,但国君只能谈论天子之事,不能谈论本国之事。大夫和士只能谈论国家的事,不能谈论家事。国君下葬之后,天子的政令就又可以施于本国了,卒哭后,就可以从政了。大夫和士入葬之后,就要执行国君的命令了,卒哭后,即使仍佩戴弁绖葛带,但遇到征战的事也不可推辞。练祭之后,孝子就可以迁居垩室了,但仍不能与人同住。此时,国君就可以谋划国事了,大夫和士也可以谋划家事了。大祥以后,孝子住到经过涂饰的屋子里,门外再无哭声。禫祭后屋内也再无哭声,因为此时可以奏乐了。禫祭后就可以让妇人服侍了,因为吉祭后就搬回了寝室。

第二十三　祭法

[题解]

本篇以篇首"祭法"二字名篇。郑玄《目录》曰:"名曰《祭法》者,以其记有虞氏至周天子以下所制祀群神之数,此于《别录》属祭祀。"篇中论述了虞、夏、商、周四代祭祀祖先、山川诸神的名称、数量、法则等。首章及末章诸文亦见于《国语·鲁语》,但未可知孰先孰后,孰自孰出。

祭法:有虞氏禘黄帝而郊喾①,祖颛顼而宗尧②。夏后氏亦禘黄帝而郊鲧③,祖颛顼而宗禹。殷人禘喾而郊冥④,祖契而宗汤。周人禘喾而郊稷,祖文王而宗武王。

[注释]

①喾(kù):传说中五帝之一的高辛氏,相传为黄帝曾孙。
②颛顼(zhuānxū):五帝之一,相传为黄帝孙。
③鲧(gǔn):传说是夏禹的父亲。
④冥:商族第六世先公,相传治水有功,以身殉职。

〔译文〕

　　祭法规定:有虞氏用禘礼祭祀黄帝,用郊礼祭祀帝喾,庙祭时则以颛顼为祖,以尧为宗。夏后氏也用禘礼祭祀黄帝,用郊礼祭祀鲧,庙祭时则以颛顼为祖,以禹为宗。殷人用禘礼祭祀帝喾,用郊礼祭祀冥,庙祭时则以契为祖,以汤为宗。周人用禘礼祭祀帝喾,用郊礼祭祀后稷,庙祭时则以文王为祖,以武王为宗。

　　夫圣王之制祭祀也:法施于民则祀之,以死勤事则祀之,以劳定国则祀之,能御大菑则祀之,能捍大患则祀之。是故厉山氏之有天下也,其子曰农,能殖百谷。夏之衰也,周弃继之,故祀以为稷。共工氏之霸九州也,其子曰后土,能平九州,故祀以为社。帝喾能序星辰以著众,尧能赏均刑法以义终,舜勤众事而野死,鲧郭洪水而殛死①,禹能修鲧之功,黄帝正名百物以明民共财,颛顼能修之,契为司徒而民成,冥勤其官而水死,汤以宽治民而除其虐,文王以文治,武王以武功去民之菑,此皆有功烈于民者也。及夫日月星辰,民所瞻仰也;山林川谷丘陵,民所取材用也。非此族也,不在祀典。

〔注释〕

　　①殛(jí):流放,放逐。

〔译文〕

　　圣王制定的祭祀原则包括:凡是有功于民的祭祀,因公殉职的祭祀,安邦定国的祭祀,防止灾害的祭祀,为民除患的祭祀。所以,当厉山氏统治天下时,有一子叫作农,能种植百谷。夏代衰亡时,周人的始祖弃能够继承农的事业,所以被后人奉为稷神来祭祀。当共工氏称霸九州时,有一子叫作后土,能平治九州,所以被后人当作社神来祭祀。帝喾能观星定历,使人民作息有时;帝尧能刑罚公允,禅让以终;帝舜能勤于民事,以身殉职;鲧因堵治洪水没有成功,流放至死;禹能继承父业,治水成功。黄帝能厘定百物名分,使人民分工合作;颛顼能继承其后,完善改进;契做司徒官,能教化人民;冥能恪尽职守,治水殉职;汤能宽和治民,革除暴政;文王能以文治国;武王能以武取胜,扫除祸害,这些都是有功于民的领袖。此外,还有日月星辰诸神,供民瞻仰,分辨四时;山川林谷诸神,供民采猎,获取物资。这些都是值得供奉的神明,而不属于此类的情况,就不能混入祭祀之列。

第二十四　祭义

[题解]

郑玄《目录》曰:"名曰《祭义》者,以其记祭祀斋戒、荐羞之义也。此于《别录》属祭祀。"篇中记述了孝子祭祀祖先神祇的要求、仪节等,也有从精神层面对祭祀意义的解释和阐述。文本有杂采《大戴礼记》他书及《礼记》他篇者,条理也因此不够贯通。篇名另见于西汉韦玄成等人的奏议,但文句不同,可知今本已非古《祭义》原貌。

祭不欲数,数则烦,烦则不敬。祭不欲疏,疏则怠,怠则忘。是故君子合诸天道,春禘秋尝。秋,霜露既降,君子履之,必有凄怆之心,非其寒之谓也。春,雨露既濡,君子履之,必有怵惕之心,如将见之。乐以迎来,哀以送往,故禘有乐而尝无乐。

[译文]

祭祀不能太过频繁,过于频繁就会令人厌烦,厌烦就会对神不敬。祭祀也不能太过稀疏,过于稀疏就会怠慢,怠慢就会忘记祖先。所以，君子的行为要合乎天的规律，春天举行禘祭，秋天举行尝祭。秋天，寒霜秋露已经降临大地，君子踩踏着霜露，一定会有凄怆悲凉之感，而这样的感情并非是由于天气的寒冷，而是源于内心的丧亲之痛，触景生情。春天，雨露湿润了大地，君子踩踏着雨露，一定会有惊觉悸动之感，仿佛亲人也会像春回大地一般，即将重见。用喜乐的心情欢迎亲人的归来，用哀痛的心情送别故去的亲人，所以，春禘时有乐舞，而秋尝时则无乐舞。

先王之所以治天下者五：贵有德，贵贵，贵老，敬长，慈幼。此五者，先王之所以定天下也。贵有德，何为也？为其近于道也。贵贵，为其近于君也。贵老，为其近于亲也。敬长，为其近于兄也。慈幼，为其近于子也。是故至孝近乎王，至弟近乎霸。至孝近乎王，虽天子，必有父；至弟近乎霸，虽诸侯，必有兄。先王之教，因而弗改，所以领天下国家也。

[译文]

先王用来治理天下的原则有五条：敬重有德的人，敬重有地位的人，敬重年老的人，敬重年长的人，爱护年幼的人。这五点，就是先王用来平定天下的要法。敬重有德的人，这是为什么？因为有德的人近于天理；尊重有地位的人，是因为他们近于国君；尊重年老的人，是因为他们近似父母；尊敬年长的人，是因为他们近似兄长；爱护年幼的人，是因为他们近似子女。所以，做到了极孝也就接近于成就王道了，做到了友悌也就接近于成就霸业了。之所以说极孝近乎王,是因为即使是天子,也一定有父亲;之所以说极悌近乎霸,是因为即使是诸侯,也一定有兄长。先王的教化,就是遵循了这个道理而不妄加改动才能够领导国家的。

乐正子春下堂而伤其足,数月不出,犹有忧色。门弟子曰:"夫子之足瘳矣,数月不出,犹有忧色,何也?"乐正子春曰:"善如尔之问也!善如尔之问也!吾闻诸曾子,曾子闻诸夫子曰:'天之所生,地之所养,无人为大。'父母全而生之,子全而归之,可谓孝矣。不亏其体,不辱其身,可谓全矣。故君子顷步而弗敢忘孝也。今予忘孝之道,予是以有忧色也。壹举足而不敢忘父母,壹出言而不敢忘父母。壹举足而不敢忘父母,是故道而不径,舟而不游,不敢以先父母之遗体行殆。壹出言而不敢忘父母,是故恶言不出于口,忿言不反于身。不辱其身,不羞其亲,可谓孝矣。"

[译文]

乐正子春从堂上走下来时不小心伤了脚,之后就几个月闭门不出,且面带忧色。他的门人询问道:"您的脚已经好了,却仍几个月不出门,还面带忧色,这是为什么?"子春说:"你问得好!你问得好!我听曾子说,曾子曾经听孔子说过,'天地所生养的万物中,只有人是最伟大的'。父母把我们健康完整地生出来,做子女的就应该齐整地将自己归还给他们,这才称得上孝。不使身体亏损，不让声名污毁，这才称得上齐全。所以君子举足行步时丝毫不敢忘记孝道。如今我却忘记了孝道，所以才面有忧色啊！每行一步都不敢忘记父母，每出一言都不敢忘记父母，所以才会只走大路而不走邪路，渡水只乘舟船而不游泳，这样做都是不敢用父母给予的身体去做危险的事啊！每说一言都不敢忘记父母，所以不好的话就不会祸从口出，别人的诟骂也不会针对自己。不使自身受辱，不让父母蒙羞，这样才称得上孝啊！"

第二十五　祭统

〔题解〕

郑玄《目录》:"名曰《祭统》者,以其记祭祀之本也。统犹本也。此于《别录》属祭祀。"篇中提出祭为礼之大者,"自中出生于心也",强调祭祀的根本在于"孝",认为祭祀有"十伦",即包含了体现事鬼神之道、君臣之义、父子之伦、贵贱之等、亲疏之杀、爵赏之施、夫妇之别、政事之均、长幼之序、上下之际十种意义。

凡治人之道,莫急于礼。礼有五经,莫重于祭。夫祭者,非物自外至者也,自中出生于心也,心怵而奉之以礼。是故,唯贤者能尽祭之义。

贤者之祭也,必受其福。非世所谓福也。福者,备也;备者,百顺之名也。无所不顺者,谓之备。言内尽于己而外顺于道也。忠臣以事其君,孝子以事其亲,其本一也。上则顺于鬼神,外则顺于君长,内则以孝于亲。如此之谓备。唯贤者能备,能备然后能祭。是故贤者之祭也,致其诚信与其忠敬,奉之以物,道之以礼,安之以乐，参之以时。明荐之而已矣，不求其为。此孝子之心也。

祭者，所以追养继孝也。孝者畜也。顺于道，不逆于伦，是之谓畜。是故孝子之事亲也，有三道焉：生则养，没则丧，丧毕则祭。养则观其顺也，丧则观其哀也，祭则观其敬而时也。尽此三道者，孝子之行也。

既内自尽，又外求助，昏礼是也。故国君取夫人之辞曰："请君之玉女与寡人共有敝邑，事宗庙社稷。"此求助之本也。夫祭也者，必夫妇亲之，所以备外内之官也。官备则具备。水草之菹①，陆产之醢②，小物备矣；三牲之俎，八簋之实，美物备矣；昆虫之异，草木之实，阴阳之物备矣。凡天之所生，地之所长，苟可荐者，莫不咸在，示尽物也。外则尽物，内则尽志，此祭之心也。是故，天子亲耕于南郊，以共齐盛；王后蚕于北郊，以共纯服。诸侯耕于东郊，亦以共齐盛；夫人蚕于北郊，以共冕服。天子诸侯非莫耕也，王后夫人非莫蚕也，身致其诚信，诚信之谓尽，尽之谓敬，敬尽然后可以事神明，此祭之道也。

〔注释〕

①菹(zū)：腌菜。

②醢(hǎi)：用肉、鱼等制成的酱菜。

〔译文〕

在管理人民的各种办法中,没有什么比礼更重要。礼有吉、凶、宾、军、嘉五种,最重要的就是吉礼中的祭礼。祭礼,并非由外而生,而是生于人心内在。人们心有感念,便会用礼显现出来。所以,只有贤德的人才能够完全理解祭的含义。

贤者的祭祀一定会得到福报。然而这并非世人所说的福。福的意思就是"备",所谓"备",就是一切顺遂。无不顺遂,就是"备"。这是说:在内心意畅达,在外顺应规律。忠臣用这样的方式侍奉国君,孝子用这样的方式孝顺双亲,二者皆由"顺"而来。对上顺从鬼神,对外顺从君长,对内孝顺双亲,这样就可以称得上"备"了。只有贤德的人才能够做到备,能做到备才能够做到受福的祭祀。所以,贤者的祭祀,必极尽诚信和忠诚、恭敬,奉献祭品,依礼而行,用声乐来使神明安乐,按时令举行。贤人只是用明净的心意来祭祀,却并没有向神祈求什么。这就是孝子的心。

祭祀,就是在父母死后继续奉养和尽孝。所以"孝"就是"蓄",顺应天道,不逆人伦,这就是"蓄"。所以,孝子侍奉双亲,有三条原则:父母在世时奉养他们,去世时为其守丧,丧期结束后祭祀他们。奉养时看的是孝顺,居丧时看的是尽哀,祭祀时看的是恭敬且按时。能够做到这三点,才称得上有孝行。

既已竭尽自己的心意,还要求助外援,这就是婚礼了。所以,国君迎娶夫人时的礼辞是:"求娶您的女儿,希望她可以同我一起治理敝国,祭祀宗庙社稷。"这就是求助的目的。祭祀的事,必须由夫妇一起亲力亲为,这样才能够让家里内外职事齐备。内外职事齐备了,祭品才能齐全。水产的腌菜,陆产的酱菜,小物齐全;牛羊猪三俎,黍稷等八簋,美物齐全;各种昆虫,各类蔬果,阴阳诸物齐全。但凡天生地养的一切,若能用来进献,就无所不用,以此表示祭品的竭尽所有。在外,物品已极尽丰盛;在内,心意也极尽忠诚,这才是祭祀应有的态度。所以,天子亲自到南郊耕种,以贡献祭品;王后亲自到北郊养蚕,以贡献祭服。诸侯亲自到东郊耕种,是为了贡献祭品;诸侯夫人亲自到北郊养蚕,是为了贡献礼服。天子、诸侯并非没有替他们耕种的人,王后、夫人也不是没有替她们养蚕的人,他们这样做是为了亲自表达自己的诚意,如此诚信才做到了"尽",做到了"尽"才能够"敬",而如此"尽""敬",才能够奉祀神明,这就是祭祀的原则。

夫祭有十伦焉:见事鬼神之道焉,见君臣之义焉,见父子之伦焉,见贵贱之等焉,见亲疏之杀焉,见爵赏之施焉,见夫妇之别焉,见政事之均焉,见长幼之序焉,见上下之际焉。此之谓十伦。

〔译文〕

祭祀有十种意义:体现侍奉鬼神的道理,体现君臣之义,体现父子关系,体现贵贱有别,体现亲疏有差,体现爵禄赏赐的施行,体现夫妇之别,体现政事公平,体现长幼有序,体现上下分际。这就是祭祀的十种意义。

第二十六　经解

〔题解〕

郑玄《目录》:"名曰从经解者,以其记《六艺》政教之得失也。此于《别录》属通论。"篇中论述了"六经"的宗旨和得失,归之于礼,强调了礼对于国家治理教化的重要性,是研究儒家礼治精神和"六经"经义的重要文献。此篇全译。

孔子曰:"入其国,其教可知也。其为人也:温柔敦厚,《诗》教也;疏通知远,《书》教也;广博易良,《乐》教也;洁静精微,《易》教也;恭俭庄敬,《礼》教也;属辞比事,《春秋》教也。故《诗》之失,愚;《书》之失,诬;《乐》之失,奢;《易》之失,贼;《礼》之失,烦;《春秋》之失,乱。其为人也:温柔敦厚而不愚,则深于《诗》者也;疏通知远而不诬,则深于《书》者也;广博易良而不奢,则深于《乐》者也;洁静精微而不贼,则深于《易》者也;恭俭庄敬而不烦,则深于《礼》者也;属辞比事而不乱,则深于《春秋》者也。"

天子者,与天地参①。故德配天地,兼利万物,与日月并明,明照四海而不遗微小。其在朝廷,则道仁圣礼义之序;燕处,则听雅、颂之音;行步,则有环佩之声;升车,则有鸾和之音。居处有礼,进退有度,百官得其宜,万事得其序。《诗》云:"淑人君子,其仪不忒。其仪不忒,正是四国。"此之谓也。发号出令而民说,谓之和;上下相亲,谓之仁;民不求其所欲而得之,谓之信;除去天地之害,谓之义。义与信,和与仁,霸王之器也。有治民之意而无其器,则不成。

礼之于正国也,犹衡之于轻重也②,绳墨之于曲直也,规矩之于方圜也。故衡诚县,不可欺以轻重;绳墨诚陈,不可欺以曲直;规矩诚设,不可欺以方圜;君子审礼,不可诬以奸诈。是故隆礼由礼,谓之有方之士;不隆礼、不由礼,谓之无方之民。敬让之道也。故以奉宗庙则敬,以入朝廷则贵贱有位,以处室家则父子亲、兄弟和,以处乡里则长幼有序。孔子曰:"安上治民,莫善于礼。"此之谓也。

故朝觐之礼,所以明君臣之义也。聘问之礼,所以使诸侯相尊敬也。丧祭之礼,所以明臣子之恩也。乡饮酒之礼,所以明长幼之序也。昏姻之礼,所以明男女之别也。夫礼,禁乱之所由生,犹坊止水之所自来也。故以旧坊为无所用而坏之者,必有水败;以旧礼为无所用而去之者,必有乱患。故昏姻之礼废,则夫妇之道苦,而淫辟之罪多矣。乡饮酒之礼废,则长幼之序失,而争斗之狱繁矣。丧祭之礼废,则臣子之恩薄,而倍死忘生者众矣。聘觐之礼废,则君臣之位失,诸侯之行恶,而倍畔侵陵之败起矣。

故礼之教化也微,其止邪也于未形,使人日徙善远罪而不自知也。是以先王隆之也。《易》曰:"君子慎始,差若毫厘,缪以千里。"此之谓也。

〔注释〕

① 参:三。
② 衡:秤杆。

〔译文〕

孔子说:"进入一个国家,就可以知道这个国家的教化如何了。国民的为人处世,如果是温柔敦厚的,这个国家施行的就是《诗》教;若为人通达博古,则施行的是《书》教;若为人广博良善,则施行的是《乐》教;若为人高洁沉静,洞察细微,则施行的是《易》教;若为人恭谨庄重,则施行的是《礼》教;若为人善于辞令,明辨是非,则施行的是《春秋》之教。然而,《诗》教失当,就会愚笨;《书》教失当,就会诬枉;《乐》教失当,就会奢靡;《易》教失当,就会贼邪;《礼》教失当,就会烦琐;《春秋》之教失当,就会乱法。国民的为人处世,能够温柔敦厚又不愚笨的,就是深明于《诗》义;畅达博古而不诬枉的,就是深明《书》义;广博良善而不奢靡的,就是深明《乐》义;高洁沉静、洞察细微而不贼邪的,就是深明《易》义;恭谨庄重而不烦琐的,就是深明《礼》义;善于辞令、明辨是非而不乱法的，就是深明《春秋》之义。"

　　天子，在天、地之后，排序第三。所以他的品德要与天地匹配，可以给万物带来好处，与日月同辉，照耀天下，无所遗漏。在朝廷上，他要主导仁圣礼义的纲序；燕居时，听的是雅颂之音；行步时，佩玉铿锵；登车时，鸾铃和鸣。起居行事有礼仪，举止进退有法度，用人得当，处事有条理。《诗》说："我们的国君是仁人君子，仪容端庄始终如一。正因为他仪容端庄始终如一，才会成为四方各国的表率。"说的就是这个道理。天子发号施令，人民心悦诚服，这叫作"和"；上下亲和，这叫作"仁"；人民无须祈求，就能得偿所愿，这叫作"信"；为人民消弭灾祸，这叫作"义"。义和信，和与仁，这些都是称霸的手段。只有治理人民的心愿，却没有治理人民的手段，目的也不能达成。

　　礼对于治理国家而言，就像是用秤来称量轻重，用绳墨来确定曲直，用规矩来确定方圆。所以，秤杆准确地悬着，轻重就不会有错；墨绳准确地拉直，曲直就不会有错；规矩准确地陈设，方圆就不会有错；君子精通礼仪，任何奸诈的伎俩都不可能欺骗他。所以，重视礼、遵循礼的人，可以称呼他为有道之士；不重视礼、不遵循礼的人，可以称作无道之人。礼的施行遵循的是敬让之道。所以，宗庙里奉礼祭祀，人们就会恭敬；朝廷上以礼施政，人们就会贵贱有别；家庭里以礼持家，就会父子相亲，兄弟和睦；乡里内以礼交往，人们就会长幼有序。孔子说："使执政者安居上位，使人民得以治理，没有什么比礼更有效的了。"说的就是这个道理。

　　所以，制定朝觐之礼，就是为了彰显君臣之义；制定聘问之礼，就是为了使诸侯之间相互尊敬；制定丧葬祭祀之礼，就是为了表明臣子对君亲的感恩；制定乡饮酒礼，就是为了分辨长幼之序；制定婚礼，就是为了表明男女之别。礼，是用来禁止祸乱发生的，就像是堤防用来独挡洪水泛滥一样。所以，认为旧的堤防没有用处而废弃它，必会导致水患；认为旧的礼制没有用处而废弃它，也一定会导致祸乱。所以，婚礼废，夫妇之道就会出现问题，淫辟的罪行就会增多；乡饮酒礼废，长幼之序就会丧失，争斗狱讼就会繁多；丧祭之礼废，臣子就会寡恩薄情，背叛死者、忘记祖先的人就会众多；朝觐之礼废，君臣的地位就会错乱，诸侯就会肆意作恶，叛乱侵略的事就会发生。

所以，礼的教化作用虽然隐微难见，却能够在邪恶未发生前加以制止，能够使人每日向善远离罪恶却浑然不知。所以，前代的君王们都非常重视它。《易》说："君子慎重地对待事情的开端，因为毫厘的差错，都会导致极大的偏差。"说的就是这个道理。

第二十七　哀公问

[题解]

本篇以篇首"哀公问"三字名篇。郑玄《目录》曰:"名曰《哀公问》者,善其问礼,著谥以显之也。此于《别录》属通论。"篇中记叙了鲁哀公与孔子的问答。鲁哀公是春秋时期鲁国第二十六任君主,在位的第十一年,孔子自卫返鲁,问答诸事就发生在孔子返鲁之后。

内容涉及"大礼""人道""成亲""敬身""天道"等问题,文句亦与《孔子家语》的《问礼》《大婚解》类似。

孔子侍坐于哀公,哀公曰:"敢问人道谁为大?"孔子愀然作色而对曰①:"君之及此言也,百姓之德也! 固臣敢无辞而对? 人道,政为大。"公曰:"敢问何谓为政?"孔子对曰:"政者正也。君为正,则百姓从政矣。君之所为,百姓之所从也。君所不为,百姓何从?"公曰:"敢问为政如之何?"孔子对曰:"夫妇别,父子亲,君臣严。三者正,则庶物从之矣。"公曰:"寡人虽无似也,愿闻所以行三言之道，可得闻乎？"孔子对曰："古之为政，爱人为大；所以治爱人，礼为大；所以治礼，敬为大；敬之至矣，大昏为大。大昏至矣！大昏既至，冕而亲迎，亲之也。亲之也者，亲之也。是故君子兴敬为亲，舍敬是遗亲也。弗爱不亲，弗敬不正。爱与敬，其政之本与！"

公曰："寡人愿有言。然冕而亲迎，不已重乎？"孔子愀然作色而对曰："合二姓之好，以继先圣之后，以为天地宗庙社稷之主，君何谓已重乎？"公曰："寡人固！不固，焉得闻此言也。寡人欲问，不得其辞，请少进！"孔子曰："天地不合，万物不生。大昏，万世之嗣也，君何谓已重焉！"孔子遂言曰："内以治宗庙之礼，足以配天地之神明；出以治直言之礼，足以立上下之敬。物耻足以振之，国耻足以兴之。为政先礼。礼，其政之本与！"孔子遂言曰："昔三代明王之政，必敬其妻子也，有道。妻也者，亲之主也，敢不敬与？子也者，亲之后也，敢不敬与？君子无不敬也，敬身为大。身也者，亲之枝也，敢不敬与？不能敬其身，是伤其亲；伤其亲，是伤其本；伤其本，枝从而亡。三者，百姓之象也。身以及身，子以及子，妃以及妃，君行此三者，则忾乎天下矣②，大王之道也。如此，国家顺矣。"

公曰："敢问何谓敬身？"孔子对曰："君子过言，则民作辞；过动，则民作则。君子言不过辞，动不过则，百姓不命而敬恭，如是，则能敬其身；能敬其身，则能成其亲矣。"公曰："敢问何谓成亲?"孔子对曰："君子也者，人之成名也。百姓归之名，谓之君子之子。是使其亲为君子也，是为成其亲之名也已！"孔子遂言曰："古之为政，爱人为大。不能爱人，不能有其身；不能有其身，不能安土；不能安土，不能乐天；不能乐天，不能成其身。"

公曰："敢问何谓成身?"孔子对曰："不过乎物。"公曰："敢问君子何贵乎天道也?"孔子对曰："贵其'不已'。如日月东西相从而不已也，是天道也；不闭其久，是天道也；无为而物成，是天道也；已成而明，是天道也。"公曰："寡人蠢愚，冥烦子志之心也。"孔子蹴然辟席而对曰："仁人不过乎物，孝子不过乎物。是故，仁人之事亲也如事天，事天如事亲，是故孝子成身。"公曰："寡人既闻此言也，无如后罪何?"孔子对曰："君之及此言也，是臣之福也。"

〔注释〕

①愀(qiǎo)然：形容神色骤变，变得严肃。
②忾(xì)：遍及。

〔译文〕

孔子在哀公身边陪坐，哀公问道："请问，做人的道理中，什么最重要?"孔子听后肃然起敬地答道："您提到了这个问题，真是百姓的福气啊！我怎敢不认真地回答呢? 在为人的道理中，

'政'最重要。"哀公问:"请问什么是'政'?"孔子答道:"'政'就是'正'的意思。国君行事端正,百姓也会随之端正。国君做什么,百姓就会跟着做什么。国君不做的事,百姓又怎么会去做呢?"哀公又问:"请问,如何来从政呢?"孔子答道:"使夫妇有别,父子亲厚,君臣尊卑分明。这三件事做好了,其他的事也都能做好了。"哀公说:"我虽不似贤君,但还是想听一听做好这三件事的方法,可以吗?"孔子答道:"古代的从政者,把爱护他人看得最重。而要做到爱人,最重要的是礼。而要做到礼,最重要的是敬。而最大的敬,就是婚姻。婚姻是最重要的!婚礼既已开始,就要穿戴礼服亲自迎娶,以示亲近。之所以要以示亲近,就是为了亲近她。所以,君子以尊敬的方式来亲近对方。抛弃了敬,也就不会亲近。没有爱就不会亲近,没有敬就不会端正。爱和敬,大概就是从政的根本吧!"

哀公说:"寡人想插问一句话。穿戴着礼服去亲迎,是不是太隆重了啊?"孔子肃然动容地答道:"婚姻是为了使两个家族交好,传宗接代,共同承担起作为天地、宗庙、社稷主祭人的重任,您怎么会说这样做太过隆重了呢?"哀公说:"寡人鄙陋。若非鄙陋,又如何能听到这番言辞呢?寡人还想询问,却不知如何措辞,还是请您继续说下去吧!"孔子说:"若是天地不能协调配合,万物就不能生长。婚姻,是要传宗继嗣千秋万代的,您怎么能说仪式太过隆重了呢?"孔子接着又说:"家庭之内,夫妻需一同承担祭祀宗庙的责任,他们的身份要能够与天地神明相匹配;家庭之外,夫妻又各自发号出令,足以树立起上下尊卑的典范。有了这样的典范,臣下失职,足以由此纠正;国君失职,也足以由此更正。从政要先行礼,礼,是政治的根本。"孔子又说道:"从前三代的明君从政,一定会敬重他们的妻子和子女,这样做是有道理的。妻子,是奉养父母的主妇,怎能不恭敬?子女,是父母的后代,怎能不敬重?君子虽无所不敬,但敬重自身才是最重要的。因为他们自身,就是父母的延续,怎能不敬重?不能敬重自身,就伤害了双亲。伤害了双亲,也就伤害了根本。伤害了根本,枝叶也会随之枯亡。妻子、子女、自己,这三样,也可以推及人民身上。由尊敬自身推广到尊敬人民,由尊敬自己的子女推广到尊敬人民的子女,由尊敬自己的妻子推广到尊敬百姓的妻子,国君若能做到这三点,则会影响遍及天下,而从前太王就是这样做的。若能如此,国家也就治理好了。"

哀公问道:"请问什么叫作尊敬自身呢?"孔子答道:"君子说错话,人民就会当作圣旨;君子做错事,人民就会当成榜样。君子若能不说错话,不做错事,百姓就无须命令也能做到恭敬,如此,也就做到尊敬自身了。而能尊敬自身,也就可以成就父母的美名了。"哀公说:"请问什么叫作成就父母的美名?"孔子答道:"所谓'君子',是人的美名。百姓送给他一个称呼,称他是'君子之子',这样,他的父母也就是君子了,这就是成就父母的美名。"孔子接着又说:"古代的从政者,将爱人看得最重。不能做到爱护别人,就不能保全自身。不能保全自身,就不能安居乐业。不能安居乐业,就不能乐顺天命。不能乐顺天命,就不能成就自身。"

哀公问:"请问什么叫作成就自身?"孔子答道:"不做错事就是成就自身。"哀公又问:"请问君子为什么要看重天道呢?"孔子答道:"这是因为君子看重天道的无休无止。日月的东升西落运行不停,就是天道;不闭塞又经久不息,就是天道;无所作为而万物皆成,就是天道;万物皆成而又清晰明了,就是天道。"哀公说:"寡人愚钝,烦请您将心中所知说与寡人。"孔子听后连忙离座回答道:"仁德的人不犯错误,孝子不犯错误。所以,仁德的人侍奉父母就像侍奉上天一样,侍奉上天也像侍奉父母一般,所以孝子能够做到成就自身。"哀公说:"寡人已经听闻了这番道理,只是担心日后仍有过失,这该怎么办?"孔子回答说:"您能够如此说,就已是臣子的福气了。"

第二十八　仲尼燕居

〔题解〕

　　本篇以篇首"仲尼燕居"四字名篇。郑玄《目录》曰："名曰《仲尼燕居》者,善其不倦,燕居犹使三子侍之,言及于礼。著其字,言事可法。退朝而处曰燕居。此于《别录》属通论。"篇中记载孔子与弟子之间的问答之词,偏重于礼,文本与下一篇《孔子闲居》相似。此篇全译。

　　仲尼燕居,子张、子贡、言游侍,纵言至于礼。子曰:"居,女三人者,吾语女礼,使女以礼周流,无不遍也。"子贡越席而对曰:"敢问何如?"子曰:"敬而不中礼,谓之野①;恭而不中礼,谓之给②;勇而不中礼,谓之逆。"子曰:"给夺慈仁。"子曰ःः"师③,尔过;而商也④,不及。子产犹众人之母也⑤,能食之不能教也。"子贡越席而对曰:"敢问将何以为此中者也?"子曰:"礼乎礼!夫礼所以制中也。"

〔注释〕

　　①野:粗野,不文雅。

②给:巴结。
③师:指孔子弟子子张,名师。
④商:指孔子弟子子夏,姓卜,名商。
⑤子产:春秋时期郑国大夫。

[译文]

　　孔子在家休息,弟子子张、子贡、子游三人陪侍着,闲谈谈到礼。孔子说:"坐下吧,你们三个人,我跟你们说说礼,使你们可以把礼运用于各处,无所不遍。"子贡离开座席而答道:"请问礼是怎样的呢?"孔子说:"恭敬而不合于礼,叫作粗野;恭顺而不合于礼,叫作巴结;勇敢而不合于礼,叫作乖逆。"孔子又说:"巴结会夺占仁慈的美质。"孔子又说:"子张,你有时做得过了;但子夏做得不足。子产就像是一般人的母亲一样慈爱,只会喂养却不会教育子民。"子贡又离开座席问道:"请问怎样做才能达到适中呢?"孔子说:"礼啊礼!只有礼才可以节制人的行为,使之恰到好处。"

　　子贡退,言游进曰:"敢问礼也者,领恶而全好者与①?"子曰:"然。""然则何如?"子曰:"郊社之义,所以仁鬼神也;尝禘之礼,所以仁昭穆也;馈奠之礼,所以仁死丧也;射乡之礼,所以仁乡党也;食飨之礼,所以仁宾客也。"子曰:"明乎郊社之义,尝禘之礼,治国其如指诸掌而已乎!是故,以之居处有礼,故长幼辨也。以之闺门之内有礼,故三族和也。以之朝廷有礼,故官爵序也。

以之田猎有礼,故戎事闲也。以之军旅有礼,故武功成也。是故,宫室得其度,量鼎得其象,味得其时,乐得其节,车得其式,鬼神得其飨,丧纪得其哀,辨说得其党②,官得其体,政事得其施;加于身而错于前,凡众之动得其宜。"

〔注释〕

①领:治理。全好:保全善行。
②党:类。

〔译文〕

子贡退下来,子游进前说:"请问所谓礼,就是要治理恶习而保全美德吗?"孔子说:"是的。"子游又问:"既然如此,又该怎么做呢?"孔子说:"郊天祭社的意义,就是对鬼神仁爱;尝祭禘祭,就是对祖先仁爱;馈食祭奠,就是对死者仁爱;乡射乡饮酒之礼,就是对同乡邻里仁爱;宴饮之礼,就是对宾客仁爱。"孔子说:"明白郊天祭社的道理,懂得尝祭禘祭的礼仪,对于如何治理国家就能了如指掌。所以,因为日常起居有了礼,长幼就会分辨有序;家庭内有了礼,家族三代就能和睦;朝廷上有了礼,官职和爵位就有了秩序;田猎时有了礼,军事就能熟练;军队中有了礼,武功就能建成。因此,宫室有适合的度量尺度,量具铸鼎有符合的样式,食物的味道适宜,音乐合乎节奏,车马合乎式样,鬼神得到应有的享祀,丧葬有适当的悲哀,辩论讲话有和自己同道的人,百官各掌其职,政事也能顺利施行;将礼施于自身,放在眼前,民众的任何行动也就都能适当合宜了。"

子曰:"礼者何也? 即事之治也。君子有其事,必有其治。治国而无礼,譬犹瞽之无相与①,伥伥乎其何之②? 譬如终夜有求于幽室之中,非烛何见? 若无礼则手足无所错,耳目无所加,进退揖让无所制。是故,以之居处,长幼失其别;闺门,三族失其和;朝廷,官爵失其序;田猎,戎事失其策;军旅,武功失其制;宫室,失其度;量鼎,失其象;味,失其时;乐,失其节;车,失其式;鬼神,失其飨;丧纪,失其哀;辨说,失其党;官,失其体;政事,失其施,加于身而错于前,凡众之动,失其宜。如此,则无以祖洽于众也③。"

〔注释〕

①瞽(gǔ):盲人。
②伥伥(chāng):无所适从的样子。
③祖洽:倡导和谐融洽。

〔译文〕

孔子说:"礼是什么呢? 礼就是治理事务。君子有自己的事务,就必有治理的方法。治理国家却没有礼,就好像是盲人没有搀扶的人,茫然无助,不知该往哪儿走。又好比一整夜在暗室里寻求,没有蜡烛怎么能看得见? 如果没有礼,手脚就不知该放在哪儿,耳目就不知该如何使用,进退揖让就会没有规矩。所以,若是没有了礼,日常起居,就不能分辨长幼;家庭内部中,三代人就会失去和睦;朝廷上,职官上下就会丧失秩序;田猎时,军事就会没有策略;军队中,攻守就会失去控制;宫室里,就会失去度量尺度;量具铸鼎,就会失去合适的样式;食物的味道,就会失去时宜;音乐,就会失去节奏;车马,就会失去适合的式样;侍奉鬼神时,鬼神就会得不到合适的祭祀;丧葬时,就会失去应有的悲哀;辩论讲话时,就会失去同类;百官,就会失去职守;政事,就会难以施行。将礼加于自身,放在眼前,民众的任何行为都会失当,这样就不能倡导民众和谐融洽了。"

子曰:"慎听之!女三人者,吾语女,礼犹有九焉,大飨有四焉。苟知此矣,虽在畎亩之中事之,圣人已。两君相见,揖让而入门,入门而县兴①。揖让而升堂,升堂而乐阕。下管《象》《武》,《夏》籥序兴②。陈其荐俎,序其礼乐,备其百官。如此,而后君子知仁焉。行中规,还中矩,和鸾中《采齐》,客出以《雍》,彻以《振羽》。是故,君子无物而不在礼矣。入门而金作,示情也。升歌《清庙》,示德也。下而管《象》,示事也。是故,古之君子,不必亲相与言也,以礼乐相示而已。"

〔注释〕

①县:钟磬等悬挂的乐器。
②籥(yuè):乐器名,形制似笛,有三孔或六孔。

〔译文〕

孔子说:"仔细地听!你们三人,我对你们说,礼有九事,其中的大飨之礼有四事。如果有人懂得此礼，即使他是在田间种地的人，按此行事，也可以成为圣人。两位国君相见时，相互作揖谦让然后进入大门，一进大门，就奏响钟磬等乐器。两人又互相揖让着登堂，登堂后音乐就停止了。这时堂下又奏响了《象》《武》的管乐，接下来执籥者跳起了《夏》舞。陈列着进献的食物，按照顺序安排着礼乐，备齐执事的百官。像这样之后，来访的国君就可以感受到主国国君的仁爱之意了。行礼时，步子周旋要合乎圆规的弧线，折行时要合乎矩尺，连车前的鸾铃也和着《采齐》乐曲的节奏，客人出去时奏起《雍》的乐曲，撤去进献的食物时则奏起《振羽》的乐曲。所以，君子没有一件事是不符合礼节的。进门时钟鼓响起，是表示欢迎的情意。乐工登堂演唱《清庙》，是表示赞美德行。乐工在堂下吹《象》，是表示崇敬祖先的功绩。所以，古代的君子相见，不必用言语相亲近，只要用礼乐就可以互致情意了。"

子曰："礼也者，理也；乐也者，节也。君子无理不动，无节不作。不能《诗》，于礼缪①；不能乐，于礼素②；薄于德，于礼虚。"子曰："制度在礼，文为在礼，行之，其在人乎？"子贡越席而对曰："敢问：夔其穷与③？"子曰："古之人与？古之人也。达于礼而不达于乐，谓之素；达于乐而不达于礼，谓之偏。夫夔，达于乐而不达于礼，是以传于此名也，古之人也。"

〔注释〕

①缪：谬误。

第二十八　仲尼燕居 | 199

②素:质朴无文。
③夔(kuí):传说是尧、舜时的乐官。穷:不通。

〔译文〕

孔子说:"所谓礼,就是理的意思;所谓乐,就是节的意思。君子不做没有道理的事,不做没有节制的事。不能习《诗》,行礼就会谬误;不能习乐,行礼就会质朴无文;如果道德浅薄,行礼就会流于空虚。"孔子又说:"各项制度在于礼,各种文饰的行为在于礼,行礼,就在于人了吧?"子贡离开座席起身回话,说:"请问,尧、舜时的乐官夔是只精通音乐,不通礼吗?"孔子说:"你问的是古人吧?夔是古代的人。通达于礼却不通晓音乐的,叫作质朴无文;通达于音乐却不通晓礼的,叫作偏颇有失。夔是只通达于音乐而不通达于礼的人,所以传下来这样的名声,不过他毕竟是古代的人啊!"

子张问政,子曰:"师乎!前,吾语女乎!君子明于礼乐,举而错之而已①。"子张复问。子曰:"师,尔以为必铺几筵,升降酌献酬酢,然后谓之礼乎?尔以为必行缀兆②,兴羽籥③,作钟鼓,然后谓之乐乎?言而履之,礼也。行而乐之,乐也。君子力此二者以南面而立④,夫是以天下太平也。诸侯朝,万物服体,而百官莫敢不承事矣。礼之所兴,众之所治也;礼之所废,众之所乱也。目巧之室⑤,则有奥阼,席则有上下,车则有左右,行则有随,立则有序,古之义也。室而无奥阼,则乱于堂室也。席而无上下,则乱于席上也。车而无左右,则乱于车也。行而无随,则乱于途也。立而无序,则乱于位也。昔圣帝明王诸侯,辨贵贱长幼远近男女外内,莫敢相逾越,皆由此途出也。"三子者,既得闻此言也于夫子,昭然若发矇矣。

〔注释〕

①错:通"措"。举而措之:指把礼乐施行于政治。
②缀兆:指古代乐舞中舞者的行列位置。
③羽籥:古代祭祀宴飨时舞者所持的舞具和乐器。
④南面而立:这里指的是尊位,即统治者的地位。
⑤目巧之室:指不用规矩绳墨,只凭眼力测量建成的房子。

〔译文〕

子张问从政的事,孔子说:"子张,你上前,我对你说!君子如果明白了礼乐,只需把礼乐施行于政治就可以了。"子张又问。孔子说:"子张啊,你以为必须铺设几案进行筵请,登堂降堂地酌酒献客,这样才叫作礼吗?你以为必须排好乐舞的行列,挥舞着羽籥,鸣奏钟鼓,这样才叫作乐吗?说过的话就要去履行,这就是礼。履行了就感到快乐,这就是乐。君子做好了这两点,并以此治理天下,天下就能太平。诸侯都来朝拜,万事都很得体,百官没有谁敢不奉公行事的。礼制兴盛的时候,民众就会服从治理;礼制废败的时候,民众就会犯上作乱。即使是不用规矩绳墨仅凭眼力建好的房子,室内也一定有尊者的奥位、主人的阼阶,座席有上下,乘车有左右,走路有前后,站立有次序,这是古代就有的道理。而假若没有奥位、阼阶，屋里堂上就要乱了；座席不分上下，座次就要乱了；乘车不分左右，车上就要乱了；走路不分前后，路上就要乱了；站立不分次序，位置就要乱了。从前圣明的帝王和诸侯，都要分辨贵贱、长幼、远近、男女、内外，不敢超越规矩，都是根据这个道理。"三位弟子听了孔子这些话，豁然开朗，就像有眼疾的人重见光明一样。

第二十九　孔子闲居

[题解]

本篇以篇首"孔子闲居"四字名篇。郑玄《目录》曰:"《孔子闲居》者,善其无倦而不亵,犹使一弟子侍,为之说《诗》,著其氏言可法也。退燕避人曰闲居,此于《别录》属通论。"此篇体例、内容类似于前篇《仲尼燕居》,偏重引《诗》说理。此篇全译。

孔子闲居,子夏侍。子夏曰:"敢问《诗》云'凯弟君子①,民之父母',何如斯可谓民之父母矣?"孔子曰:"夫民之父母乎,必达于礼乐之原,以致五至,而行三无,以横于天下②,四方有败,必先知之。此之谓民之父母矣。"

[注释]

①凯弟:和乐的样子。
②横:扩充。

[译文]

孔子闲居,子夏陪侍。子夏说:"请问先生,《诗经》说'凯弟君子,民之父母',怎样才可以称作民之父母呢?"孔子说:"民之父母啊,必须通达礼乐的原理,达到'五至',实行'三无',并将此扩展到普天之下,四方出现了灾祸,就一定能预先知道。这样就可以称作民之父母了。"

子夏曰:"民之父母,既得而闻之矣。敢问何谓'五至'?"孔子曰:"志之所至,诗亦至焉。诗之所至,礼亦至焉。礼之所至,乐亦至焉。乐之所至,哀亦至焉。哀乐相生。是故,正明目而视之,不可得而见也;倾耳而听之,不可得而闻也;志气塞乎天地,此之谓五至。"

[译文]

子夏说:"关于'民之父母',听了您的解释已经懂了。请问什么叫作'五至'呢?"孔子说:"志气所到之处,诗也就随之产生了。诗所到之处,礼也就随之产生了。礼所到之处,乐也就随之产生了。乐所到之处,哀也就随之产生了。哀乐是互相引发的。因此,即使擦亮眼睛看也不可能看见,侧着耳朵听也不可能听到,但志气却是充满于天地之间的,这就叫作'五至'。"

子夏曰:"五至既得而闻之矣,敢问何谓'三无'?"孔子曰:"无声之乐,无体之礼,无服之丧,此之谓三无。"子夏曰:"三无既得略而闻之矣,敢问何诗近之?"孔子曰:"'夙夜其命宥密①',无声之乐也。'威仪逮逮,不可选也②',无体之礼也。'凡民有丧,匍匐救之',无服之丧也。"

〔注释〕

①宥(yòu)密:深密,机密。
②逮逮:《毛诗》作"棣棣",指的是文雅安和的样子。

〔译文〕

子夏又说:"关于五至,听了您的解释已经懂了,请问什么叫作'三无'呢?"孔子说:"没有声音的音乐,没有仪式的礼仪,没有丧服的丧事,这就叫作'三无'。"子夏说:"三无的大概意思已经理解了,请问什么诗歌接近于三无呢?"孔子说:"'日夜秉承着深密的天命。'这就接近于无声之乐。'仪表威严却文雅安和,无可挑剔。'这就接近于无体之礼。'凡是人家有丧事,竭力地去帮忙。'这就接近于无服之丧。"

子夏曰:"言则大矣!美矣!盛矣!言尽于此而已乎?"孔子曰:"何为其然也!君子之服之也①,犹有五起焉。"子夏曰:"何如?"孔子曰:"无声之乐,气志不违;无体之礼,威仪迟迟②;无服之丧,内恕孔悲。无声之乐,气志既得;无体之礼,威仪翼翼③;无服之丧,施及四国。无声之乐,气志既从;无体之礼,上下和同;无服之丧,以畜万邦。无声之乐,日闻四方;无体之礼,日就月将;无服之丧,纯德孔明。无声之乐,气志既起;无体之礼,施及四海;无服之丧,施于孙子。"

〔注释〕

①服之:从事于此。
②迟迟:从容不迫的样子。
③翼翼:小心恭谨的样子。

〔译文〕

子夏说:"您的话太伟大了!太美!太丰富了!说到这里就结束了吧?"孔子说:"怎么结束呢!君子要做到'三无',还有'五起'呢。"子夏说:"是怎么样的呢?"孔子说:"第一,无声之乐,不违背心志;无体之礼,威仪从容;无服之丧,内心同情悲伤。第二,无声之乐,心志满足;无体之礼,威仪恭谨;无服之丧,施恩四方。第三,无声之乐,心志顺从;无体之礼,上下和睦同心;无服之丧,抚养万邦。第四,无声之乐,传于四方;无体之礼,日成月进;无服之丧,纯德昭明。第五,无声之乐,心志奋起;无体之礼,施于天下;无服之丧,施于子孙。"

子夏曰:"三王之德,参于天地,敢问:何如斯可谓参于天地矣?"孔子曰:"奉三无私以劳天下。"子夏曰:"敢问何谓三无私?"孔子曰:"天无私覆,地无私载,日月无私照。奉斯三者以劳天下,此之谓三无私。其在《诗》曰:'帝命不违,至于汤齐①。汤降不迟,圣敬日齐②。昭假迟迟,上帝是祗③。帝命式于九围④。'是汤之德也。天有四时,春秋冬夏,风雨霜露,无非教也⑤。

地载神气，神气风霆，风霆流形，庶物露生，无非教也。清明在躬，气志如神，嗜欲将至，有开必先。天降时雨，山川出云。其在《诗》曰：'嵩高惟岳，峻极于天。惟岳降神，生甫及申⑥。惟申及甫，惟周之翰。四国于蕃，四方于宣。'此文武之德也。三代之王也，必先令闻，《诗》云：'明明天子，令闻不已。'三代之德也。'弛其文德⑦，协此四国。'大王之德也。"子夏蹶然而起，负墙而立，曰："弟子敢不承乎？"

[注释]

①齐(jī)：作"跻"，登，上升。
②日齐：与日俱增。
③祗(zhī)：敬重。
④九围：九州。
⑤无非教也：是说自然法则就是圣人施行教化的法则。
⑥甫：甫侯。申：申伯。二人皆为周朝的功臣。
⑦弛：通"施"。

[译文]

子夏说："三王的德行，与天地并列为三。请问怎样才能与天地并列为三呢？"孔子说："奉行三无私的精神来安抚天下。"子夏问："请问什么叫作三无私呢？"孔子说："天无私地覆盖万物，地无私地承载万物，日月无私地普照万物。奉行这三种精神来安抚天下，这就叫作三无私。《诗经》说：'帝命不可违背，到了汤登位。汤受天命不敢怠慢，盛德敬意日渐增加。光明磊落又从容不迫,敬重着上帝。上帝命他一统九州。'这就是汤的德行。天有春夏秋冬四季,普降风雨霜露滋养万物,这就是圣人施行教化所仿效的法则。地承载着万物的神与气,神气能变化出风雷,风雷随意流动,万物露出了生机,这也就是圣人施行教化所仿效的法则。清明的德行在于自身,气志就像神,心中热爱想要的事情即将到来,出现之前一定有先兆。就像天降及时雨,山川必然出现云气。《诗经》说:'嵩高的只有山岳,高峻于天。只有这样的山岳才能降下甫侯和申伯。唯有甫侯、申伯,才是周朝的干臣。四国得到了屏障的保护,四方宣扬了周王的德行。'这是说的文王、武王的德行。夏商周三代的王,必定先有美好的名声闻名于世。《诗经》说:'英明的天子,美名闻名于世而不停止。'这是说三王的德行。'施行文德教化,协理四方之国。'这是说周太王的德行。"子夏听到这里,高兴地跃然起身,背靠墙站着说:"弟子岂敢不奉承先生的教导!"

第三十　坊记

〔题解〕

郑玄《目录》曰："名《坊记》者，以其记六艺之义，所以坊人之失者也。此于《别录》属通论。""坊"通"防"，因篇文主张用礼义刑法等来防范人们的过失，所以名为"坊记"。形式同于《论语》的语录体。

子言之："君子之道，辟则坊与①？坊民之所不足者也。大为之坊，民犹逾之。故君子礼以坊德，刑以坊淫，命以坊欲②。"

〔注释〕

①辟：后来写作"譬"，譬如。坊：通"防"，堤防。
②命：法令。

〔译文〕

孔子说："君子的治民之道，就像是防水的堤防吧？用来防备民众的过失。大规模地设置堤防，人民还是有逾越规矩的。

所以君子用礼来防备道德的过失,用刑罚来防备淫邪的行为,用法令来防备私欲的泛滥。"

子云:"小人贫斯约①,富斯骄,约斯盗,骄斯乱。礼者,因人之情而为之节文,以为民坊者也。故圣人之制富贵也,使民富不足以骄,贫不至于约,贵不慊于上②,故乱益亡也。"

〔注释〕

①约:窘迫。
②慊:不满、怨恨。

〔译文〕

孔子说:"小人贫穷了就会感到窘迫,富裕了就会骄横,窘迫了就会偷盗,骄横了就会作乱。礼,就是依据人情而设立的节制条文,以此来防备民众的过失。所以,圣人制定礼法,使民众富裕而不至于骄横,贫穷而不至于窘迫,尊贵而不怨恨在上者,这样犯上作乱的事就日益减少了。"

子云:"天无二日,土无二王,家无二主,尊无二上,示民有君臣之别也。《春秋》不称楚越之王丧,礼君不称天,大夫不称君,恐民之惑也。《诗》云:'相彼盍旦①,尚犹患之。'"

〔注释〕

①盍旦:一种鸟,夜里呼唤"盍旦",这里用来比喻僭越的行为。

〔译文〕

孔子说:"天上不能有两个太阳,地上不能有两个君王,一家不能有两个主人,至尊不能有两个,这就是向民众显示君臣是有区别的。《春秋》不记载自称为王的楚、越国君的丧葬之事,礼中规定诸侯不能称天,大夫不能称君,这就是担心民众产生迷惑。《诗》说:'看那夜里呼唤盍旦的鸟,人们尚且还要厌恶它。'更何况那些僭越的人呢?"

子云:"君子辞贵不辞贱,辞富不辞贫,则乱益亡。故君子与其使食浮于人也①,宁使人浮于食。"

〔注释〕

①食:俸禄。浮:胜过。

〔译文〕

孔子说:"君子辞让显贵而不辞让卑贱,辞让富裕而不辞让贫穷,那么作乱的事就日益减少了。所以君子与其使人的俸禄超过才能,宁可使人的才能超过俸禄。"

子云:"君子贵人而贱己,先人而后己,则民作让。故称人之君曰君,自称其君曰寡君。"

〔译文〕

孔子说:"君子尊重他人而把自己看得低贱,先考虑别人再考虑自己,这样民众就会谦让。所以称别人的君主为'君',而称自己的国君为'寡君'。"

子云:"有国家者,贵人而贱禄,则民兴让;尚技而贱车,则民兴艺。故君子约言,小人先言①。"

〔注释〕

①约言:少说话多做事。先言:未做事先说大话。

〔译文〕

孔子说:"治理国家的人,重视人的才能而轻贱爵禄,那么民众就会兴起辞让的风气;崇尚人的技能而轻贱车马服饰,那么民众就会兴起学习技艺的风气。所以君子少说话多做事,小人是未做事先说大话。"

子云:"上酌民言,则下天上施;上不酌民言,则犯也;下不天上施,则乱也。故君子信让以莅百姓,则民之报礼重。《诗》云:'先民有言,询于刍荛①。'"

〔注释〕

①刍荛(chúráo):割草砍柴的人。

〔译文〕

孔子说:"在上位的人考虑民众说的话,那么民众就会感觉到上天的施惠;在上位的人不考虑民众说的话,那么民众就要做错事;民众不能感觉到上天的施惠,就会作乱。所以君子以诚信谦让对待人民,那么民众也会重重地以礼相报。《诗经》说:'古人说过,在上位的人要询问到割草砍柴的人。'"

子云:"善则称人,过则称己,则民不争;善则称人,过则称己,则怨益亡。《诗》云:'尔卜尔筮,履无咎言①。'"

〔注释〕

①履:指卜筮的结果。咎(jiù):过失,这里指不吉利的卜筮。

〔译文〕

孔子说:"有善行就说是别人的功劳,有过错就说是自己的原因,这样民众就不会有争执;有善行就说是别人的功劳,有过错就说是自己的原因,这样怨恨就会日益减少。《诗经》说:'你进行卜筮,卜筮的结果没有不吉利的话。'"

子云:"善则称人,过则称己,则民让善。《诗》云:'考卜惟王,度是镐京,惟龟正之,武王成之。'"

〔译文〕

孔子说:"有善行就说是别人的功劳,有过错就说是自己的原因,这样民众就会兴起谦让的风气。《诗经》说:'武王考察占卜,谋划建都镐京,龟能正定吉兆,武王能做成这件事。'"

子云:"善则称君,过则称己,则民作忠。《君陈》曰:'尔有嘉谋嘉猷①,入告尔君于内,女乃顺之于外,曰:此谋此猷,惟我君之德。'於乎②!惟良显哉。"

〔注释〕

①猷(yóu):道,方法。
②於乎:同"乌乎"。表示叹息。

〔译文〕

孔子说:"有善行就说是君主的功劳,有过错就说是自己的原因,这样民众才能忠诚。《尚书·君陈》说:'你有好的谋略,好的方法,就进去告诉你的君主,然后你再到外面谦逊地说:'这谋略方法,都是我们君主的功德。'啊!这是良善的表现啊!"

子云:"善则称亲,过则称己,则民作孝。《大誓》曰:'予克纣,非予武,惟朕文考无罪①;纣克予,非朕文考有罪,惟予小子无良。'"

〔注释〕

①文考:武王的父亲周文王。

〔译文〕

孔子说:"有善行就说是父母的功劳,有过错就说是自己的原因,这样民众才能孝顺。《尚书·大誓》说:'如果我打败了商纣,并不是因为我的武勇,而是由于我的父亲没有过错;如果商纣打败了我,并不是我的父亲有过错,而是由于我不好。'"

第三十一　中庸

[题解]

郑玄《目录》曰："名曰《中庸》者，以其记中和之为用也。庸，用也。孔子之孙子思伋作之，以昭明圣祖之德。此于《别录》属通论。"朱熹解释说："中庸者，不偏不倚，无过不及而平常之理。"此篇作者素有争议，一说是孔子的孙子子思所作，后经润色；一说是西汉初年的作品。篇中阐述了"中庸""诚"等儒家思想，是重要的中国古代哲学、伦理学著作。朱熹将它和《大学》《论语》《孟子》合为"四书"，影响深远。

天命之谓性，率性之谓道，修道之谓教。道也者，不可须臾离也，可离非道也。是故君子戒慎乎其所不睹，恐惧乎其所不闻。莫见乎隐，莫显乎微，故君子慎其独也。喜怒哀乐之未发谓之中，发而皆中节谓之和。中也者，天下之大本也；和也者，天下之达道也。致中和，天地位焉，万物育焉。

[译文]

上天赋予人的禀赋叫作性，遵循天性而行动叫作道，修明并引人向道叫作教。道是片刻不能离开的,可以离开的就不叫作道了。所以,君子在别人看不到的地方也警戒谨慎,在别人听不到的地方也惶恐畏惧。没有什么比在隐秘处更易显现的了,没有什么比在细微处更易彰显的了,所以君子一定会谨慎地对待独处这件事。喜怒哀乐尚未表现出来的叫作中,表现出来了且合乎尺度叫作和。中是天下的根本,和是天下通行的道理。达到中和的状态,则天地位序稳正,万物生长繁育。

仲尼曰:"君子中庸,小人反中庸。君子之中庸也,君子而时中;小人之中庸也,小人而无忌惮也。"子曰:"中庸其至矣乎!民鲜能久矣!"子曰:"道之不行也,我知之矣:知者过之,愚者不及也。道之不明也,我知之矣:贤者过之,不肖者不及也。人莫不饮食也,鲜能知味也。"子曰:"道其不行矣夫。"

[译文]

孔子说:"君子坚持中庸之道,小人则违反中庸之道。君子之所以坚持中庸之道,是因为君子的言行时刻适中合宜;小人之所以违反中庸之道,是因为小人的言行肆无忌惮。"孔子说:"中庸大概就是最高的品德了!只是鲜有人能够长久地做到啊!"孔子说:"中庸之道的不能实行,我知晓原因:聪明的人做过了头,愚蠢的人却达不到。中庸之道的不能显明,我知晓原因:贤德的人做过了头,不贤者却达不到。没有人不吃不喝的,但鲜有人能够品尝到真正的滋味。"孔子说:"中庸之道大概是不能实行了吧!"

凡为天下国家有九经,曰:修身也,尊贤也,亲亲也,敬大臣也,体群臣也,子庶民也,来百工也,柔远人也,怀诸侯也。修身则道立,尊贤则不惑,亲亲则诸父昆弟不怨,敬大臣则不眩,体群臣则士之报礼重,子庶民则百姓劝,来百工则财用足,柔远人则四方归之,怀诸侯则天下畏之。

齐明盛服,非礼不动,所以修身也;去谗远色,贱货而贵德,所以劝贤也;尊其位,重其禄,同其好恶,所以劝亲亲也;官盛任使,所以劝大臣也;忠信重禄,所以劝士也;时使薄敛,所以劝百姓也;日省月试,既禀称事①,所以劝百工也;送往迎来,嘉善而矜不能,所以柔远人也;继绝世,举废国,治乱持危,朝聘以时,厚往而薄来,所以怀诸侯也。

凡为天下国家有九经,所以行之者一也。凡事豫则立,不豫则废。言前定则不跲②,事前定则不困,行前定则不疚,道前定则不穷。

在下位不获乎上,民不可得而治矣。获乎上有道:不信乎朋友,不获乎上矣。信乎朋友有道:不顺乎亲,不信乎朋友矣。顺乎亲有道:反诸身不诚,不顺乎亲矣。诚身有道:不明乎善,不诚乎身矣。

诚者,天之道也;诚之者,人之道也。诚者不勉而中,不思而得,从容中道,圣人也。诚之者,择善而固执之者也。博学之,审问之,慎思之,明辨之,笃行之。有弗学,学之弗能,弗措也;有弗问,问之弗知,弗措也;有弗思,思之弗得,弗措也;有弗辨,辨之弗明,弗措也,有弗行,行之弗笃,弗措也。人一能之,己百之;人十能之,己千之。果能此道矣,虽愚必明,虽柔必强。

自诚明谓之性,自明诚谓之教。诚则明矣,明则诚矣。唯天下至诚,为能尽其性;能尽其性,则能尽人之性;能尽人之性,则能尽物之性;能尽物之性,则可以赞天地之化育;可以赞天地之化育,则可以与天地参矣。其次致曲。曲能有诚,诚则形,形则著,著则明,明则动,动则变,变则化。唯天下至诚为能化。至诚之道,可以前知。国家将兴,必有祯祥;国家将亡,必有妖孽。见乎蓍龟,动乎四体。祸福将至:善,必先知之;不善,必先知之。故至诚如神。

诚者自成也,而道自道也。诚者物之终始,不诚无物。是故君子诚之为贵。诚者非自成己而已也,所以成物也。成己,仁也;成物,知也。性之德也,合外内之道也,故时措之宜也。故至诚无息。不息则久,久则征,征则悠远,悠远则博厚,博厚则高明。博厚,所以载物也;高明,所以覆物也;悠久,所以成物也。博厚配地,高明配天,悠久无疆。如此者,不见而章,不动而变,无为而成。

〔注释〕

①既廪:古代官府发给的给养。称事:与事功相当。
②跲(jiá):言语受阻而不通畅,滞涩。

〔译文〕

大凡治理天下国家,有九条原则:修养自身,尊重贤人,亲爱亲人,敬重大臣,体恤群臣,爱护百姓,招徕百工,怀柔藩国,安抚诸侯。修养自身就能树立道德,尊重贤人就能遇事不惑,亲爱亲人就能使父辈、兄弟不怨恨自己,敬重大臣就能遇事不乱,体恤群臣就能使士人加重回报,爱护百姓就能使百姓受到鼓励,招徕百工就能使财用充足,怀柔藩国就能使四方归顺,安抚诸侯就能使天下畏服。

斋戒沐浴,穿戴整齐,不做不合礼的事,这是修养自身的方法;斥退谗佞,远离声色,轻视财物,贵重品德,这是鼓励贤人的方法;给予亲人高位厚禄,与其同好同恶,这是鼓励亲人的方法;官属盛多,足备任遣,这是鼓励大臣的方法;忠信待士,给予厚禄,这是鼓励士人的方法;使民有时,轻徭薄赋,这是鼓励百姓的方法;每日检查,每月考核,论功行赏,这是鼓励百工的方法;迎来送往,嘉奖良善,体恤无能,这是怀柔藩国的方法;延续绝嗣,兴复亡国,平定乱局,扶助危弱,按时接受朝聘,赏赐丰厚,减少贡赋,这是安抚诸侯的方法。

但凡治理天下国家,有九条原则,而用来实行这九条原则的方法只有一个。不论任何事,事先有所准备就能成功,没有准备就会失败。说话前有准备就不会滞涩,做事前有所准备就不会窘困,行动前有所准备就不会出错,道路提前规划好就不会走到穷途末路。

处于下位又得不到上级的信任,不能治理好百姓。想要得到上级的信任有方法:首先要得到朋友的信任,没有朋友的信任就不会得到上级的信任。要得到朋友的信任有方法:首先要孝顺父母,不孝顺父母,就不会得到朋友的信任。要孝顺父母有方法:首先要反省自身是否心意诚实,不心意诚实就不能孝顺父母。要使自己心意诚实有方法:首先要明白什么是善,不明白什么是善就不能使自己心意诚实。

诚是上天的准则,学习诚是做人的准则。天生质诚的人,不用勉强就能做到,不用思考就能拥有,从容不迫地符合上天的准则,这样的人是圣人。学习诚,就要选择好的道理踏踏实实地去践行。广泛地学习,仔细地研究,谨慎地思考,清楚地辨别,切实地实行。要么不学,学了就要学会,学不会,不罢休;要么不问,问了就要问明白,问不明白,不罢休;要么不思考,思考了就要有结果,没有结果,不罢休;要么不分辨,分辨了就要明白,没有分辨明白,不罢休;要么不实行,实行了就要彻底,不彻底,不罢休。别人学一遍就能学会,自己就学上百遍;别人学十遍就能学会,自己就学上千遍。如果真能这样做,即使是愚笨的人也一定会变得聪明,即使是柔弱的人也一定会变得坚强。

由诚实到明达,这叫作性;由明达到至诚,这叫作教。本性诚实就能明达,明达事理也会达到至诚。只有天下至诚的人,才能够充分地发挥他们的天性;只有能够充分发挥天性的人,才能够发挥万物的性能;只有能够发挥万物性能的人,才能够帮助天地化育万物;只有能帮助天地化育万物的人,才能够与天地并立为三。次一等的贤人可以推知局部的事理,推知局部的事理也能获得诚心,获得诚心就会有所表现,有所表现就会日益彰显,日益彰显就会显豁明达,显豁明达就能感动人心,感动人心就能使人改变,使人改变就能达成教化,移风易俗。只有天下至诚的贤人才能够完成教化。掌握至诚之道,预知未来。国家即将振兴,一定会有祥瑞;国家即将灭亡,一定会有妖异。这些预兆可以表现在蓍草、龟骨上,表现在人们的举止仪容上。祸福将来临的时候,好的一定能够预先知道,不好的也一定能够预先知道。所以,能够做到至诚的人就能像神明一样预知未来。

诚是自我的完善,道是自我的引导。诚贯穿于万物始终,没有诚也就没有万物。所以,君子珍视诚。诚不仅仅是要完善自身,也是要成就万物。完善自身,叫作仁;成就万物,叫作智。仁和智都是本性固有的美德,符合内外相合的规律,所以随时应用都适宜。所以,至诚不会停息。不停息就能持久,持久就能得到验证,验证了就能够悠久长远,悠久长远了就能广博深厚,广博深厚了就能高大光明。广博深厚,可以用来承载万物;高大光明,可以用来覆盖万物;悠久长远,可以用来成就万物。广博深厚可以与大地相配,高大光明可以与上天相配,悠久长远就能无穷无尽。像这样,无须表现就能彰显,无须行动就能改变,无须作为就能成功。

第三十二　表记

[题解]

郑玄《目录》曰："名曰《表记》者，以其记君子之德，见于仪表，此于《别录》属通论。""表"即仪表，此篇记述君子的仪表特征，认为君子的内在之德会表现在外在仪表上，故名曰"表记"。篇中阐述了君子的行事原则、仁与义的关系等。形式与《坊记》相同，也是语录体。

子言之："归乎！君子隐而显，不矜而庄，不厉而威，不言而信。"

[译文]

孔子说："回去吧！君子即使隐居山野，他的名声也会显著，不矜持也能神色庄重，不严厉也能有威仪，不说话也能得到别人的信任。"

子曰："君子不失足于人，不失色于人，不失口于人，是故君子貌足畏也，色足惮也，言足信也。《甫刑》曰：'敬忌而罔有择言在躬①。'"

〔注释〕

①罔:无,没有。躬:自身。

〔译文〕

孔子说:"君子对人的一举一动没有不得体的地方,对人的一颦一笑没有不得体的地方,对人的一言一语也没有不得体的地方,所以君子的面容足以使人敬畏,神色足以使人忌惮,言语足以使人信任。《尚书·甫刑》说:'恭敬戒惧,才不会受到别人的挑剔指责。'"

子曰:"裼袭之不相因也,欲民之毋相渎也。"

〔译文〕

孔子说:"行礼时穿的衣服,有时以袒外衣露裼衣为敬,有时以反之为敬,二者不相因循,这是想让百姓不要相互亵渎。"

子曰:"君子慎以辟祸,笃以不揜①,恭以远耻。"

〔注释〕

①揜(yǎn):困迫。

〔译文〕

孔子说:"君子用谨慎来避免祸患,用笃厚来解除困迫,用恭敬来远离耻辱。"

子曰:"齐戒以事鬼神,择日月以见君,恐民之不敬也。"

〔译文〕

孔子说:"斋戒后再奉祀鬼神,选择时间去朝见君主,这样做是为了防止人民不恭敬。"

子曰:"狎侮,死焉而不畏也。"

〔译文〕

孔子说:"如果轻狎侮慢,即使以死来恐吓他人,别人也不会畏惧。"

子曰:"以德报德,则民有所劝;以怨报怨,则民有所惩。《诗》曰:'无言不雠①,无德不报。'《大甲》曰:'民非后无能胥以宁②;后非民无以辟四方。'"

〔注释〕

①雠(chóu):应对。
②胥(xū):相互。

〔译文〕

孔子说:"用恩德来报答别人的恩德,这样人民就会有所劝勉;用怨恨来报复别人的怨恨,这样人民就会有所惩戒。《诗经》说:'别人的话没有不应答的,别人的恩德没有不报答的。'《尚书·太甲》说:'人民没有君主就不能相安;君主没有人民就不能统治四方。'"

子曰:"以德报怨,则宽身之仁也①;以怨报德,则刑戮之民也。"

〔注释〕

①宽身:指的是以苟安来容身。仁:郑玄认为应该是"民",声误。

〔译文〕

孔子说:"用恩德来报答怨恨,那是以苟安来容身的人;用怨恨来报答别人的恩德,那是应当受到刑罚的恶人。"

子曰:"仁有三,与仁同功而异情。与仁同功,其仁未可知也;与仁同过,然后其仁可知也。仁者安仁,智者利仁,畏罪者强仁。仁者右也,道者左也。仁者人也,道者义也。厚于仁者薄于义,亲而不尊;厚于义者薄于仁,尊而不亲。道有至,义有考①。至道以王,义道以霸,考道以为无失。"

〔注释〕

①义有考:郑玄认为"义"上脱"有"字,应为"道有至,有义有考"。考,成。

〔译文〕

　　孔子说:"仁有三种情况,功效一样,但动机不同。行仁成功了,行仁的动机就不可知道了。行仁失败了,然后才能知道他们行仁的动机。第一种是真正仁爱的人,他们的天性是安于行仁;第二种是有智慧的人,他们知道行仁可以得到利益;第三种是害怕犯罪受罚的人,他们是勉强去行仁。仁就像人的右手,是主要的;道就像人的左手,是辅助的。仁是以人情为出发点,道是以道义为出发点。如果偏重仁而削弱义,那么人们就会彼此亲近但不尊重;如果偏重义而削弱仁,那么人们就会彼此尊敬但不亲近。道有至道,有正道,有成道。推行至道,就可以成就王业;推行正道,就可以称霸诸侯;推行成道,就可以避免过失。"

　　子言之:"仁有数,义有长短小大。中心憯怛①,爱人之仁也;率法而强之,资仁者也。《诗》云:'丰水有芑②,武王岂不仕?诒厥孙谋③,以燕翼子④,武王烝哉⑤。'数世之仁也。《国风》曰:'我今不阅⑥,皇恤我后⑦。'终身之仁也。"

〔注释〕

①憯怛(cǎndá):凄惨忧伤。
②芑(qǐ):通"杞",枸杞。
③诒:遗,给予。
④燕:安,安乐。翼:帮助。
⑤烝(zhēng):美,美好。

⑥阅:容纳。
⑦皇:通"遑",空暇。恤(xù):忧虑。

〔译文〕

孔子说:"仁有数目上的大小之分,义有长短的小大之分。一个人如果遇到不幸就会从内心感到凄惨忧伤,这是爱人的仁;依据法律勉强行仁,这是借助仁来达到目的。《诗经》说:'丰水边有杞树,周武王怎会不出仕呢?给予子孙好的谋略,来帮助他们享受安乐,周武王真是英明伟大!'这就是惠及好几代人的仁。《诗经》说:'我现在尚且不能自容,哪里还有空暇忧虑后代的事呢?'这就是随着自身的死亡而终结的仁。"

子曰:"仁之为器重,其为道远,举者莫能胜也,行者莫能致也,取数多者仁也。夫勉于仁者,不亦难乎?是故君子以义度人,则难为人;以人望人,则贤者可知已矣。"

〔译文〕

孔子说:"仁就像一件很重的器物,一条很远的路,没有人能够举起它,没有人可以走到终点,所以,只能以数来计算,做得多的就是仁。如此勉强地去施行仁,不也很困难吗?所以君子用义来衡量人,就很难有人达到标准;如果用人与人来比较,那么也就知道谁是贤人了。"

第三十三　缁衣

〔题解〕

郑玄《目录》曰:"名曰《缁衣》者,善其好贤者,厚也。《缁衣》,郑诗也。其诗曰:'缁衣之宜兮,敝,予又改为兮。适子之馆兮,还,予授子之粲兮。'粲,餐也。设餐以授之,爱之欲饮食之。言缁衣之贤者,居朝廷,宜其服也。我欲就为改制其衣,反欲与之新衣,厚之而无已。此于《别录》属通论。"此篇亦因篇中引《诗经·郑风·缁衣》而名篇。篇中多记君子言行,也是语录体散文。1993年湖北省荆门市郭店楚墓出土的竹简中有《缁衣》篇,可与今本互作参考。

子言之曰:"为上易事也,为下易知也,则刑不烦矣。"

〔译文〕

孔子说:"在上位者宽厚,臣下容易侍奉;在下位者忠诚,君主容易知晓下情,如此刑罚就不必繁杂了。"

子曰:"好贤如《缁衣》①,恶恶如《巷伯》②,则爵不渎而民作愿,刑不试而民咸服。《大雅》曰:'仪刑文王,万国作孚③。'"

〔注释〕

①缁衣:朝服。旧说《缁衣》是赞美郑武公好贤之德的诗。
②巷伯:掌管宫内事务的小官。旧说《巷伯》是周朝寺人孟子被谗言陷害而作以泄愤的怨诗。
③孚:信。

〔译文〕

孔子说:"喜欢贤能的人就像《缁衣》里所说的那样,厌恶说谗言的人就像《巷伯》里所说的那样,那么君主就不会把官爵随便地赏赐给人,而人民也会变得恭谨,不必动用刑罚也能使人民都顺服。《诗经·大雅·文王》说:'只有效法周文王,万国才会信服。'"

子曰:"夫民,教之以德,齐之以礼,则民有格心①;教之以政,齐之以刑,则民有遁心②。故君民者,子以爱之,则民亲之;信以结之,则民不倍;恭以莅之,则民有孙心。《甫刑》曰:'苗民匪用命,制以刑,惟作五虐之刑曰法。'是以民有恶德,而遂绝其世也。"

〔注释〕

①格心:向善之心。

②遁(dùn)心:逃避责罚之心。

〔译文〕

孔子说:"人民,用道德来教化他们,用礼仪来约束他们,那么人民才会有向善之心;用政令来教导他们,用刑罚来制约他们,那么人民就会有逃避责罚之心。所以统治人民的人,能像对待孩子那样爱护他们,那么人民就会亲近他;能用诚信的态度来对待他们,那么人民就不会背叛他;能恭敬地管理人民,那么人民就会有恭顺之心。《尚书·甫刑》说:'苗人不肯听命,用刑罚来制裁他们,制定了五种酷刑称作法。'于是人民的品德更加低劣,终于断绝了后嗣。"

子曰:"下之事上也,不从其所令,从其所行。上好是物,下必有甚者矣。故上之所好恶,不可不慎也,是民之表也。"

〔译文〕

孔子说:"臣下侍奉君主,并不是服从他的命令,而是遵循他的行为。君主爱好这个事物,臣下就一定会比他更甚。所以君主的爱憎,不能不谨慎,因为这是人民的表率。"

子曰:"禹立三年,百姓以仁遂焉,岂必尽仁?《诗》云:'赫赫师尹,民具尔瞻。'《甫刑》曰:'一人有庆,兆民赖之。'《大雅》曰:'成王之孚,下土之式。'"

〔译文〕

孔子说:"禹即位才三年,百姓在仁的修养方面就有所成就,难道他们本来就竭尽仁义之道吗?《诗经》说:'位高权重的尹太师,百姓都在注视着您呢!'《尚书·甫刑》说:'天子一个人有善德,那么天下百姓就有了可依赖的。'《诗经·大雅》说:'周成王诚信笃厚,是天下百姓的楷模。'"

子曰:"上好仁,则下之为仁争先人。故长民者章志、贞教①、尊仁,以子爱百姓;民致行己以说其上矣。《诗》云:'有梏德行②,四国顺之。'"

〔注释〕

①贞:正。
②梏:《毛诗》作"觉",正直。

〔译文〕

孔子说:"如果在上位者爱好仁,那么在下位者就会争先恐后地去行仁。所以管理百姓的人应该彰明志向,端正教化,尊崇仁道,像对待孩子那样爱护人民;人民就会致力于修行自己的品德,以求得到君主的欢心。《诗经》说:'如果君主有正直的德行,那么天下人民就会顺服他。'"

子曰:"王言如丝,其出如纶①;王言如纶,其出如綍②。故大人不倡游言。可言也,不可行,君子弗言也;

可行也,不可言,君子弗行也。则民言不危行③,而行不危言矣。《诗》云:'淑慎尔止,不愆于仪④。'"

〔注释〕

①纶(lún):绶带。
②绋(fú):大绳索。
③危:高于。
④愆(qiān),古同"愆",过失违背的意思。

〔译文〕

孔子说:"君王所说的话本来像丝那样细小,可是传到臣民耳中,却像绶带那样粗大;君王所说的话本来像绶带那样粗大,可是传到臣民耳中,却像大绳索那样粗大。所以执政的人不提倡说空话。可以说出来的话,但是做不到,君子就不会说;可以做得到的事,但却不可告人,君子就不会做。那么人民的言论就不会超过行为,行为也不会超过言论。《诗经》说:'淑良谨慎,不违背礼仪。'"

子曰:"君子道人以言,而禁人以行。故言必虑其所终,而行必稽其所敝;则民谨于言而慎于行。《诗》云:'慎尔出话,敬尔威仪。'《大雅》曰:'穆穆文王,於缉熙敬止。'"

〔译文〕

孔子说:"君子用善言教导人民向善,用美行来禁止人民向恶。所以执政的人说话一定要考虑其产生的后果,而行动必须稽查其所产生的弊端;那么人民就会说话谨慎而行事小心。《诗经》说:'小心你的言辞,恭敬你的威仪。'《诗经·大雅》说:'端庄肃穆的周文王,品行光明又恭敬。'"

子曰:"长民者,衣服不贰,从容有常,以齐其民,则民德壹。《诗》云:'彼都人士,狐裘黄黄。其容不改,出言有章。行归于周,万民所望。'"

〔译文〕

孔子说:"管理人民的人,服饰要有固定的样式,举止要有一定的规矩,以此来约束人民,这样人民的道德才会统一。《诗经》说:'那些京都的人士,个个都穿着黄色的狐裘衣。他们的仪容有规矩,说话有章法。行为遵循宗周的礼节,被万民所仰望。'"

子曰:"为上可望而知也,为下可述而志也,则君不疑于其臣,而臣不惑于其君矣。《尹吉》曰[①]:'惟尹躬及汤,咸有壹德。'《诗》云:'淑人君子,其仪不忒。'"

〔注释〕

①尹吉:"吉"当作"诰",《尹诰》里记载了伊尹告诫太甲的话。

〔译文〕

孔子说:"居上位的人光明磊落,使人一看就知道他的心意;处下位的人忠实坦诚,使人稍微述说就能认识他,这样君主就不会怀疑他的臣下,而臣下也不会疑惑他的君主。《尹诰》篇记载了伊尹告诫太甲的话,说:'只有我自己和汤,都有纯一的道德。'《诗经》说:'淑人君子的仪容是没有差错的。'"

子曰:"政之不行也,教之不成也,爵禄不足劝也,刑罚不足耻也。故上不可以亵刑而轻爵。《康诰》曰:'敬明乃罚。'《甫刑》曰:'播刑之不迪①。'"

〔注释〕

①播:施行。迪:道。

〔译文〕

孔子说:"政令之所以不能推行,教化之所以不能成功,这是因为爵禄不足以使人劝勉,刑罚不足以使人羞耻。所以居上位的人不可以滥用刑罚,不可以轻易地授予爵禄。《康诰》说:'谨慎严明地施用刑罚。'《甫刑》说:'施行刑罚一定要符合道理。'"

第三十四　奔丧

[题解]

本篇以篇首"奔丧"二字名篇。郑玄《目录》曰:"名曰《奔丧》者,以其居他国,闻丧奔归之礼。此于《别录》属丧服之礼矣。"孙希旦释义"奔丧"曰:"奔丧者,在外闻其亲属之丧而归也。"篇中记述了士在外邦为各种亲属关系的人奔丧的礼制规定,篇文或为后人所编,杂有古记、逸礼等,较为紊乱。

奔丧之礼:始闻亲丧,以哭答使者,尽哀;问故,又哭尽哀。遂行,日行百里,不以夜行。唯父母之丧,见星而行,见星而舍。若未得行,则成服而后行。过国至竟,哭尽哀而止。哭辟市朝。望其国竟哭。至于家,入门左,升自西阶,殡东西面坐,哭尽哀,括发袒,降堂,东即位,西乡哭,成踊,袭绖于序东,绞带。反位,拜宾成踊,送宾,反位。有宾后至者,则拜之,成踊送宾皆如初。众主人兄弟皆出门①,出门哭止。阖门,相者告就次②。于又哭③,括发袒成踊。于三哭④,犹括发袒成踊。三日,成服,拜宾送宾皆如初。奔丧者非主人,则主人为之拜宾送宾。

〔注释〕

①众主人:指父之庶子。兄弟:指堂兄弟。
②相者:赞礼的人。次:孝子居丧所住的倚庐。
③又哭:第二天早上的哭泣。
④三哭:第三天早上的哭泣。

〔译文〕

　　从外地赶回去办丧事的礼节是:开始听到亲人去世,哭着来回答报丧者,极尽悲哀;然后询问亲人的死因,听完报丧者的回答后,又尽情地哀哭。于是上路回家奔丧,每天行一百里路,但不在夜里赶路。只有父母的丧事,才能在早晨星星未隐没时赶路,到黄昏星星出现时才过夜。如果不能够立即出发,那就准备好丧服后再出发。奔丧的人每经过一国到了国境的时候,哭泣到竭尽哀痛才停止。哭泣要避开集市。望见亲人所在国的国境时,就要边哭边走。到了家,从大门的左边进门,由西阶登堂,走到殡柩的东面,面向西跪坐下来,极尽哀哭,摘掉发冠,用麻扎住头发,袒露左臂,然后下堂,走到庭东自己的位置上,面向西方哭泣,边哭边踩脚,然后到东序旁边戴上麻首绖,系上苴麻腰带。再回到原来的位置,拜谢宾客且哀哭踩脚,送宾客到门口,又回到原位。如果有迟来吊丧的宾客,也要拜谢,哀哭踩脚送宾客都像刚开始所做的一样。父之庶子与堂兄弟都出了门,就停止哭泣。关上大门,赞礼者告诉大家该到倚庐去。到第二天哭灵的时候,要括发袒露左臂而哀哭踩脚;到第三天哭灵的时候,仍然括发袒露左臂而哀哭踊脚。到第四天穿上孝服后，拜谢送别宾客，都像以前一样。如果奔丧的人不是主人，那么主人就替他拜谢送别宾客。

奔丧者自齐衰以下，入门左，中庭北面哭尽哀，免麻于序东，即位袒，与主人哭成踊。于又哭三哭皆免袒，有宾，则主人拜宾送宾。丈夫妇人之待之也，皆如朝夕哭，位无变也。奔母之丧，西面哭尽哀，括发袒，降堂东即位，西乡哭，成踊，袭免绖于序东，拜宾送宾，皆如奔父丧之礼，于又哭不括发。

〔译文〕

奔丧的人如果是服齐衰以下丧服的亲属，从门的左边进来，站在庭中间，面向北边极尽哀哭，然后到庭东去掉发冠用麻布扎头发，系上麻腰带，再站到自己的位置袒露左臂，与主人一起哀哭踊脚。在第二天和第三天哭灵时，也要用麻布扎头发，袒露左臂，如果有宾客，就由主人替他拜谢送别宾客。主人主妇接待回来奔丧的人时，都是像平时一样早晚哀哭，位置上没有改变。奔母之丧，上堂向西面对着尸柩极尽哀哭，哭时用麻布扎住头发，袒露左臂，然后下堂走到堂东即位，向西哀哭踊脚，再到庭东用麻布扎住头发，系上腰带。拜谢送别宾客，都和奔父丧的礼节一样，只是在第二天哀哭就不用麻布扎头发。

奔丧者不及殡，先之墓，北面坐，哭尽哀。主人之待之也，即位于墓左，妇人墓右，成踊，尽哀，括发，东即主人位，绖绞带，哭成踊，拜宾，反位，成踊，相者告事毕。遂冠归，入门左，北面哭尽哀，括发袒成踊，东即位，拜宾成踊。宾出，主人拜送；有宾后至者，则拜之成踊，送宾如初。众主人兄弟皆出门，出门哭止，相者告就次。于又哭，括发成踊；于三哭，犹括发成踊。三日成服，于五哭①，相者告事毕。为母所以异于父者，壹括发，其余免以终事，他如奔父丧之礼。齐衰以下不及殡：先之墓，西面哭尽哀，免麻于东方，即位，与主人哭成踊，袭。有宾，则主人拜宾送宾；宾有后至者，拜之如初。相者告事毕。遂冠归，入门左，北面哭尽哀，免袒成踊，东即位，拜宾成踊，宾出，主人拜送。于又哭，免袒成踊；于三哭，犹免袒成踊。三日成服，于五哭，相者告事毕。

〔注释〕

①五哭：成服第二日的哭是五哭。

〔译文〕

　　为父亲奔丧的人如果没能在死者下葬前赶回家，就要先到墓地，面朝北跪坐，极尽哀哭。丧主接待奔丧者时，在墓左就位，妇人在墓右就位，哀哭踩脚，极尽哀哭，用麻束发，向东走到主人的位置上，戴上首绖，系上苴麻腰带，又哀哭踩脚，哭后拜谢宾客，再回到原来的位置哀哭踩脚，这时赞礼者告诉在墓上的礼节已经完成了。于是，奔丧者戴上帽子回家，从大门的左边进去，面朝北极尽哀哭,用麻束发,袒露左臂而跺脚痛哭,之后到东阶下就位,拜谢宾客后再哀哭跺脚。宾客离开,主人拜送。如有迟来的宾客,就拜谢宾客哀哭跺脚,拜送宾客就像之前一样。父之庶子和堂兄弟都走出门,出门就停止哀哭,关上大门,赞礼的人告诉大家该到倚庐去。第二天早上哭泣时,仍用麻束发,哀哭跺脚。第三天早上哭泣时,还用麻束发,哀哭跺脚。第三天就穿上全套丧服。第五天早上哭泣后,赞礼的人告诉他在灵堂的礼节已经完成。为母亲奔丧和为父亲奔丧不同的是:只在刚到家时用麻束发,其余都用麻布做成免式,直到礼节结束。其他的礼节都和为父亲奔丧相同。为齐衰以下的亲属奔丧,如果没能在入葬前赶到家,也要先到墓地去,面向西极尽哀哭,在墓的东面除冠用免,披麻戴孝,然后即位,和主人一起哀哭跺脚,再穿上衣服。如果有宾客来,主人就拜谢送别他们;如果有迟来的宾客,拜谢送别宾客的礼节与之前是一样的。赞礼的人宣告哭墓的礼节已经完成。于是奔丧者戴上帽子回家,从大门左边进入,站在庭中面向北极尽哀哭,再用布束发,袒露左臂,哀哭跺脚,走到东阶下就位,拜谢宾客然后哀哭跺脚,宾客离开,主人拜送。到第二天早上哭泣,用布束发,袒露左臂,哀哭跺脚。到第三天早上哭泣时,也是用麻束发,袒露左臂,哀哭跺脚。过了三天才成服,第五天早上哭泣后,赞礼的人宣告奔丧的礼节已经完成。

闻丧不得奔丧,哭尽哀;问故,又哭尽哀。乃为位,括发袒成踊,袭绖绞带即位,拜宾反位成踊。宾出,主人拜送于门外,反位;若有宾后至者,拜之成踊,送宾如初。

于又哭，括发袒成踊，于三哭，犹括发袒成踊，三日成服，于五哭，拜宾送宾如初。若除丧而后归，则之墓，哭成踊，东括发袒绖，拜宾成踊，送宾反位，又哭尽哀，遂除，于家不哭。主人之待之也，无变于服，与之哭，不踊。自齐衰以下，所以异者，免麻。

[译文]

听到父母去世而不能奔丧的礼节是：极尽哀痛哀哭，然后问使者死亡的原因，再极尽哀哭。因不能立即奔丧，于是在外面也叙列亲疏关系而哀哭，去冠并用麻束发，袒露左臂，哀哭跺脚，再穿上衣服，戴上首绖，系上用麻拧成的腰带，走上自己的位置逐一地拜谢宾客后再回到自己的位置哀哭跺脚。宾客离开，主人在门外拜送，然后回到自己的位置。如果有迟来的宾客，主人就先拜再哀哭跺脚，拜送宾客就像之前一样。第二天哭泣时，用麻束发，袒露左臂，哀哭跺脚。第三天哭泣时，也是用麻束发，袒露左臂，哀哭跺脚。三天后也就是第四天就成服了。第五天哭泣时，拜谢送别宾客就像之前一样。如果奔丧的人在家人已除丧后才归来，那就要到墓地去哀哭跺脚，在墓东即位，除冠，用麻束发，袒露左臂，戴上麻绖，再拜谢宾客哀哭跺脚，送走宾客后又返回原位，在此极尽哀哭，然后除去丧服，到家中后就不再哭泣了。丧主在接待归来奔丧者时，不必要求换成丧服，可以仍然穿除丧之后的服装，和奔丧者一起哀哭，但不跺脚。齐衰以下的亲属，在除丧后回来奔丧的礼节，大致相同，不同的是，可以免而麻绖，不必括发而袒。

第三十五　问丧

[题解]

郑玄《目录》曰："名曰《问丧》者，以其记善问居丧之所由也。此于《别录》属丧服。"篇中包括对服丧期间各种礼节意义的阐述，主张"丧礼主哀""悲哀在中，故形变于外"。

亲始死，鸡斯徒跣①，扱上衽②，交手哭。恻怛之心，痛疾之意，伤肾干肝焦肺③，水浆不入口，三日不举火，故邻里为之糜粥以饮食之。夫悲哀在中，故形变于外也；痛疾在心，故口不甘味，身不安美也。

[注释]

①鸡斯：当作"笄纚"。笄，固定发髻的簪子。纚，束发之帛。
②扱上衽：把深衣前幅下摆反束于腰带。
③伤肾干肝焦肺：郑玄认为举肾肝肺三者，也包括心脾，所以实指五脏。

[译文]

在父亲或母亲刚去世的时候，孝子要去冠，只留固定发髻的簪子与束发之帛,赤着脚,把深衣前幅下摆反束于腰带,两手交叉拊心而哭。悲惨的心情,伤痛的意念,使得肾脏受伤、肝脏干枯、肺脏焦灼,一点汤水也喝不下,家中三日不生火做饭,所以邻居煮点稀粥给他吃。心中有悲哀,所以外在的形貌产生变化;心中有痛疾,所以嘴里吃饭没有滋味,身上穿戴也不能舒适华美。

三日而殓,在床曰尸,在棺曰柩,动尸举柩,哭踊无数。恻怛之心,痛疾之意,悲哀志懑气盛,故袒而踊之,所以动体安心下气也。妇人不宜袒,故发胸击心爵踊①,殷殷田田②,如坏墙然③,悲哀痛疾之至也。故曰:"辟踊哭泣哀以送之④。送形而往,迎精而反也。"

〔注释〕

①发:敞开。爵:同"雀",像麻雀那样双脚齐跳。
②殷殷田田:象声词。
③如坏墙然:像墙崩倒的声音。
④辟:后来写作"擗",拊心。

〔译文〕

死后三天入殓,死人在床上叫作尸,放入棺材叫作柩,只要是移动尸、抬起柩,就有无数的哭泣跺脚。悲切的心情,痛苦的意念,悲哀得心中烦懑,血气郁积,所以就脱衣露臂,跺脚踊跳,这是为了活动身体,安定心情,减少郁积之气。妇女不适合袒衣露体,所以就敞开衣服,以手捶胸,像麻雀那样双脚一齐跳,殷殷田田,像墙崩倒的声音,这是悲伤哀痛到极点的表现。所以说:

"捶胸跺脚,痛哭流涕地来为死者送行。"送走死者的形骸,迎回他的精魂。

其送往也,望望然,汲汲然,如有追而弗及也^①;其反哭也,皇皇然若有求而弗得也^②。故其往送也如慕,其反也如疑。

〔注释〕

①望望然:瞻望的样子。汲汲然:急促的样子。
②皇皇然:彷徨不安的样子。

〔译文〕

在送葬的时候,瞻望着,心里很急促的样子,就像是在追赶死去的亲人而又追不上;葬毕归来的时候,彷徨不安的样子,就像是寻找亲人而又找不到。所以送葬时就像小孩想念父母那样急切地哭,葬后回来就像疑惑不安的样子。

求而无所得之也,入门而弗见也,上堂又弗见也,入室又弗见也。亡矣!丧矣!不可复见矣!故哭泣辟踊,尽哀而止矣。心怅焉、怆焉、惚焉、忾焉,心绝志悲而已矣。祭之宗庙,以鬼飨之,徼幸复反也。

〔译文〕

一路上寻找而没有找到,进了大门也看不到,登上厅堂也看不到，走进寝室也看不到。亲人真的走了！死去了！不能再相见了！所以痛哭流涕，捶胸跺脚，直到把心中的哀伤都发散出来才停止。心中仍是惆怅、凄怆、恍惚、叹息，心里绝望悲伤而已。到宗庙祭祀，把他们当作鬼神来祭飨，心存侥幸亲人的灵魂能返回。

成圹而归①，不敢入处室，居于倚庐，哀亲之在外也。寝苫枕块，哀亲之在土也。故哭泣无时，服勤三年②，思慕之心，孝子之志也，人情之实也。

〔注释〕

①圹（kuàng）：墓穴。
②勤：忧心劳虑。

〔译文〕

下葬后把墓穴填好再返回来，不敢进入自己的寝室，而住在倚庐中，这是因为哀伤死去的亲人在外面。睡在草垫上，以土块为枕，这是因为哀伤亲人在土地下。所以无时无刻不哭泣，为亲人忧心劳虑地服丧三年，这种思慕父母之心，是孝子的心意，是人的真情实感的流露。

或问曰："死三日而后殓者何也？"曰："孝子亲死，悲哀志懑，故匍匐而哭之，若将复生然，安可得夺而殓之也。故曰三日而后殓者，以俟其生也。三日而不生，亦不生矣,孝子之心亦益衰矣。家室之计,衣服之具,亦可以成矣。亲戚之远者,亦可以至矣。是故圣人为之断决,以三日为之礼制也。"

〔译文〕

有人问道:"死后三天才装殓入棺是为什么?"答道:"孝子的亲人去世,心中悲痛哀伤,满是忧懑,所以伏在尸身上痛哭,就好像亲人还会复活似的,怎么可以从他手里抢来装殓入棺呢?所以说三天之后装殓入棺,是为了满足孝子等待死者复活的心情。过了三天而没复活,也就不会复活了,孝子的心也就渐渐减弱了。家中治丧的计划,孝服的准备,也都完成了。在远方的亲属,也可以赶回来了。所以圣人裁定丧事,将死后三天入殓作为礼制。"

或问曰:"冠者不肉袒,何也?"曰:"冠,至尊也,不居肉袒之体也,故为之免以代之也。然则秃者不免,伛者不袒,跛者不踊,非不悲也,身有锢疾①,不可以备礼也。故曰:'丧礼唯哀为主矣。'女子哭泣悲哀,击胸伤心;男子哭泣悲哀,稽颡触地无容②,哀之至也。"

〔注释〕

①锢(gù)疾:锢,通"痼",指的是经久难治愈的病。
②无容:不顾体容。

〔译文〕

　　有人问道:"戴帽子的人不用袒露肢体,这是为什么?"答道:"帽子是最尊贵的配饰,不能戴在袒露肢体的人的头上,所以用布束发的免来代替。然而秃子就不用布束发,驼背的人就不袒衣,跛子就不踩脚,这并不是他们不悲哀,而是身体有经久不愈的病,不可能完成这些礼节。所以说:'丧礼是以哀伤为主的。'女子哭得悲伤哀切,捶胸击心;男子哭得悲伤哀切,以额触地而不顾体容,这都是悲哀到极点。"

　　或问曰:"杖者以何为也?"曰:"孝子丧亲,哭泣无数,服勤三年,身病体羸,以杖扶病也。则父在不敢杖矣,尊者在故也;堂上不杖,辟尊者之处也;堂上不趋,示不遽也。此孝子之志也,人情之实也,礼义之经也,非从天降也,非从地出也,人情而已矣。"

〔译文〕

　　有人问道:"丧杖是做什么用的?"答道:"孝子在父母死后,经常哭泣,服丧忧心劳虑三年,身体病弱,用丧杖来扶持病体。然而父亲健在就不敢拄丧杖,这是因为尊者尚在的缘故;在堂上不拄丧杖,这是为了避开尊者所处的地方;在堂上不快步走,这是为了显示不急促。这些都是孝子的意愿,是人们感情的真实流露,是礼义的常道。这些不是从天而降的,不是从地而出的,而是出于人之常情而已。"

第三十六　服问

〔题解〕

郑玄《目录》曰:"名曰《服问》者,以其善问以知有服,而遭丧所变易之节,此于《别录》属丧服也。"篇中记述了公子之妻、公子、诸侯及诸侯夫人等为不同身份的人服丧的时间、丧服的规定等,强调了服丧"有从轻而重""有从重而轻"的道理。

《传》曰"有从轻而重",公子之妻为其皇姑①;"有从重而轻",为妻之父母;"有从无服而有服",公子之妻为公子之外兄弟。"有从有服而无服",公子为其妻之父母。

〔注释〕

①皇姑:指国君的正室。

〔译文〕

《大传》说"有些情况本应服轻服,却要服重服",比如国君庶子的妻子要为国君的正室服重服;"有些情况本应服重服,却要服轻服",比如丈夫为妻子的父母服丧就比妻子轻;"有些情况本没有丧服,却要服丧",比如国君庶子的妻子要为丈夫的外兄弟服丧;"有些情况本有丧服,却不服丧",比如国君的庶子不为妻子的父母服丧。

三年之丧,既练矣,有期之丧,既葬矣,则带其故葛带①,绖期之绖,服其功衰。有大功之丧,亦如之。小功,无变也②。

〔注释〕

①带:丧服重的用麻带,轻的用葛带。三年之丧,到小祥以后,改麻带为葛带。

②无变:小功丧服轻,所以不变服。

〔译文〕

三年之丧,到了小祥以后,应改服轻服时,又遇到须服满一年的丧事,死者入葬后,就佩戴改服轻服后的葛带,戴期年之丧的首绖,穿大功的丧服。如果遇到的是大功之丧,也是如此。如果遇到的是小功之丧,那就不改服小功的丧服。

小功不易丧之练冠,如免,则绖其缌小功之绖,因其初葛带。缌之麻,不变小功之葛;小功之麻,不变大功之葛。以有本为税①。

〔注释〕

①有本:指大功以上之丧,其首绖和腰绖所用麻皆带有"根部",故曰

"有本"。税:变易。

〔译文〕

加服小功丧服的不必改换原来丧事已经及练的丧冠,如果遇到要去掉练冠而用布条束发时,应戴上缌麻或小功丧服的首绖,但仍用原来的葛带。缌麻丧服的麻带,不能替换小功的葛带;小功丧服的麻带,不能替换大功的葛带。因为只有带根的麻带才需要改换成轻服。

君为天子三年,夫人如外宗之为君也①。世子不为天子服。君所主:夫人、妻、大子嫡妇。大夫之嫡子为君、夫人、大子,如士服。

〔注释〕

①外宗:国君诸姑及姐妹之女。

〔译文〕

各国国君为天子服丧三年,各国国君的夫人就比照国君的外宗妇女为国君、为天子服丧的时间,而为天子服丧一年。国君的嫡长子不为天子服丧。国君只为正室夫人、妻、嫡长子的正室夫人主持丧事。大夫的嫡子为国君、国君的正室夫人、太子服丧,就如同士人为他们服丧一样。

凡见人无免绖,虽朝于君,无免绖。唯公门有税齐衰①。《传》曰:"君子不夺人之丧,亦不可夺丧也。"

《传》曰:"罪多而刑五,丧多而服五,上附下附列也②。"

[注释]

①税:脱。
②列:比照。

[译文]

凡是丧服在身的人,见人时无须除去首绖,即使是朝见国君,也不用除去首绖。只有穿着齐衰丧服的人经过公门时,才除去丧服。《传》说:"君子既不能剥夺别人丧痛的权利,也不能忘掉自己的丧亲之痛。"《传》说:"虽然罪行有许多种,但刑罚只有五种,虽然服丧对象有许多种,但丧服只有五种,有的向上靠,有的向下靠,所以刑罚和丧服也可以互相比照着判断其轻重。"

第三十七　间传

〔题解〕

郑玄《目录》曰："名曰《间传》者，以其记丧服之间轻重所宜，此于《别录》属丧服。"篇中记述了对斩衰、齐衰、大功、小功、缌麻五等丧服的服丧者在衣着、饮食、居处、言谈、举止等方面的具体规定，内容近似于《丧服小记》。

斩衰何以服苴①？苴，恶貌也，所以首其内而见诸外也。斩衰貌若苴，齐衰貌若枲②，大功貌若止，小功、缌麻容貌可也，此哀之发于容体者也。

〔注释〕

①苴(jū)：结籽的麻，颜色苍黑。斩衰用苴绖、苴带。
②枲(xǐ)：不结籽的麻，颜色较浅。

〔译文〕

斩衰丧服为什么要用苴麻做绖和带呢？因为苴麻的颜色苍黑，外表粗恶，佩戴苴麻是本于内心的悲痛而体现于外在。服斩衰的人面如苴麻的苍黑,服齐衰的人面如枲麻的黑色,服大功的人面色不为喜乐所动,只有服小功和缌麻的人才保持平常的面色,这是在容貌上表现哀痛的方式。

斩衰之哭,若往而不反;齐衰之哭,若往而反;大功之哭,三曲而偯①;小功缌麻,哀容可也。此哀之发于声音者也。

〔注释〕

①偯(yǐ):哭泣的余声长。

〔译文〕

服斩衰的人哭泣,好像一口气发出而收不回来;服齐衰的人哭泣,好像一口气发出还能收回来;服大功的人哭泣,声音转折几次还有余声;服小功或缌麻的人只要哭得有悲哀的样子就行。这是在声音上表现哀痛的方式。

斩衰,唯而不对;齐衰,对而不言;大功,言而不议;小功缌麻,议而不及乐。此哀之发于言语者也。

〔译文〕

服斩衰的人,只有"唯唯"地应答而不回答别人的问话;服齐衰的人,只回答别人的问话而不主动说话;服大功的人,可以主动说话但不去议论;服小功或缌麻的人,可以议论但不谈及享乐的事。这是在言语上表现哀痛的方式。

斩衰,三日不食;齐衰,二日不食;大功,三不食;小功缌麻,再不食;士与敛焉,则壹不食。故父母之丧,既殡食粥,朝一溢米①,莫一溢米;齐衰之丧,疏食水饮,不食菜果;大功之丧,不食醯酱②;小功缌麻,不饮醴酒。此哀之发于饮食者也。

〔注释〕

①溢:容量单位,二十四分之一升为溢。
②醯酱:指醋和酱。

〔译文〕

服斩衰的人,三天不吃东西;服齐衰的人,两天不吃东西;服大功的人,三顿不吃东西;服小功或缌麻的人,两顿不吃东西;士人参与入殓,那么也要一顿不吃东西。所以父母之丧,入殓以后才开始吃粥,早上用二十四分之一升的米煮粥,晚上也用二十四分之一升的米煮粥;齐衰之丧,可以吃些粗疏的食物和喝水,不吃蔬菜和果子;大功之丧,不能吃酱醋;小功缌麻,不能喝甜酒。这是在饮食上表现哀痛的方式。

父母之丧,居倚庐,寝苫枕块,不说绖带;齐衰之丧,居垩室,苄翦不纳①;大功之丧,寝有席,小功缌麻,床可也。此哀之发于居处者也。

〔注释〕

①苄(xià)剪不纳:把蒲席的边缘剪齐,而不反纳蒲草编边。苄,蒲萍,可制席。

〔译文〕

父母之丧,要住在殡棺门外倚墙搭起的棚屋里,睡在草垫上,以土块为枕,睡觉时也不脱下首绖和腰带;齐衰之丧,居住在没有以白泥粉刷的房子里,睡在边缘剪齐而不反纳蒲草编边的蒲席上;大功之丧,可以睡在平常用的席上;小功缌麻,可以睡在床上。这是在居处上表现哀痛的方式。

斩衰三升①,齐衰四升五升六升,大功七升八升九升,小功十升十一升十二升,缌麻十五升去其半②。有事其缕、无事其布曰缌③。此哀之发于衣服者也。

〔注释〕

①升:八十缕称为一升。布幅升数越多,布越精细。
②十五升去其半:用十五升布的缕,但抽去一半,只有七升半,所以缌布是细而稀疏的。
③事:指加工练治。

〔译文〕

斩衰用的布是三升,齐衰用的布有四升、五升、六升,大功用的布有七升、八升、九升,小功用的布有十升、十一升、十二升,缌麻用的布是十五升布的缕抽去一半而织成的细而稀疏的麻布。只练治其缕，而织成后不再加工的布叫作缌。这是在衣服上表现哀痛的方式。

齐衰之丧，既虞卒哭，遭大功之丧，麻葛兼服之。

〔译文〕

齐衰之丧，在虞祭、卒哭祭以后，又遇到大功之丧，那么男子腰带改成大功的麻带，首绖不变，妇人首绖改成大功的麻绖，腰带不变，所以有麻有葛。

第三十八　三年问

〔题解〕

郑玄《目录》曰:"三年问者,善其问以知丧服年月所由,此于《别录》属丧服。"儒家主张为父母等服丧三年,此篇从理论上对此加以论证,说明其合理性和社会意义。篇文采用问答的形式,内容多与《荀子·礼论》相合。此篇全译。

"三年之丧何也?"曰:"称情而立文①,因以饰群②,别亲疏贵贱之节,而不可损益也。故曰:'无易之道也。'创巨者其日久,痛甚者其愈迟,三年者,称情而立文,所以为至痛极也。斩衰苴杖,居倚庐,食粥,寝苫枕块,所以为至痛饰也。"

〔注释〕

①称:适宜。
②群:指亲戚。

〔译文〕

"守丧三年是根据什么制定的呢?"答道:"这是适宜内心哀

情而制定的礼文,以此来表明亲属之间的关系,区别亲疏贵贱的界限,因而是不可任意增加与减少的。所以说:'这是不能改变的原则。'创伤巨大的人,复原的日子就长;十分悲痛的人,愈合的时间就迟,所以对于要守丧三年的人,这是适宜内心哀情而制定的礼文,这是为极度哀痛而制定的。穿着用不缝边的粗麻布制成的衣服,拄着竹杖,住在简陋的棚屋里,吃着粥,睡在草垫上,把土块当作枕头,这是极度哀痛的表现。"

"三年之丧,二十五月而毕;哀痛未尽,思慕未忘,然而服以是断之者,岂不送死者有已,复生有节也哉?""凡生天地之间者,有血气之属,必有知,有知之属,莫不知爱其类。今是大鸟兽,则失丧其群匹,越月逾时焉,则必反巡,过其故乡,翔回焉,鸣号焉,蹢躅焉,踟蹰焉①,然后乃能去之。小者至于燕雀,犹有啁噍之顷焉②,然后乃能去之。故有血气之属者,莫知于人,故人于其亲也,至死不穷。将由夫患邪淫之人与,则彼朝死而夕忘之,然而从之,则是曾鸟兽之不若也,夫焉能相与群居而不乱乎?将由夫修饰之君子与,则三年之丧,二十五月而毕,若驷之过隙,然而遂之,则是无穷也。故先王焉为之立中制节,壹使足以成文理,则释之矣。"

〔注释〕

①蹢躅(zhízhú):徘徊不进。踟蹰(chíchú):缓行的样子。
②啁噍:拟声词,小鸟鸣叫的声音。

[译文]

问道:"守丧三年,二十五个月就结束了。虽然人们的哀痛还没有穷尽,对死者的思念还没有停止,然而丧服要在这个时候除掉,这难道不是祭奠死者有终止的时候,恢复正常的生活也有时间节点吗?"答曰:"凡是生在天地之间的,只要有血气就一定有知觉,有知觉的动物,没有不知道爱惜自己同类的。就说这大鸟大兽吧,如果失去同伴或死了配偶,过了一个月或过了一个季节,还是一定会返回查看,经过它曾经住过的地方时,盘旋着,鸣叫着,徘徊着,慢飞着,然后才肯离去。哪怕是很小的燕子、麻雀,也要鸣叫好久,然后才肯离去。有血气的动物中,没有比人更有知觉的,所以人对于自己的亲人,到死也不会忘记。如果依着那些邪恶放荡的人,那么他们早晨死了亲人,晚上就会忘记,如果顺从他们的意愿来规定制度,那么人就连鸟兽都不如了,怎么能够相互交流并在一起生活而不乱呢?如果依着那些有修养的君子,那么三年的丧期,实际上二十五个月就结束了,这就像快马穿过缝隙那样迅速,而要顺着他们的意愿,那么丧期就要无穷无尽了。所以先王根据这些情况折中地制定礼节,使大家全都可以做到合乎礼,让人们在二十五月时除丧。"

"然则何以至期也①?"曰:"至亲以期断②。""是何也?"曰:"天地则已易矣,四时则已变矣,其在天地之中者,莫不更始焉,以是象之也。""然则何以三年也?"曰:"加隆焉尔也,焉使倍之,故再期也。""由九月以下何也③?"曰:"焉使弗及也。故三年以为隆,缌小功以为杀,期九月以为间。上取象于天,下取法于地,中取则于人,人之所以群居和壹之理尽矣。故三年之丧,人道之至文者也④,夫是之谓至隆。是百王之所同,古今之所壹也,未有知其所由来者也。孔子曰:'子生三年,然后免于父母之怀。夫三年之丧,天下之达丧也。'"

〔注释〕

①期:周年。
②至亲:最亲近的亲人,指兄弟、祖孙、夫妻、父子等。
③九月以下:指大功、小功、缌麻的丧期有九月、五月、三月。
④文:完美。

〔译文〕

问道:"那么什么情况下服丧一年呢?"答道:"为最亲近的亲人服丧就在满一年时除丧。"又问:"为什么呢?"答道:"一年之中,天地运行已更换,春夏秋冬四季也已更换,天地间的万物没有不重新开始的,所以满一年除丧,这是一种象征。"问道:"那么为什么有的丧服要到第三年才期满呢?"答道:"这是为了更加隆重,于是使丧期延长一倍的时间,所以要二十五个月后再增加一年时间才可除丧。"问道:"为什么有九月以下的丧期呢?"答道:"因为有的亲属不算至亲,于是丧期也就不能比得上至亲的丧期。所以三年的丧期是很隆重的礼节,缌麻三月、小功五月是削减到最低的礼节,齐衰一年、大功九月是处于两者之间。丧期的规定是上取于天象,下取于地法,中取于人情,人类之所以可以群居生活而和睦团结的道理尽在于此了。所以守丧三年，这是人情中最完美的，也是最隆重的礼节。这是历代君王共同遵守，古今都一致的，没有人知道是从什么时候开始的。孔子说：'小孩生下来三年后，才能离开父母的怀抱。为父母守丧三年，这也是天下通行的丧制。'"

第三十九　深衣

〔题解〕

本篇以篇首"深衣"二字名篇。郑玄《目录》曰："名曰《深衣》者，以其记深衣之制也。深衣，连衣裳而纯之以采者，素纯曰长衣，有表则谓之中衣。大夫以上祭服中衣用素。《诗》云：'素衣朱襮。'《玉藻》曰：'以帛里布，非礼也。'士祭以朝服，中衣以布明矣。此于《别录》属制度。"篇中叙述了深衣的制作制度，重在阐述其意义，是了解古代深衣服制的重要文献。此篇全译。

古者深衣①，盖有制度，以应规、矩、绳、权、衡。

〔注释〕

①深衣：古代的一种服制，深衣的衣和裳相连缀，被体深邃，故谓之深衣。深衣是古代诸侯、大夫、士平时在家穿的衣服，也是庶人的礼服。

〔译文〕

古代的深衣，原有一定的制作制度，以符合规、矩、绳、权、衡五法。

短毋见肤,长毋被土。续衽①,钩边②。要缝半下③。袼之高下④,可以运肘。袂之长短⑤,反诎之及肘⑥。带下毋厌髀⑦,上毋厌胁⑧,当无骨者。

〔注释〕

①续衽(rèn):将衽连在裳两旁,使深衣上狭下宽。衽,裳两旁的布。续,连之。

②钩边:深衣腰部的宽度要收小。钩,约束。边,裳在腰部的两旁。

③要缝半下:腰宽是下摆的一半。

④袼(gē):袖与上衣在腋下的接缝。

⑤袂(mèi):衣袖。

⑥诎(qū):弯曲。

⑦厌(yā):掩盖。髀(bì):大腿。

⑧胁:肋骨。

〔译文〕

深衣短的不要在踝骨以上,长的不可垂地。将衽连在裳两旁,使深衣上狭下宽,深衣腰部的宽度要收小。腰宽是下摆的一半。袖与上衣在腋下的接缝的高低,必需可以使手肘运动自如。衣袖的长短,反折过来刚好到手肘。腰间的大带不能掩盖住大腿,也不能掩盖住肋骨,应该在人下腹无骨的地方。

制:十有二幅以应十有二月。袂圆以应规,曲袷如矩以应方①。负绳及踝以应直②,下齐如权衡以应平③。

故规者,行举手以为容。负绳抱方者,以直其政,方其义也。故《易》曰:"坤六二之动④,直以方也。"下齐如权衡者,以安志而平心也。五法已施⑤,故圣人服之。故规矩取其无私,绳取其直,权衡取其平,故先王贵之。故可以为文,可以为武,可以摈相,可以治军旅,完且弗费,善衣之次也⑥。

[注释]

①袷(jié):交叠于胸前的衣领。
②负绳:背缝。踝(huái):脚后跟。
③下齐:衣裳的下缉。
④坤:《周易》卦名。
⑤五法:指的是上文提到的规、矩、绳、权、衡。
⑥善衣:指朝、祭之服。

[译文]

深衣裁制的方式为:衣服上衣六幅、下衣六幅,共十二幅,以象征一年十二个月。圆形的衣袖象征圆规,方形的衣领象征方正。衣背的中缝到脚后跟象征正直,衣裳的下缉像称量物体的锤及秤杆,象征公平。之所以衣袖象征圆规,是因为我们交际中要以举手为仪容。背缝垂直而衣领正方,表示要为政正直,行为方正合理。所以《周易》中说:"坤卦六二爻变动趋于方正。"衣裳的下缉像称量物体的锤及秤杆,为了安定心志,平正内心。规、矩、绳、权、衡五个方面都已经施加在深衣上,所以圣人要穿着它。从规矩中取的是它的方正无私,从权衡中取的是它的正直,所以先王看重深衣。深衣可以作为文事的服装,可以作为武事的服装,可以作为做傧相时穿着的服装,也可以作为治理军队时穿着的服装,这种服装完整周密且花费不多,是仅次于祭服、朝服的好衣服。

具父母大父母①,衣纯以缋②;具父母,衣纯以青。如孤子,衣纯以素。纯袂、缘③、纯边,广各寸半。

〔注释〕

①大父母:祖父母。
②纯:衣服的镶边。缋(huì):画有五彩花纹的布帛。
③缘(xī):裳的下摆。

〔译文〕

如果是父母、祖父母都健在的人,深衣用画有五彩的花纹布帛镶边;如果只有父母健在,深衣用青色的布帛镶边。如果是没有父亲的孤儿,深衣用白色的布帛镶边。袖口的镶边、裳的下摆镶边、裳的镶边,宽度都是一寸半。

第四十　投壶

[题解]

本篇以篇首"投壶"二字名篇。郑玄《目录》曰:"名曰《投壶》者,以其记主人与客燕饮,讲论才艺之礼。此于《别录》属吉礼。"投壶起源于射礼,是我国古代宴会上的一种兼有礼仪和娱乐性的活动。本篇详细介绍了宾主行投壶礼时的各种规则和礼节,是研究投壶活动的重要文献。此篇全译。

投壶之礼①,主人奉矢,司射奉中②,使人执壶。主人请曰:"某有枉矢哨壶③,请以乐宾。"宾曰:"子有旨酒嘉肴,某既赐矣,又重以乐,敢辞。"主人曰:"枉矢哨壶,不足辞也,敢固以请。"宾曰:"某既赐矣,又重以乐,敢固辞。"主人曰:"枉矢哨壶,不足辞也,敢固以请。"宾曰:"某固辞不得命,敢不敬从。"宾再拜受,主人般还④,曰:"辟。"主人阼阶上拜送,宾般还,曰:"辟。"已拜,受矢,进即两楹间⑤,退反位,揖宾就筵。

[注释]

①投壶:古代宴饮中的一种礼节性的娱乐游戏。

②中:用来盛放计数竹筹的器物。

③枉:弯曲,不直。哨:不正的样子。此处为主人的谦辞。

④般还(pánxuán):移步转身,侧身背对拜者。

⑤两楹间:房屋正厅当中的两根柱子,这是房屋正中所在,是举行重大仪式的地方。

〔译文〕

　　投壶的礼节,主人捧着投壶用的矢,司射捧着用来盛放计数竹筹的中,又让人拿着壶。主人邀请宾客说:"我有不直的箭和不正的壶,请允许我用它来供宾客们娱乐。"宾客回答说:"您有美酒佳肴,我已经受到恩赐款待了,再加以娱乐,愧不敢当。"主人又说:"不直的箭与不正的壶,不值得推辞,我冒昧地坚持邀请。"宾客又答:"我已受到恩赐款待了,再加以娱乐,我还是不敢当。"主人再一次说:"不直的箭与不正的壶,不值得推辞,我还是冒昧地坚持邀请。"宾客答道:"我坚持推辞而得不到您的允许,怎敢不恭敬地服从呢?"于是宾客拜了两拜,主人移步转身,侧身背对拜者说:"避。"之后主人在堂上东阶处拜送箭,宾客移步转身,侧身背拜者,也说:"避。"拜毕,主人接受了箭,前进到两楹之间,然后再退还到原来的堂上主位,揖请宾客就席。

　　司射进度壶①,间以二矢半②,反位,设中,东面,执八筹兴③。请宾曰:"顺投为入④,比投不释⑤,胜饮不胜者,正爵既行⑥,请为胜者立马⑦,一马从二马⑧,三马既立,请庆多马⑨。"请主人亦如之。命弦者曰:"请奏《狸首》,间若一⑩。"大师曰:"诺。"

〔注释〕

①度壶:丈量放置壶的地方。
②间以二矢半:王念孙认为"间以二矢半"为衍文,今从而不译。
③筭(suàn):计算分数的筹码。
④顺投:箭有头尾,箭头先进入壶中为顺投。
⑤比投:为投壶之法,主客一人一次交替投,如果有一方不等对方就接连不断地投,则称比投。不释:不放筹码,即不计分。
⑥正爵:正礼之爵,即指"胜饮不胜者"的罚爵。
⑦马:指一种代表胜利的筹码,是马的形状,所以称之为马。
⑧一马从二马:据《释文》无此五字,今从而不译。
⑨请庆多马:如一方已得三马就算得胜,请酌酒庆贺,这是庆爵。
⑩间(jiān)若一:音乐节奏的间隔要前后如一。

〔译文〕

司射进至堂上丈量放置壶的地方,摆好壶后返回到西阶的位置上,把用来盛放计数竹筭的器物陈设好,面向东方,手拿着八个计算分数的筹码站着。司射告诉宾客们说:"箭头先进入壶中,就算是投入。主客一人一次交替投,如果有一方不等对方投完就接连不断地投,即使投中也不计分。胜者给不胜者喝罚酒,罚酒喝过后,为胜利的一方设立一个代表胜利筹码的马。如果一方已得三马就算得胜,请酌酒庆贺。"司射告诉主人的也是同样的话。司射又吩咐奏乐的人说:"请奏《狸首》乐曲,音乐节奏的间隔要前后如一。"乐官太师回答说:"是。"

左右告矢具①,请拾投②。有入者,则司射坐而释一筹焉。宾党于右,主党于左。

〔注释〕

①左右:投壶时主人坐在司射左边,宾客坐在司射右边,所以左右指主客两方。
②拾:交替、轮流。

〔译文〕

司射向左边的主人与右边的宾客报告箭已经准备好了,请双方开始轮流投壶。如果有投中的情况,司射就坐下放一个算筹在筹码筒里。表示宾客投入次数的算筹放在右边,表示主人投入次数的算筹放在左边。

卒投,司射执筹曰:"左右卒投,请数。二筹为纯,一纯以取①,一筹为奇②。"遂以奇筹告曰:"某贤于某若干纯。"奇则曰奇,钧则曰左右钧③。

〔注释〕

①纯:通"全",双。
②奇(jī):一枝。
③钧:相等。

〔译文〕

投壶结束,司射拿起剩余的算筹说:"主客双方都已投完,请求计算双方投入的次数。两个算筹称为一纯,一次拿一纯,只有一个算筹称为奇。"统计完毕,司射就拿着得胜一方多出的算筹报告说:"某方胜过某方多少纯。"如果超过的是单数就说"奇",如双方相等就说"钧"。

命酌曰:"请行觞。"酌者曰:"诺。"当饮者皆跪奉觞,曰:"赐灌。"胜者跪曰:"敬养。"

〔译文〕

司射让胜者一方斟酒时说:"请胜者一方为败者一方斟酒。"斟酒的一方说:"是。"败者一方都跪下捧着酒杯说:"承蒙赐饮。"胜者一方也跪下说:"敬以此酒奉养。"

正爵既行,请立马。马各直其筭。一马从二马,以庆。庆礼曰:"三马既备,请庆多马。"宾主皆曰:"诺。"正爵既行,请彻马。

〔译文〕

正礼罚酒完毕,司射请求为得胜一方立马。所立的马要放在原先放置的算筹的前面。如果轮番投三次后,一方三次都胜利便得三马,就可获得庆贺,如一方胜两次得两马,另一方胜一次得一马,就将一马并放在两马的旁边,凑足三马来庆贺。在行庆礼时,司射说:"三马已经具备,请为得马多的一方庆贺。"宾主双方都说:"是。"喝过庆贺酒,司射就请求撤马。

筭多少视其坐①。筹②,室中五扶③,堂上七扶,庭中九扶。筭长尺二寸。壶,颈修七寸,腹修五寸,口径二寸半;容斗五升。壶中实小豆焉,为其矢之跃而出也。壶去席二矢半。矢以柘若棘④,毋去其皮。

〔注释〕

①视其坐:根据座席上的人数。参加投壶的每人四矢,也就是四个算筹。

②筹:这里指矢。

③扶:一扶为四指的宽度,一指相当于古尺一寸,一扶相当于古尺四寸。

④柘(zhè):木名。棘:木名。

〔译文〕

算筹的多少要根据座席上参加投壶的人数而定,每人四矢。矢的长度,如在室中投壶用古尺二尺的矢,如在堂上投壶用古尺二尺八寸的矢,如在庭中投壶用古尺三尺六寸的矢。算筹的长度为古尺一尺二寸。投壶用的壶,颈长七寸,腹部高五寸,口径为二寸半,可容放一斗五升。壶中放入小豆,为的是防止矢投进壶后又重新跳出。壶放在离席二矢半远的距离。矢是用柘木或棘木制造的,而且不要刮掉树皮。

鲁令弟子辞曰①:"毋怃②,毋敖③,毋偝立④,毋逾言⑤。偝立逾言,有常爵⑥。"薛令弟子辞曰:"毋怃,毋敖,毋偝立,毋逾言;若是者浮⑦。"

〔注释〕

①弟子:司射。

②怃(hū):怠慢。

③敖:通"傲"。

④偝(bèi):不正面向,即背向。

⑤逾言:远距离与人谈话。

⑥常爵:按常礼罚酒。

⑦浮:罚酒之义。

〔译文〕

鲁国在投壶时,司射戒令主宾双方的年轻人说:"不要怠慢,不要傲慢,不要背转身站立,不要远距离与人交谈。背转身立着、远距离与人交谈,按常礼要罚酒。"薛国在投壶时,司射戒令主宾双方的年轻人说:"不要怠慢,不要傲慢,不要背转身站立,不要远距离与人交谈。若有这些行为就要罚酒。"

鼓:○□○○□□○○○□半○□○□○○○□□○○①,鲁鼓。○□○○○□□○○□□○○○□○半○□○○○□□○,薛鼓。取半以下为投壶礼,尽用之为射礼。

〔注释〕

①○:是击鼙的鼓点。□:是击鼓的鼓点。

272 | 礼 记

〔译文〕

投壶时击鼓的鼓谱：○□○○□□○□○□ 半 ○□○○○□□○□，这是鲁国击鼓的鼓谱。○□○○○□○□○○□○○□□○半○□○○○□□○，这是薛国击鼓的鼓谱。投壶礼用的是谱中一半以下的一段，全谱用于射礼。

司射、庭长及冠士立者①，皆属宾党。乐人及使者②、童子，皆属主党。

〔注释〕

①庭长：就是司正，监察饮酒者的仪容。
②使者：受主人遣使的人，如执壶的、设筵的等。

〔译文〕

司射、司正以及立于庭中观看投壶的成年人，他们都属于宾党。奏乐的人及受主人遣使的使者、未成年人，都属于主人一方。

鲁鼓：○□○○□□○○ 半 ○□○○□○○○□○□○。薛鼓：○□○○○□○□○○□□○○□半○□○□○○○○□□。

[译文]

　　鲁国的另一个鼓谱：○□○○□□○○半○□○○□○○○○□○□○。薛国的另一个鼓谱：○□○○○○□○□○○○□○□○○□○半○□○□○○○○□○。

第四十一　儒行

〔题解〕

郑玄《目录》曰:"名曰《儒行》者,以其记有道德者所行也。儒之言,优也,柔也。能安人,能服人。又儒者,濡也,以先王之道能濡其身。此于《别录》属通论。"本篇以孔子答鲁哀公问的形式,阐述了儒家的道德规范和行为准则。从儒服开始,逐一叙述儒者的十余种形貌作风,凸显了儒者的可敬可贵。此篇全译。

鲁哀公问于孔子曰:"夫子之服,其儒服与?"孔子对曰:"丘少居鲁,衣逢掖之衣①,长居宋,冠章甫之冠②。丘闻之也,君子之学也博,其服也乡。丘不知儒服。"

〔注释〕

①逢掖(yè):逢,宽大的。掖,袖子。
②章甫:古代一种礼帽,始于殷代。

〔译文〕

鲁哀公问孔子说:"先生穿的衣服,是儒者的服装吗?"孔子回答说:"我年少时候在鲁国居住,穿着袖子宽大的衣服,长大后在宋国居住,戴着始于殷代的章甫帽。我听说,君子的学问要是广博的,他的服饰也要入乡随俗。我不知道什么是儒服。"

哀公曰:"敢问儒行?"孔子对曰:"遽数之不能终其物①,悉数之乃留②,更仆未可终也③。"

〔注释〕

①遽(jù):急,匆忙。
②留:久留。
③更(gēng):更换。

〔译文〕

哀公问:"请问儒者的品行是什么?"孔子回答说:"匆忙地述说,说不完这些事,详细地述说,就得久留,恐怕频繁地更换仆人侍候也讲不完啊!"

哀公命席。孔子侍,曰:"儒有席上之珍以待聘,夙夜强学以待问,怀忠信以待举,力行以待取,其自立有如此者。"

〔译文〕

哀公命人摆设席位。孔子侍坐一旁,说:"儒者就像席上的珍宝以等待君主的聘请,早晚努力学习以等待别人的垂问,心怀忠信以等待别人的举荐,尽力而行以等待别人的取用,儒者的自立就是这样。"

儒有衣冠中,动作慎,其大让如慢,小让如伪,大则如威,小则如愧,其难进而易退也,粥粥若无能也①,其容貌有如此者。

〔注释〕

①粥粥(yù):柔弱、谦卑的样子。

〔译文〕

儒者所穿戴的衣冠适中,动作举止谨慎,对大事推让有如傲慢,对小事谦让有如虚伪,做大事时多次考虑有如畏惧,做小事时小心谨慎有如惭愧,他们难以进取而容易退让,柔弱谦卑的样子看起来像无能之辈,儒者的容貌就是这样。

儒有居处齐难①,其坐起恭敬,言必先信,行必中正,道涂不争险易之利②,冬夏不争阴阳之和③,爱其死以有待也,养其身以有为也。其备豫有如此者④。

〔注释〕

①齐难:庄敬。难,通"戁"。
②涂:道路。
③阴阳之和:冬温夏凉是阴阳之和处。
④备豫:事先准备。

〔译文〕

儒者平日的起居是端庄肃静的,他们的坐起站立是恭敬的,说话必须以信用为先,行为一定中正不偏颇,行走在道路上不与人计较艰险或坦易,冬天夏天不与人计较温暖或凉爽,爱惜生命以等待发挥作用的机会,保养身体以希望有所作为。儒者的事先准备就是这样。

儒有不宝金玉,而忠信以为宝;不祈土地,立义以为土地;不祈多积①,多文以为富。难得而易禄也②,易禄而难畜也,非时不见,不亦难得乎?非义不合,不亦难畜乎?先劳而后禄,不亦易禄乎?其近人有如此者。

〔注释〕

①积:积聚财物。
②易禄:轻视高官厚禄。

〔译文〕

儒者不以金玉为宝,而是以忠信为宝;不祈求占有土地,而是以仁义作为安身立命的土地;不祈求多多地积聚财物,以渊博的知识为富有。儒者难以获得,却轻视俸禄,轻视俸禄,却难以蓄养。儒者在时机不当时就不会见人,这不是难以获得吗?若与对方的道义观念不合,就不会合作,这难道不是难以蓄养吗?先效劳而后接受俸禄,这难道不是轻视俸禄吗?儒者与人交往就是这样。

儒有委之以货财,淹之以乐好①,见利不亏其义;劫之以众②,沮之以兵③,见死不更其守;鸷虫攫搏不程勇者④,引重鼎不程其力;往者不悔,来者不豫;过言不再,流言不极;不断其威,不习其谋。其特立有如此者。

〔注释〕

①淹:淹没。

②劫:威胁。

③沮(jǔ):恐惧。兵:武器。

④鸷虫:凶猛的鸟兽。攫搏:鸟兽以爪翅猎物。程:衡量。

〔译文〕

儒者,给他钱财物品,用玩乐嗜好淹没他,他也不会因为见到了利益而亏损道义;用兵众去威胁他,用武器去恐吓他,儒者在死亡面前也不会改变操守;遇到凶猛的鸟兽攻击就与之搏斗,不计较自己的勇武够不够;遇到需要牵举重鼎的事就去做,不计较自己的力量够不够;对于过去的事不再追悔,对于未来的事不加犹豫;说过的错话不会再说,流言蜚语不会刨根问底;不断地维持着威严,从不学习权术谋略。儒者立身独特就是这样。

儒有可亲而不可劫也;可近而不可迫也;可杀而不可辱也。其居处不淫,其饮食不溽①;其过失可微辨而不可面数也。其刚毅有如此者。

〔注释〕

①溽(rù):丰厚。

〔译文〕

儒者可以亲近但不可以劫掠,可以接近但不可以胁迫,可以杀掉但不可以侮辱。儒者居住的地方不奢靡,饮食不丰厚,他有了过错,别人可以委婉地指出,但不可以当面数落。儒者的刚强坚毅就是这样。

儒有忠信以为甲胄①,礼义以为干橹②;戴仁而行,抱义而处,虽有暴政,不更其所。其自立有如此者。

〔注释〕

①甲胄(zhòu):铠甲和头盔,是古代将士的防护装备。
②干橹(lǔ):小盾与大盾,亦是防护装备。

〔译文〕

儒者把忠信当作铠甲与头盔,把礼义当作小盾与大盾;崇尚仁而行动,坚守义而居处,即使遇到暴虐的政治,也不改变自己的坚守。儒者的自立就是这样。

儒有一亩之宫①,环堵之室②,筚门圭窬③,蓬户瓮牖④。易衣而出,并日而食,上答之不敢以疑,上不答不敢以谄。其仕有如此者。

〔注释〕

①宫:墙垣。

②环堵:房子的四周环着每面一方丈的土墙,形容狭小、简陋的居室。室:房间。

③筚(bì)门:用竹枝树枝编成的院门。圭窬(yú):通往后院的旁门,上锐下方,形如圭。

④瓮牖(wèngyǒu):用破瓮做窗户。瓮,一种陶器。牖,窗户。

〔译文〕

儒者住着一亩地的宅院,住着狭小的房子,院门是用竹木的枝条编成的,旁门形状如圭,用蓬草做户门,用破瓮做窗户。通常只有一件像样的衣服,出门才换上这件衣服,两天只吃一天的饭,国君答应采纳他的建议,就不再产生怀疑和贰心;国君不答应采纳他的建议,就不再谄媚。儒者出仕为官就是这样。

儒有今人与居,古人与稽①;今世行之,后世以为楷;适弗逢世,上弗援,下弗推,谗谄之民,有比党而危之者,身可危也,而志不可夺也;虽危起居,竟信其志②,犹将不忘百姓之病也。其忧思有如此者。

〔注释〕

①稽(jī):相合。

②信:通"伸"。

〔译文〕

　　儒者虽然与今人一起居住,但却与古人意气相投;今世的行为,后世人可以把他们作为楷模;如果生不逢时,在上位者不提拔,在下位者不推举,进谗言谄媚的人又相互勾结而危害他,那么即使儒者的身体可以被害,他的志向也不能被夺取而改变;即使危及他的日常生活,他也终将伸展自己的志向,始终不会忘记百姓的疾苦。儒者的忧国忧民的情怀就是这样。

　　儒有博学而不穷,笃行而不倦;幽居而不淫,上通而不困;礼之以和为贵,忠信之美;优游之法,举贤而容众,毁方而瓦合①。其宽裕有如此者。

〔注释〕

　　①瓦合:毁去棱角,与瓦砾相合。比喻儒者屈己而从众。

〔译文〕

　　儒者有广博的学识仍不停止学习,专心实行仍不倦怠;隐居独处时不会淫乱,通达于君上时不会困窘;遵循以和为贵的礼仪,以忠信为美德,以和柔为规范;推举贤德的人又能包容一般的人,就像毁去棱角与瓦砾相合一样屈己而从众。儒者的宽容大度就是这样。

　　儒有内称不辟亲,外举不辟怨,程功积事①,推贤而进达之,不望其报;君得其志,苟利国家,不求富贵。其举贤援能有如此者。

〔注释〕

①程:这里做动词,度量,衡量。

〔译文〕

儒者对内推举贤才,不避讳有亲属关系的人,对外推举贤才,不避讳有仇怨的人,他们度量功绩,累积事实,推举贤才而进荐仕宦,不盼望对方的回报;只希望国君可以实现获得贤才以为辅佐的心愿,但求对国家有利,不求个人富贵。儒者推贤举能就是这样。

儒有闻善以相告也,见善以相示也;爵位相先也,患难相死也;久相待也,远相致也。其任举有如此者。

〔译文〕

儒者听到美善之言就转告给别人,见到好的事情就指示给他人;在爵位面前互相谦让,在患难面前争相效死;友人长期不得志,就等待着他升迁,友人在远处不得志,就想方设法招致。儒者委任举荐就是这样。

儒有澡身而浴德①,陈言而伏,静而正之,上弗知也,粗而翘之②,又不急为也;不临深而为高③,不加少而为多;世治不轻,世乱不沮;同弗与,异弗非也。其特立独行有如此者。

〔注释〕

①澡身:澡洁身体,比喻洁身自好。浴德:沐浴于德,比喻以道德自律。
②翘(qiáo):启发。
③深:喻地位低下的人。

〔译文〕

儒者洁身自好而以道德自洁,陈述自己的意见而伏听君命,安静而忠正,国君不理解的时候,他略微地加以启发,又不操之过急;在地位低下的人面前,不自以为高贵,在功绩少的人面前,不自以为功绩多;国家政治修明时,不轻视自己,国家混乱不安时,不荒废自己;与自己见解相同的人,不结党营私,与自己见解不同的人,不妄加非议。儒者的特立独行就是这样。

儒有上不臣天子,下不事诸侯;慎静而尚宽,强毅以与人,博学以知服;近文章砥厉廉隅①;虽分国如锱铢②,不臣不仕。其规为有如此者。

〔注释〕

①砥(dǐ)厉:磨砺。廉隅(yú):棱角,指端正的品行。
②锱铢(zīzhū):古代的重量单位,以此形容微小的意思。

〔译文〕

　　有的儒者上不为天子的臣,下不侍奉诸侯;谨慎沉静而崇尚宽和,坚强刚毅又善与人交,学识渊博又能知所当行;接近文章典籍,磨砺自己,端正品行;即使把国土分给他,在他看来也不过如锱铢一般微小,不愿意臣属,不愿意出仕。儒者规范自己的行为就是这样。

　　儒有合志同方,营道同术;并立则乐,相下不厌;久不相见,闻流言不信;其行本方立义,同而进,不同而退。其交友有如此者。

〔译文〕

　　儒者有志同道合、品行相近的友人;与友人地位相当会很高兴,地位有差距也不厌烦;与友人长期不相见,听到关于对方的流言蜚语,从不相信;一切行为要本于方正,建立在道义之上,大家志向相同就进一步交往,志向不同就退避疏远。儒者的交友就是这样。

　　温良者,仁之本也;敬慎者,仁之地也;宽裕者,仁之作也;孙接者,仁之能也;礼节者,仁之貌也;言谈者,仁之文也;歌乐者,仁之和也;分散者,仁之施也;儒者兼此而有之,犹且不敢言仁也。其尊让有如此者。

〔译文〕

　　温和善良的品质是仁的根本;恭敬谨慎是仁的本质;宽大包容是仁的起点;谦逊待人接物是仁的能力;礼节是仁的外表;说话谈吐是仁的文采;唱歌奏乐是仁的和谐;分散钱财、赈济贫穷是仁的施与;儒者同时具有这几种美德,尚且不敢说自己已做到了仁。儒者的尊敬谦让就是这样。

　　儒有不陨获于贫贱①,不充诎于富贵②,不慁君王③,不累长上④,不闵有司⑤,故曰儒。今众人之命儒也妄,常以儒相诟病。

〔注释〕

　　①陨(yǔn)获:陨,坠落。获,凋谢。以此表现丧失志气的样子。
　　②充诎(qū):得意忘形而失去操守的样子。
　　③慁(hùn):辱。
　　④累:负累。
　　⑤闵(mǐn):病,患害,这里指刁难的意思。

〔译文〕

　　儒者不会因为贫贱而丧失志气,不会因为富贵享乐得意忘形而失去操守,不会因为君主的困辱、上级的负累、官吏的刁难而背弃道德,所以叫作儒。现在众人对儒的看法是不正确的,常常对儒妄加非议。

孔子至舍,哀公馆之。闻此言也,言加信,行加义,"终没吾世,不敢以儒为戏。"

〔译文〕

孔子回到鲁国居住,鲁哀公用公馆招待他。听了以上的话后,说话更加讲信用,行为更加符合道义,鲁哀公说:"我这一生,不敢拿儒者开玩笑了。"

第四十二　大学

[题解]

本篇以篇首"大学"二字名篇。郑玄《目录》曰:"名曰《大学》者,以其记博学,可以为政也。此于《别录》属通论。"旧说作者为孔子弟子曾参,近代多认为此是秦汉之际儒生的作品。全文有一千七百余字,提出了"明明德""亲民""止于至善"三个纲领,以及"格物""致知""诚意""正心""修身""齐家""治国""平天下"八个条目,要在论述儒家修身治国平天下的思想。朱熹将它和《中庸》《论语》《孟子》合为"四书",成为宋元以后科举考试的必读书目,影响深远。此篇全译。

大学之道,在明明德,在亲民,在止于至善。知止而后有定,定而后能静,静而后能安,安而后能虑,虑而后能得。物有本末,事有终始,知所先后,则近道矣。

古之欲明明德于天下者,先治其国;欲治其国者,先齐其家;欲齐其家者,先修其身;欲修其身者,先正其心;欲正其心者,先诚其意;欲诚其意者,先致其知,致知在格物。物格而后知至,知至而后意诚,意诚而后心正,心正而后身修,身修而后家齐,家齐而后国治,国治而后天下平。

自天子以至于庶人,壹是皆以修身为本。其本乱而末治者否矣。其所厚者薄,而其所薄者厚,未之有也!此谓知本,此谓知之至也。

所谓诚其意者,毋自欺也。如恶恶臭,如好好色,此之谓自慊①。故君子必慎其独也!小人闲居为不善,无所不至,见君子而后厌然,掩其不善,而著其善。人之视己,如见其肺肝然,则何益矣!此谓诚于中,形于外,故君子必慎其独也。曾子曰:"十目所视,十手所指,其严乎!"富润屋,德润身,心广体胖,故君子必诚其意。

《诗》云:"瞻彼淇澳,菉竹猗猗。有斐君子,如切如磋,如琢如磨。瑟兮僩兮②,赫兮喧兮③。有斐君子,终不可谖兮!""如切如磋"者,道学也;"如琢如磨"者,自修也;"瑟兮僩兮"者,恂栗也④;"赫兮喧兮"者,威仪也;"有斐君子,终不可谖兮"者,道盛德至善,民之不能忘也。《诗》云:"於戏前王不忘⑤!"君子贤其贤而亲其亲,小人乐其乐而利其利,此以没世不忘也。《康诰》曰:"克明德。"《太甲》曰:"顾諟天之明命⑥。"《帝典》曰:"克明峻德。"皆自明也。汤之《盘铭》曰:"苟日新,日日新,又日新。"《康诰》曰:"作新民。"《诗》曰:"周虽旧邦,其命惟新。"是故君子无所不用其极。《诗》云:"邦畿千里,惟民所止。"《诗》云:"缗蛮黄鸟⑦,止于丘隅。"

子曰:"于止,知其所止,可以人而不如鸟乎?"《诗》云:"穆穆文王,於缉熙敬止⑧!"为人君,止于仁;为人臣,止于敬;为人子,止于孝;为人父,止于慈;与国人交,止于信。子曰:"听讼,吾犹人也,必也使无讼乎!"无情者不得尽其辞,大畏民志,此谓知本。

所谓修身在正其心者:身有所忿懥⑨,则不得其正;有所恐惧,则不得其正;有所好乐,则不得其正;有所忧患,则不得其正。心不在焉,视而不见,听而不闻,食而不知其味。此谓修身在正其心。

所谓齐其家在修其身者:人之其所亲爱而辟焉,之其所贱恶而辟焉,之其所畏敬而辟焉,之其所哀矜而辟焉,之其所敖惰而辟焉⑩。故好而知其恶,恶而知其美者,天下鲜矣!故谚有之曰:"人莫知其子之恶,莫知其苗之硕。"此谓身不修不可以齐其家。

所谓治国必先齐其家者,其家不可教而能教人者,无之。故君子不出家而成教于国:孝者,所以事君也;弟者,所以事长也;慈者,所以使众也。《康诰》曰:"如保赤子。"心诚求之,虽不中不远矣。未有学养子而后嫁者也!一家仁,一国兴仁;一家让,一国兴让;一人贪戾,一国作乱。其机如此。此谓一言偾事⑪,一人定国。尧、舜率天下以仁,而民从之;桀、纣率天下以暴,而民从之。其所令反其所好,而民不从。是故君子有诸己而后求诸人,无诸己而后非诸人。所藏乎身不恕,而能喻诸人者,未之有也。故治国在齐其家。《诗》云:"桃之夭夭,其叶蓁蓁;之子于归,宜其家人。"宜其家人,而后可以教国人。《诗》云:"宜兄宜弟。"宜兄宜弟,而后可以教国人。《诗》云:"其仪不忒,正是四国。"其为父子兄弟足法,而后民法之也。此谓治国在齐其家。

所谓平天下在治其国者:上老老而民兴孝,上长长而民兴弟,上恤孤而民不倍。是以君子有絜矩之道也⑫。所恶于上,毋以使下;所恶于下,毋以事上;所恶于前,毋以先后;所恶于后,毋以从前;所恶于右,毋以交于左;所恶于左,毋以交于右。此之谓絜矩之道。《诗》云:"乐只君子,民之父母。"民之所好好之,民之所恶恶之,此之谓民之父母。《诗》云:"节彼南山,维石岩岩。赫赫师尹,民具尔瞻。"有国者不可以不慎,辟则为天下僇矣。《诗》云:"殷之未丧师,克配上帝。仪监于殷,峻命不易。"道得众则得国,失众则失国。

是故君子先慎乎德。有德此有人,有人此有土,有土此有财,有财此有用。德者本也,财者末也,外本内末,争民施夺。是故财聚则民散,财散则民聚。是故言悖而出者,亦悖而入;货悖而入者,亦悖而出。《康诰》曰:"惟命不于常!"道善则得之,不善则失之矣。《楚书》曰:"楚国无以为宝,惟善以为宝。"舅犯曰⑬:"亡人无以为宝,仁亲以为宝。"

《秦誓》曰:"若有一介臣,断断兮无他技,其心休休焉,其如有容焉。人之有技,若己有之;人之彦圣⑭,其心好之,不啻若自其口出,实能容之。以能保我子孙黎民,尚亦有利哉! 人之有技,媢嫉以恶之;人之彦圣,而违之,俾不通,实不能容。以不能保我子孙黎民,亦曰殆哉!"唯仁人放流之,迸诸四夷,不与同中国,此谓唯仁人为能爱人,能恶人。见贤而不能举,举而不能先,命也⑮;见不善而不能退,退而不能远,过也。好人之所恶,恶人之所好,是谓拂人之性,灾必逮夫身。是故君子有大道,必忠信以得之,骄泰以失之。

　　生财有大道。生之者众,食之者寡,为之者疾,用之者舒,则财恒足矣。仁者以财发身,不仁者以身发财。未有上好仁而下不好义者也,未有好义其事不终者也,未有府库财非其财者也。孟献子曰:"畜马乘,不察于鸡豚;伐冰之家,不畜牛羊;百乘之家,不畜聚敛之臣。与其有聚敛之臣,宁有盗臣。"此谓国不以利为利,以义为利也。长国家而务财用者,必自小人矣。彼为善之,小人之使为国家,灾害并至。虽有善者,亦无如之何矣!此谓国不以利为利,以义为利也。

[注释]

① 慊(qiè):满足,满意。
② 瑟:矜持端庄的样子。僴(xiàn):勇壮威武的样子。
③ 喧:显赫盛大。

④恂(xún)栗:畏惧害怕。
⑤於戏(wūhū):同"呜呼",感叹词。
⑥顾諟(shì):指敬奉、禀顺天命。
⑦缗(mián)蛮:绵蛮,鸟鸣声。
⑧缉熙:光明。敬止:恭敬。
⑨忿懥(zhì):怨恨,发怒。
⑩敖惰:轻视,傲慢怠惰。
⑪偾(fèn)事:败事。
⑫絜(xié)矩:指道德规范。絜,度量。矩,画方形的用具。
⑬舅犯:狐偃,字子犯,晋文公重耳的舅舅,随同重耳避骊姬之祸而流亡在外。
⑭彦圣:善美明达。
⑮命:郑玄认为此命当为"慢",因声而误作命。

[译文]

　　大学的宗旨,在于彰明人们光明的品德,在于教育人们亲爱民众,在于使人们达到至善的境界。明确了目标才能确定志向,确定了志向才能内心澄净,内心澄净才能安心专神,安心专神才能考虑周详,考虑周详才能有所成就。万物皆有本末,万事皆有始终,知道了做事的先后,才能够接近大道。

　　古代想要彰明天下人明德的人,就先要治理好自己的国家;想要治理好国家,就先要管理好自己的家庭;想要管理好家庭,就先要修养自身;想要修养自身,就先要端正内心;想要端正内心,就先要使自己意念真诚;想要意念真诚,就先要获得知识。获得知识的方法在于推究事物的道理。推究事物的道理才能够获得知识,获得知识才能使自己的意念真诚,意念真诚才能够端正内心，端正内心才能提升修养，提升修养才能管理好家庭，管理好家庭才能治理好国家，治理好国家才能够使天下太平。

从天子到庶民，一律要以修身作为根本。根本乱了却能够治理好末业是不可能的。该用力的地方却没有用力，不该用力的地方却大费力气，如此而成功的事是没有的。这就叫知道根本，这就叫知的极致。

所谓意念真诚，就是不要自己欺骗自己。厌恶什么，就要像讨厌难闻的气味一样，喜欢什么，就要像喜欢美女一样，不加掩饰地表现出来，这就叫作自我满足。所以，君子一定会谨慎地对待独处这件事。小人独处时做不好的事，无恶不作，看到了君子后就遮遮掩掩，掩盖他做的坏事，炫耀他做的好事。可这在他人眼中，就像是看到了他的五脏六腑一样清楚，那么这样做又有什么好处呢？这就叫作内心有什么恶念，就一定会表现在行为上，所以君子一定谨慎地独处。曾子说："独处的时候，就好像十双眼睛在看着你，十双手在指着你，多么令人敬畏啊！"财富能够装点门庭，德行能够滋养身心，使人心胸宽广，身体舒泰，所以，君子一定要意念真诚。

《诗经》说："看那淇水岸边，菉竹葱郁。有位文采倜傥的君子，仿佛切磋过的象牙，仿佛琢磨过的美玉。端庄又威武，显赫又盛大。文采倜傥的君子，让人始终难忘。""如切如磋"是说君子致力于学；"如琢如磨"是说君子自我修养。"瑟兮倜兮"是说君子恭谨敬慎；"赫兮喧兮"是说君子仪表威严；"有斐君子，终不可谖兮"是说君子德行的至善至美，令人难忘。《诗经》说："呜呼！先王的美德令人难忘！"君子是因为尊敬贤人又亲近亲人，小人是因为享受先王们创造的安乐局面和利益实惠，所以，他们都对先王念念不忘。《康诰》说:"文王能彰明德行。"《太甲》说:"你要敬奉上天赋予你的光明德行。"《尧典》说:"帝尧能够彰明高尚的道德。"说的都是要彰明自己的品德。商汤《盘铭》说:"如能一日自新,就能日日自新,不间断地自新。"《康诰》说:"要重作新人。"《诗经》说:"周虽是旧的邦国,但它的使命在于革新。"所以君子致力于革新,极尽能事。《诗经》说:"天子辖地千里,这是人民居住的地方。"《诗经》又说:"黄鸟发出了绵蛮的叫声,落在了山丘的一角。"孔子说:"关于止息,鸟儿尚且知道该停留在哪里,难道人还不如鸟吗?"《诗经》说:"容仪谨敬的文王啊!光明又恭敬。"做国君的,要居心于仁爱;做臣子的,要居心于恭敬;做子女的,要居心于孝顺;做父亲的,要居心于慈爱;与国人交往,要居心于诚信。孔子说:"审理诉讼,我和别人差不多,若有不同的地方,那就是我希望一定要使诉讼不再发生啊!"孔子想要让无理的一方不强词狡辩,大服民心,这称得上是知道事物的根本了。

所谓修养好自身首先在于端正内心,意思是说:若自身怨愤,内心就不能端正;自身恐惧,内心就不能端正;自身有好恶,内心就不能端正;自身忧患,内心就不能端正。心不在焉就会看不到,听不见,吃东西不知道滋味。这说的就是修身要端正内心的道理。

所谓管理好家庭首先在于修养自身,意思是说:若不能修养好自身,就对自己所亲爱的人会过分地偏爱,对自己所厌恶的人会过分地厌恶,对自己所敬畏的人会过分地敬畏,对自己所怜悯的人会过分地怜悯,对自己所轻视的人会过分地轻视。所以,喜爱一个人却也能看到他的缺点,厌恶一个人却也能看到他的优点,这样的事是很少见的。所以有句谚语说:"没有人知道自己子女的过错,没有人认为自家的禾苗长得足够壮硕。"这说的就是不修养好自身就不能管理好家庭的道理。

所谓治理好国家首先要管理好家庭,意思是说:不能管理好家庭却能教育好别人,这是没有的事。所以说君子不出家门就能教化天下。对父母的孝心可以用来侍奉国君,敬重兄长的感情可以用来侍奉长官,对子女的慈爱之情可以用来对待人民。《康诰》说:"爱护人民要像爱护婴儿一样。"只要用心去做,即使不能完全做到,但也差不多了。没有先学会如何养育孩子再出嫁的。国君一家人都仁爱,整个国家就会兴起仁爱之风;国君一家人都谦让,整个国家就会兴起谦让之风;国君一人贪婪暴戾,整个国家的人都会违法作乱。事情的关键就在于此。这就叫一句话就可以败坏大事,一个人就能够安邦定国。尧、舜用仁政统率天下,人民也随之宽仁,桀、纣用暴政统率天下,人民也随之残暴,国君的号令若与自身的喜好相反,人民便不会依从。所以,国君要先有好的品德才能要求别人也有好的品德,要自己先没有错误才能要求别人不犯错。倘若自身没有推己及人的恕的品德,却想要晓喻别人让别人做到,这是不可能的。所以,治理好国家首先要管理好家庭。《诗经》说:"桃花少壮,叶子茂盛。这个女孩子出嫁了,一定会使夫家和谐。"家庭和谐才能够教化人民。《诗经》说:"使兄弟和睦。"兄弟和睦才能够教化人民。《诗经》说:"他的仪容没有差错,才能够成为四方效仿的榜样。"国君作为父亲、儿子、哥哥、弟弟,都是足以效仿的榜样,这样才能够让人民效仿他。这说的就是治理国家先要管理好家庭的道理。

所谓平治天下首先要治理好国家，意思是说：在上者尊重老人，人民就会崇尚孝道；在上者尊重长者，人民就会崇尚尊长；在上者体恤孤儿，人民就不会背弃孤幼。所以，君子有一定的道德行为规范。自己所厌恶的上级的作为，就不要施用于下级；自己所厌恶的下级的作为，就不要施用于上级；自己所厌恶的前人的作为，就不要施用于后人；自己所厌恶的后人的作为，就不要施用于前人；自己所厌恶的右边人的作为，就不要施用于左边的人；自己所厌恶的左边人的作为，就不要施用于右边的人。这就是君子的道德行为规范。《诗经》说："快乐的君子啊，他是人民的父母。"人民喜欢什么，他就喜欢什么，人民厌恶什么，他就厌恶什么，这就叫民之父母。《诗经》说："巍峨的南山啊，山石高大。显赫的太师啊，万民都在看着你。"治理国家的人不可以不慎重，邪僻失当就会遭到天下人伐戮。《诗经》说："殷商尚未丧失民心时，上天还保佑它。我们要借鉴商亡的教训，上天才能永远地保佑我们。"说的就是得民心者得天下，失民心者失天下的道理。

所以君子首先要谨慎地对待德行。有了德行才有人民，有了人民才有国土，有了国土才有财富，有了财富才有用度。德行是根本，财富是末业，如果轻视根本而重视末业，就会争民之财，横加掠夺。所以，国君聚敛财富，人民就会背离，国君布财惠民，人民就会聚集亲附。所以，悖逆之言脱口而出，也会有悖逆之言传回耳朵；财富不从正道获得，也会不从正道散出。《康诰》说："天命并不总是庇佑某些人。"行善道就能获得天命，不行善道就会失去天命。《楚书》说："楚国没有什么宝物，只把善当作宝物。"舅犯说："逃亡的人没有什么宝物，只把仁孝视为珍宝。"

《秦誓》说:"假如有一位大臣,忠信却无特长,心地宽厚,有容人之量。别人有技能长处,就好像他自己也有了;别人善美明达,他由衷地赞美,不光是口头上称道,还能够推荐任用,这便是真能容人。而任用这样的大臣就可以保育我们的子孙人民,也会给国家带来好处!倘若别人有技能长处,他就嫉妒憎恨;别人善美明达,他就压制阻挠,使其不能被国君知晓,这就是不能容人。而任用这样的大臣就不能够保育我们的子孙人民,也会给国家带来危险!"只有仁德的国君才会将这样的人放逐,将其驱逐到四夷蛮荒之地,不让他们一同居住在中原,这就叫作只有圣人能够做到爱护好人,排斥恶人。看到了贤人却不能举荐,举荐了却不能率先任用,这就是怠慢;看到了不好的人却不能黜退,黜退了却不能驱逐到远方,这就是过错。喜欢别人厌恶的东西,厌恶别人喜欢的东西,这就叫作忤逆人性,灾祸一定会随之降临。所以,君子有治国的大道,一定要通过忠信来获取,而骄纵泰奢就会失去它。

　　增加财富是有规律原则的。创造财富的人多,消耗财富的人少,创造财富的速度快,消耗财富的速度慢,那么财富就一定长久的充足。仁德的人利用财富来提升自身,不仁德的人损耗自身来积累财富。没有在上者崇尚仁德而在下者不崇尚仁义的,没有崇尚仁义事情却办不成功的,没有人民好德而府库里的钱财却不归属国家的。孟献子曰:"蓄积车马的士人之家,就不要计较养鸡养猪的小利;有资格伐冰取用的大夫之家,就不要蓄养牛羊牟利;拥有百辆兵车实力的卿大夫之家,就不要豢养聚敛财富的家臣。与其豢养聚敛财富的家臣,还不如有盗窃家中财物的小臣。"这说的是国家应不以财货利益为利,而以道义为利。国君统治国家却致力于聚敛财富,一定是受了小人的怂恿。若国君认为小人的主意好,让小人来治理国家,灾害就会随之而来。即使有善于治理国家的人,也无计可施了!这说的就是治国不应以利为利,而应以义为利的道理。

第四十三　冠义

〔题解〕

郑玄《目录》曰:"名曰《冠义》者,以其记冠礼成人之义,此于《别录》属吉事。"冠礼是中国古代贵族男子成年时举行的一种重要礼仪。《仪礼·士冠礼》对此有详细的记述。此篇则总括了冠礼的意义,介绍了如何行冠礼以及圣王重视冠礼的原因。可与《仪礼·士冠礼》互相参照,是了解中国古代冠礼的重要文献。此篇全译。

凡人之所以为人者,礼义也。礼义之始,在于正容体,齐颜色,顺辞令。容体正,颜色齐,辞令顺,而后礼义备。以正君臣,亲父子,和长幼。君臣正,父子亲,长幼和,而后礼义立。故冠而后服备,服备而后容体正,颜色齐,辞令顺。故曰:"冠者,礼之始也。"是故古者圣王重冠。

古者冠礼筮日筮宾,所以敬冠事,敬冠事所以重礼,重礼所以为国本也。故冠于阼,以著代也。醮于客位①,三加弥尊②,加有成也。已冠而字之,成人之道也。

见于母,母拜之,见于兄弟,兄弟拜之,成人而与之为礼也。玄冠玄端奠挚于君③,遂以挚见于乡大夫、乡先生④,以成人见也。

成人之者,将责成人礼焉也。责成人礼焉者,将责为人子、为人弟、为人臣、为人少者之礼行焉。将责四者之行于人,其礼可不重与?

故孝弟忠顺之行立,而后可以为人;可以为人,而后可以治人也。故圣人重礼。故曰:"冠者,礼之始也,嘉事之重者也⑤。"是故古者重冠;重冠故行之于庙;行之于庙者,所以尊重事;尊重事而不敢擅重事;不敢擅重事,所以自卑而尊先祖也。

〔注释〕

①醮(jiào):古冠礼的一种仪式,尊者对卑者酌酒,卑者接受敬酒后饮尽,不需回敬。
②三加:行冠礼时,先加缁布冠,再加皮弁服,三加爵弁服。
③玄冠:黑色帽子。玄端:一种礼服。挚:见面礼。
④大夫:执掌一乡的官吏。乡先生:辞官居乡的老人。
⑤嘉事:嘉礼。冠礼在五礼中属嘉礼。

〔译文〕

人之所以成为人,是因为有礼义。礼义的开始,在于端正仪容,庄敬面容,和顺言辞。端正仪容,庄敬面容,和顺言辞,然后礼义才齐备。这样才得以摆正君臣的地位,使父子亲厚,长幼和睦。摆正君臣的地位，使父子亲厚，长幼和睦，这样礼义才能够建立起来。所以到了二十岁行加冠礼后各种服饰才完备，服饰完备后才能端正仪容，庄敬面容，和顺言辞。所以说，冠礼是成人礼的开始。因为这个缘故，古代圣王十分重视冠礼。

古代举行冠礼，选择日子和请来主持冠礼的人，都要用蓍草占卜，这是因为尊敬冠礼，尊敬冠礼就是重视礼。重视礼，是国家的根本。在阼阶上行冠礼，以此表示冠者是将要代替父亲成为一家之主的人。冠者位于客位，向他敬酒，行冠礼时，先加缁布冠，再加皮弁服，三加爵弁服，加冠三次，冠服越来越尊贵，这是勉励他有所成就。已经加冠，再给他起一个字号，这是对待成人的道理。加冠后要拜见母亲，母亲要答拜；要拜见兄弟，兄弟要答拜，这是因为他已成人，所以要对他行礼。穿戴着黑色的帽子与礼服觐见国君，并敬献见面礼，然后带着见面礼去见乡大夫、辞官居乡的老人，这是以成人的身份进行拜见。

加冠礼使之成人，就是要求他今后能行成人之礼。而要求他今后能行成人之礼，就是要求他实行作为儿子、兄弟、臣子、后辈的礼节。要求他对人实行这四种礼节，冠礼又怎能不重要？

所以一个人做到孝顺父母、友爱兄弟、效忠君主、顺从长辈，而后才可以做人；可以做人，而后才可以治理他人。因此圣人十分重视此礼。所以说："冠礼是成人之礼的开始，是嘉礼中很重要的。"因此古人十分重视冠礼；因为重视冠礼，所以要在宗庙中举行；在宗庙中举行的礼，是为了尊重要事；尊重要事就不敢擅自专任；不敢擅自专任要事，所以就自谦而尊敬祖先。

第四十四　昏义

[题解]

郑玄《目录》曰:"名曰《昏义》者,以其记娶妻之义,内教之所由成也。此于《别录》属吉事也。""昏"即"婚"的古字。婚礼,是古代社会与家庭伦理有关的重要礼仪。《仪礼·士昏礼》对此有较为详细的记载。此篇则记述了婚礼的具体流程,阐发了"昏者,礼之本也"的观点,论证了婚礼的重要性、新妇服侍公婆的意义、妇女教育等问题。可与《仪礼·士昏礼》互相印证,是了解中国古代婚礼制度的重要文献。此篇全译。

昏礼者,将合二姓之好,上以事宗庙,而下以继后世也,故君子重之。是以昏礼纳采、问名、纳吉、纳征、请期,皆主人筵几于庙,而拜迎于门外,入,揖让而升,听命于庙,所以敬慎重正昏礼也。

父亲醮子,而命之迎,男先于女也。子承命以迎,主人筵几于庙,而拜迎于门外。婿执雁入①,揖让升堂,再拜奠雁,盖亲受之于父母也。降,出御妇车,而婿授绥,御轮三周。先俟于门外,妇至,婿揖妇以入,共牢而食,合卺而酳②,所以合体同尊卑,以亲之也。

敬慎重正而后亲之,礼之大体,而所以成男女之别,而立夫妇之义也。男女有别,而后夫妇有义;夫妇有义,而后父子有亲;父子有亲,而后君臣有正。故曰:"昏礼者,礼之本也。"

夫礼始于冠,本于昏,重于丧祭,尊于朝聘,和于射乡,此礼之大体也。

夙兴,妇沐浴以俟见。质明,赞见妇于舅姑,妇执笲枣、栗、段脩以见。赞醴妇③,妇祭脯醢,祭醴,成妇礼也。舅姑入室,妇以特豚馈,明妇顺也。厥明,舅姑共飨妇以一献之礼④,奠酬⑤。舅姑先降自西阶,妇降自阼阶,以著代也。

成妇礼,明妇顺,又申之以著代,所以重责妇顺焉也。妇顺者,顺于舅姑,和于室人,而后当于夫,以成丝麻布帛之事,以审守委积盖藏⑥。是故妇顺备而后内和理,内和理而后家可长久也,故圣王重之。

是以古者妇人先嫁三月,祖庙未毁,教于公宫⑦,祖庙既毁,教于宗室⑧,教以妇德、妇言、妇容、妇功。教成祭之,牲用鱼,芼之以蘋藻⑨,所以成妇顺也。

古者天子后立六宫、三夫人、九嫔、二十七世妇、八十一御妻,以听天下之内治,以明章妇顺,故天下内和而家理。天子立六官、三公、九卿、二十七大夫、八十一元士,以听天下之外治,以明章天下之男教,故外和而国治。故曰:"天子听男教,后听女顺;天子理阳道,后治阴德;天子听外治,后听内职。教顺成俗,外内和顺,国家理治,此之谓盛德。"

是故男教不修,阳事不得,適见于天⑩,日为之食;妇顺不修,阴事不得,適见于天,月为之食。是故日食则天子素服而修六官之职,荡天下之阳事;月食则后素服而修六宫之职,荡天下之阴事。故天子之与后,犹日之与月,阴之与阳,相须而后成者也。天子修男教,父道也;后修女顺,母道也。故曰:"天子之与后,犹父之与母也。故为天王服斩衰,服父之义也;为后服资衰⑪,服母之义也。"

〔注释〕

①雁:以此作为见面礼。纳采、纳吉、请期皆用雁。

②合卺(jǐn)而酳(yìn):新婚夫妇各拿一瓢来饮酒。卺,把瓠分成两个瓢。酳,用酒水漱口。

③赞醴妇:赞是帮助舅姑的行礼者。赞者代替舅姑向新妇敬酒。因舅姑尊,不便自己敬酒,而请赞者代替。

④一献之礼:孙希旦言,凡飨礼,主人献宾,宾酢主人,主人又酌自饮毕,更爵以酬宾为一献。而飨妇之礼,舅献而姑酳,所以说:"共飨妇以一献之礼。"

⑤奠酬:《孔疏》有言:"妇酢舅,舅于阼阶上受酢饮毕,乃酬,妇先酌自饮毕,更酌酒以酬姑,姑受而爵奠于荐左,不举爵,正礼毕也。"

⑥委积:指储备粟米。盖藏:指聚藏果蔬脯醢。

⑦公宫:宗子的庙。

第四十四　昏义　｜　305

⑧宗室:支子的庙。

⑨芼(mào):择取。蘋藻:蘋与藻,都是水草名,古人常采作祭祀之用。

⑩適(zhé):通"谪",谴责。见(xiàn):出现。

⑪资:当作"齐"(zī)。

[译文]

婚礼是将要结成两姓之好,对上以事奉宗庙,对下以继承后世,所以君子十分重视它。因此在婚礼纳采、问名、纳吉、纳征、请期的日子,男家使者来时,女方的父母都要在庙中摆设筵席,然后亲自出门拜迎,入了庙门,双方揖让而登堂,在庙堂里听受男家使者传达的话,这样是为了礼敬、谨慎、隆重地对待婚礼。

父亲向儿子敬酒,而吩咐他迎娶新娘,这是男先于女。儿子秉承着父命去迎娶,女方的父母在庙里设了筵席,然后在门外拜迎女婿。新郎捧着大雁进门,彼此揖让登堂,再拜奠雁,因为这是奉了父母的命令。然后下堂,新娘随之出来,新郎把新娘的车驾好,并将车上的挽手绳交给新娘,然后驾车,当车轮转了三圈时,就交给御者驾驶。新郎乘坐自己的车先行,到家门外等候,新娘到了,新郎就对新娘作揖,请她进门。吃饭时,夫妇共用一牲牢,合饮一樽酒,这是为了使夫妇二位一体,尊卑等同,以示亲爱。

经过礼敬隆重的婚礼后,新婚夫妇才能够彼此亲近,这是礼的基本原则。同时也是为了形成划分男女之间的界限,然后建立夫妇之间的道义。男女之间有了界限,而后夫妇之间才有道义;夫妇之间有道义,而后父子之间才有亲爱;父子之间有亲爱,而后君臣才能端正。所以说:"婚礼是礼的根本。"

礼,以冠礼为起点,以婚礼为根本,以丧祭为隆重,以朝觐、聘问为尊敬,以射礼、乡饮酒为和睦。这些是礼的主要原则。

新妇清早起来,梳洗打扮好以等待见公婆。到天明的时候,帮助行礼的妇人带着新妇见公婆,新妇拿着竹器,里面装着枣、栗、干肉等,拜见公婆。帮助行礼的妇人代替舅姑向新妇敬酒,新妇在席上祭肉酱、祭酒后,就完成了做媳妇的礼节。公公、婆婆回到寝室后,新妇向公婆献上一只小猪,表明媳妇的孝顺。第二天,公婆以一献之礼赐予新妇酒,然后奠酬,正礼就结束了。公婆先由西阶下去,新妇由阼阶下去,这样表明新妇将接替婆婆做家庭的主妇。

完成了做媳妇的礼节,表明了媳妇的孝顺,又反复表明她可以代替婆婆为主妇,这是为了郑重责求儿媳要孝顺。所谓媳妇的孝顺,就是顺从公婆的意愿,并与家中其他女眷和睦相处;而后才会适应丈夫的心意,才会掌管好丝麻布帛、储备粟米、聚藏果蔬脯醢的事。这是因为媳妇孝顺完备,而后家庭才能和谐安定,家庭和谐安定,家族才能绵延不绝,所以圣王十分重视妇女的孝顺。

所以古代女子在出嫁前三个月,如果她的祖庙未毁,就在宗子的庙里接受婚前教育,如果祖庙已毁,就在支子的庙里接受婚前教育,教她有关妇女的德行、言语、妆容及家务事。教成之后要祭告祖先,用鱼做祭牲,择取蘋藻做羹汤,以此来表明妇女的柔顺德行都已教化养成。

古代的天子,王后设立六宫、三夫人、九嫔、二十七世妇、八十一御妻,用以掌管天下的内政治理,用以显明妇女的柔顺德行,所以内政和睦而家庭安定。天子设立六官、三公、九卿、二十七大夫、八十一元士,用以掌管天下的外政治理,用以显明天下男子的政教,所以外政和谐而国家安定。所以说:"天子掌管男子的政教,王后掌管妇女的柔顺德行;天子治理阳刚的大道,后妃治理阴柔的德行;天子掌管外政的治理,后妃掌管内政的职责。政教和顺形成风俗,外政内政和顺,国家治理有方,这就叫作盛德。"

因此,男子的政教不修治,阳事不得当,上天就会出现谴责的征兆,发生日食;妇女的柔顺德行不修治,阴事不得当,上天就会出现谴责的征兆,发生月食。所以遇到日食,天子就穿上纯白的衣服,考核六官的职责,以荡除整理天下的阳事;遇到月食,王后就穿上纯白的衣服,考核六宫的职责,以荡除整理天下的阴事。所以天子与王后就像日与月、阴与阳,相辅才能相成。天子修治男子的政教,是为父之道;王后修治妇女的柔顺德行,是为母之道。所以说:"天子与王后,就好比父亲与母亲。所以如果天子死了,他的臣下为他服斩衰,这是为父亲服丧服的意思;如果王后死了,臣下为她服齐衰,这是为母亲服丧服的意思。"

第四十五　乡饮酒义

〔题解〕

郑玄《目录》曰:"名曰《乡饮酒义》者,以其记乡大夫饮宾于庠序之礼,尊贤养老之义,此于《别录》属吉事。""乡饮酒礼"是古代乡人聚会饮酒时施行的礼仪,《仪礼·乡饮酒礼》对此有较为详细的记载。本篇则阐释乡饮酒之义,乡饮酒礼的功用,以及与阴阳五行思想有关的主宾的座次排序。此篇全译。

乡饮酒之义:主人拜迎宾于庠门之外,入,三揖而后至阶,三让而后升,所以致尊让也。盥洗扬觯,所以致絜也。拜至,拜洗,拜受,拜送,拜既,所以致敬也。尊让絜敬也者,君子之所以相接也。君子尊让则不争,絜敬则不慢,不慢不争,则远于斗辨矣;不斗辨则无暴乱之祸矣。斯君子之所以免于人祸也,故圣人制之以道。

乡人、士、君子,尊于房中之间,宾主共之也。尊有玄酒①,贵其质也。羞出自东房,主人共之也。洗当东荣②,主人之所以自絜,而以事宾也。

宾主象天地也;介僎象阴阳也③;三宾象三光也④;

让之三也,象月之三日而成魄也⑤;四面之坐,象四时也。

天地严凝之气,始于西南,而盛于西北,此天地之尊严气也,此天地之义气也。天地温厚之气,始于东北,而盛于东南,此天地之盛德气也,此天地之仁气也。主人者尊宾,故坐宾于西北,而坐介于西南以辅宾,宾者,接人以义者也,故坐于西北。主人者,接人以仁德厚者也,故坐于东南。而坐僎于东北,以辅主人也。仁义接,宾主有事,俎豆有数曰圣,圣立而将之以敬曰礼,礼以体长幼曰德。德也者,得于身也。故曰:"古之学术道者,将以得身也。是故圣人务焉。"

祭荐,祭酒,敬礼也。哜肺⑥,尝礼也。啐酒⑦,成礼也。于席末,言是席之正,非专为饮食也,为行礼也,此所以贵礼而贱财也。卒觯,致实于西阶上⑧,言是席之上,非专为饮食也,此先礼而后财之义也。先礼而后财,则民作敬让而不争矣。

乡饮酒之礼,六十者坐,五十者立侍,以听政役,所以明尊长也。六十者三豆,七十者四豆,八十者五豆,九十者六豆,所以明养老也。民知尊长养老,而后乃能入孝弟。民入孝弟,出尊长养老,而后成教,成教而后国可安也。君子之所谓孝者,非家至而日见之也,合诸乡射,教之乡饮酒之礼,而孝弟之行立矣。

孔子曰:"吾观于乡,而知王道之易易也。"

主人亲速宾及介，而众宾自从之。至于门外，主人拜宾及介，而众宾自入，贵贱之义别矣。

三揖至于阶，三让以宾升，拜至、献、酬、辞让之节繁。及介省矣。至于众宾升受，坐祭，立饮，不酢而降，隆杀之义辨矣。

工入，升歌三终⑨，主人献之；笙入三终⑩，主人献之；间歌三终⑪，合乐三终⑫，工告乐备，遂出。一人扬觯，乃立司正焉⑬，知其能和乐而不流。

宾酬主人，主人酬介，介酬众宾，少长以齿⑭，终于沃洗者焉。知其能弟长而无遗矣。

降，说屦升坐，修爵无数。饮酒之节，朝不废朝，莫不废夕。宾出，主人拜送，节文终遂焉。知其能安燕而不乱也。

贵贱明，隆杀辨，和乐而不流，弟长而无遗，安燕而不乱，此五行者，足以正身安国矣。彼国安而天下安。故曰："吾观于乡，而知王道之易易也。"

乡饮酒之义，立宾以象天，立主以象地，设介僎以象日月，立三宾以象三光。古之制礼也，经之以天地，纪之以日月，参之以三光，政教之本也。

亨狗于东方，祖阳气之发于东方也。洗之在阼，其水在洗东，祖天地之左海也⑮。尊有玄酒，教民不忘本也。

宾必南乡。东方者春，春之为言蠢也⑯，产万物者圣也。南方者夏,夏之为言假也⑰,养之、长之、假之,仁也。西方者秋,秋之为言愁也⑱,愁之以时察⑲,守义者也。北方者冬,冬之言中也,中者藏也⑳。是以天子之立也,左圣乡仁,右义偕藏也。介必东乡,介宾主也。主人必居东方,东方者春,春之为言蠢也,产万物者也。主人者造之,产万物者也。月者三日则成魄,三月则成时,是以礼有三让,建国必立三卿。三宾者,政教之本,礼之大参也。

〔注释〕

①玄酒:古代祭祀中当酒用的清水。
②洗:古代盥洗用的器皿。荣:屋檐之角。
③介僎(zūn):介为辅宾者。僎,通"遵",为辅主人者。
④三宾:指介、僎及宾。
⑤成魄:月朔三天之后才有微光,就像彼此推让三次才接受一样。
⑥哜(jì):尝也,只到牙齿止。
⑦啐(cuì):尝也,吸入口。
⑧致实:干杯。致,尽。实,指杯中的酒。
⑨升歌三终:唱三首诗歌,指《鹿鸣》《四牡》《皇皇者华》。
⑩笙入:笙奏《南陔》《白华》《华黍》。
⑪间歌:唱歌和笙奏交替进行。
⑫合乐:堂上堂下配合演奏。
⑬司正:饮酒时监礼的人。
⑭齿:年龄。
⑮左海:东海。

⑯蠢:原指虫动,这里是活动生长的意思。
⑰假:大。
⑱愁(jiū):通"揪",收敛。
⑲察:肃杀。
⑳中:终也。

[译文]

　　乡饮酒的意义是:主人在乡学门外拜迎宾客,宾客进门后,作揖三次后至阶,彼此谦让三次后登阶,这是为了表示尊重谦让。洗手洗杯然后举杯饮酒,这是为了清洁。宾客到后主人拜迎,主人洗爵而宾客拜谢,主人献酒而宾客拜受,宾客接受献酒而主人拜送,宾客干杯而主人拜既,这是为了表达恭敬。尊重、谦让、清洁、恭敬,这是君子相互交往的道理。君子尊重谦让就不会发生争执;清洁恭敬就不会怠慢;不怠慢不争执就会远离争斗;不争斗就不会有暴乱祸事。这是君子用来避免人祸的方法,所以圣人制定乡饮酒礼来教导大家。

　　乡人、士、君子等人行乡饮酒礼时,酒樽放在房户宾主之间,是宾主大家共享的。樽里有清水,水以质朴为贵。菜肴从东房端出来,是由主人供应的。在东边屋檐之角放盥洗器,这是主人自己洗手洗爵的,并以此敬事宾客。

　　宾与主,象征天与地;介与僎,象征阴与阳,介、僎及宾,象征日月星;彼此谦让三次才接受,月朔三天之后才有微光;东西南北四面对坐,象征着春夏秋冬四季。

　　天地间严肃寒凝的气是从西南方开始,而在西北方最强盛,这是天地间尊贵威严的气,是天地间的义气。天地间温和敦厚的气是从东北方开始,而在东南方最强盛,这是天地间明盛道德的气,是天地间的仁气。主人尊敬宾客,所以把宾客的座位安排在西北方,而把介的座位安排在西南方来辅助宾客,宾客是用义来接待人的,所以坐在西北方。主人是用仁德敦厚来接待人的,所以坐在东南方。而把僎的座位安排在东北方,是为了辅助主人。仁义相互交接,宾主各安其所,而且待客的礼器有一定数目,这就叫作圣明;圣明既立,又将其持之以敬,这叫作礼;用礼来规范长幼之序,这叫作德。所谓德,就是自身有所收获。所以说:"古代学习道艺的人,就是要在自身有所收获。因此圣人努力去实行。"

宾祭主人所献的肉与酱,祭主人所献的酒,这是敬重主人的礼节。尝一点肺,是品尝了主人所献的肉的礼仪。喝一口酒,是成就主人献酒的礼仪。移到席的末位,是说此席的真正意义不为饮食,而是为了行礼,这是重视礼仪而轻视财物的表现。在西阶上喝尽杯中的酒,是说这席的设置不仅仅为饮食,这是先礼后财的表现。先礼而后财,那么人民就会恭敬谦让而不会争夺。

乡饮酒的礼仪是:六十岁的人坐着,五十岁的人站着侍候,听候政事役使,这是用以表明尊敬长辈。六十岁的人三盘菜,七十岁的人四盘,八十岁的人五盘,九十岁的人六盘,这是用以表明奉养老人。人民知道尊敬奉养老人,而后才能在家孝顺父母、友爱兄长。人民在家能孝顺父母、友爱兄长,在外尊敬奉养老人,而后教化才能完成。教化完成,而后国家才得到安定。君子所说的孝,不是到各家各户去宣扬,不是每日召见训诫,而只要在乡射时把人们集合起来,教导他们乡饮酒的礼仪,这样孝悌的德行就建立起来了。

孔子说:"我看过乡饮酒的礼仪,就知道王者的教化是容易推行的。"

主人亲自到宾及介家中敦请,而众宾则到主宾家跟随着前往。到了主人家门外,主人拜迎宾及介,而众宾自己进入,这样贵贱的意义就分别了。

主人与宾三揖后走到阶前,谦让三次后主人引导宾登阶,拜迎宾的到来,酌酒献宾,宾又回敬主人,主人斟酒自饮又劝宾饮,辞让的礼节十分繁复。至于主人与介之间的礼节就减省了。至于众宾,登阶接受献爵,坐着祭,站着饮酒,不必回敬主人就可降阶。这样,礼节的繁简也就明了了。

乐正进来,升堂唱了《鹿鸣》《四牡》《皇皇者华》三首诗歌,主人献酒给他;吹笙的人进来,在堂下吹奏了《南陔》《白华》《华黍》三支曲子,主人献酒给他;唱歌和笙奏交替进行,合奏了三首诗歌,堂上堂下配合演奏了三首诗歌,乐正告诉主宾乐歌已经演奏完备,就退下堂来。这时主人的一个部下对宾举杯,表示大家可以随意喝酒了,于是饮酒时监礼的人站着监察大家的礼仪,由此可知,乡饮酒能和谐欢乐而没有放肆失礼。

宾先向主人劝酒,主人又向介劝酒,介又向众宾劝酒,按照年龄的长幼顺序饮酒,直到侍候宾主盥洗的人为止。由此可知,乡饮酒时不论年纪长幼的人都不会遗漏。

切俎之后都走下堂,脱掉鞋子再登堂就座,这时彼此劝饮喝酒,不计杯数。饮酒的节度是早上不耽误早朝,晚上不耽误治事。饮酒完毕,宾离去,主人拜送,所有的礼节全部完成。由此可知,乡饮酒能平安燕乐而不会混乱。

贵贱分明,礼的繁复和省减明了,和谐欢乐而不放肆失礼,

第四十五 乡饮酒义

不论长幼都不会遗漏,平安燕乐而不会混乱,这五种德行,足以修正身心安定国家。国家安定了,天下就安定了。所以孔子说:"我看了乡饮酒的礼仪,就知道王者的教化是容易推行的。"

乡饮酒的意义是:设立宾以象征天的崇高,设立主以象征地的低卑,设立介、僎以象征日月,设立三位长宾以象征三光。古代制定礼法,以天地来经营它,以日月来统摄它,以三光来辅助它,这些是政治教化的根本。

在堂的东方烹煮狗肉,是效法阳生于东方。洗放在正当主阶的位置上,所用的水摆在洗的东方,这是效法大地的东方是海。酒樽里有清水,是教导人民不要忘记本源。

宾一定面向南坐。东方是春天的位置,春是活动生长的意思,生长万物,是因为生气通达。南方是夏天的位置,夏是大的意思,滋养万物,生长万物,壮大万物,这是仁。西方是秋天的位置,秋是收敛的意思,按照时节来收敛,是为了守义。北方是冬天的位置,冬是终结的意思,终结就要收藏。所以天子站立时,都是左面依傍着圣,面向着仁,右面依靠着义,背面依靠着藏。介一定要面向东坐,在宾主之间。主人一定要坐在东方,东方是春天的位置,春天是活动生长的意思,是繁育万物的。主人在这个位置,是因为他也是依照东方繁育万物的品德来敬奉宾的。月朔后三日才开始恢复光明,三个月就成为一季,所以礼有三次谦让,建国也一定要设三卿。乡饮酒时设宾,这是政治教化的根本,是礼的最大依据。

第四十六　射义

〔题解〕

郑玄《目录》曰："名曰《射义》者,以其记燕射、大射之礼,观德行、取于士之义。此于《别录》属吉事。"射,在古代不仅是一种战争技能,更是一种礼仪活动,天子、诸侯在举行大的祭祀典礼前会举行射礼,目的是选拔参与祭祀的合格人选。射者须行动合礼,训练有素。此篇记述了大射、燕射、乡射、宾射的仪式、规则等,强调了射礼选士的意义。此篇全译。

古者诸侯之射也,必先行燕礼;卿大夫之射也,必先行乡饮酒之礼。故燕礼者,所以明君臣之义也;乡饮酒之礼者,所以明长幼之序也。

故射者,进退周还必中礼①,内志正,外体直,然后持弓矢审固。持弓矢审固,然后可以言中,此可以观德行矣。

其节:天子以《驺虞》为节;诸侯以《狸首》为节;卿大夫以《采蘋》为节;士以《采蘩》为节。《驺虞》者,乐官备也②,《狸首》者,乐会时也;《采蘋》者,乐循法也③;

《采蘩》者,乐不失职也④。是故天子以备官为节;诸侯以时会天子为节;卿大夫以循法为节;士以不失职为节。故明乎其节之志,以不失其事,则功成而德行立,德行立则无暴乱之祸矣,功成则国安。故曰:射者,所以观盛德也。

是故古者天子以射选诸侯、卿、大夫、士。射者,男子之事也,因而饰之以礼乐也。故事之尽礼乐而可数为以立德行者,莫若射,故圣王务焉。

是故古者天子之制:诸侯岁献贡士于天子⑤,天子试之于射宫。其容体比于礼,其节比于乐,而中多者,得与于祭。其容体不比于礼,其节不比于乐,而中少者,不得与于祭。数与于祭而君有庆,数不与于祭而君有让。数有庆而益地,数有让而削地。故曰:"射者,射为诸侯也。是以诸侯君臣尽志于射,以习礼乐。夫君臣习礼乐而以流亡者,未之有也。"

故《诗》曰:"曾孙侯氏,四正具举⑥,大夫君子,凡以庶士,小大莫处,御于君所,以燕以射,则燕则誉。"言君臣相与尽志于射,以习礼乐,则安则誉也。是以天子制之,而诸侯务焉。此天子之所以养诸侯,而兵不用,诸侯自为正之具也。

孔子射于矍相之圃⑦,盖观者如堵墙。射至于司马⑧,使子路执弓矢,出延射曰:"贲军之将⑨,亡国之大夫,与为人后者不入,其余皆入。"盖去者半,入者半。

又使公罔之裘,序点扬觯而语,公罔之裘扬觯而语曰:"幼壮孝弟,耆耋好礼,不从流俗,修身以俟死者,不,在此位也。"盖去者半,处者半。序点又扬觯而语曰:"好学不倦,好礼不变,旄期称道不乱者⑩,不,在此位也。"盖廑有存者⑪。

射之为言者,绎也,或曰舍也。绎者,各绎己之志也。故心平体正,持弓矢审固。持弓矢审固,则射中矣。故曰:"为人父者,以为父鹄⑫;为人子者,以为子鹄;为人君者,以为君鹄;为人臣者,以为臣鹄。"故射者各射己之鹄。故天子之大射谓之射侯。射侯者,射为诸侯也。射中则得为诸侯,射不中则不得为诸侯。

天子将祭,必先习射于泽⑬。泽者,所以择士也。已射于泽,而后射于射宫。射中者得与于祭,不中者不得与于祭。不得与于祭者有让,削以地。得与于祭者有庆,益以地。进爵绌地是也。

故男子生,桑弧蓬矢六⑭,以射天地四方。天地四方者,男子之所有事也。故必先有志于其所有事,然后敢用谷也。饭食之谓也。

射者,仁之道也。射求正诸己,己正然后发,发而不中,则不怨胜己者,反求诸己而已矣。孔子曰:"君子无所争,必也射乎!揖让而升,下而饮,其争也君子。"

孔子曰:"射者何以射,何以听?循声而发,发而不失正鹄者,其唯贤者乎!若夫不肖之人,则彼将安能以中。"《诗》云:"发彼有的,以祈尔爵。"祈,求也,求中以辞爵也。爵者,所以养老也,所以养病也。求中以辞爵者,辞养也。

〔注释〕

①还:通"旋"。
②乐官备:《驺虞》有"一发五豝",用来比喻得贤者多。
③乐循法:《采蘋》有"于以采蘋,南涧之滨",用来比喻遵循法度。
④乐不失职:《采蘩》有"被之僮僮,夙夜在公",用来比喻勤于公务。
⑤岁献贡士:岁献,诸侯向天子进献国事的文书及贡献物品。贡士,每三年向天子推举贤士,大国三人,次国二人,小国一人。
⑥四正:指古代行射礼时先行燕礼,即举正爵以献宾客、国君、卿、大夫。
⑦矍(jué)相:地名。圃:种植果木瓜菜的园地。
⑧至于司马:射前行乡饮酒礼,到射时司正转称为司马。
⑨贲(fèn):通"偾",覆败。
⑩耄期:耄,通"薹",年龄八十及九十岁。百岁的称期颐。
⑪廞(qín):少。
⑫鹄(gǔ):箭靶的中心。
⑬泽:宫名。
⑭桑弧蓬矢:桑木做的弓,蓬草做的箭。

〔译文〕

古代诸侯举行大射的时候,一定先举行燕礼;卿大夫举行乡射的时候,一定先举行乡饮酒礼。国君举行燕礼,是用来表明君臣之义;卿大夫举行乡饮酒礼,是用来表明长幼次序。

所以,射箭的人前进、后退、左右旋转一定要合乎礼仪的规范,内心要坚定,身体要挺直,然后拿弓箭时就能稳固。拿弓箭稳固了,才可能射中目标。这样可以观察人的道德品行。

射箭时的节奏是:天子以《驺虞》为节奏;诸侯以《狸首》为节奏;卿大夫以《采蘋》为节奏;士以《采蘩》为节奏。《驺虞》是歌颂天子百官齐备的,《狸首》是歌颂诸侯按时朝见天子的,《采蘋》是歌颂卿大夫遵循法度的,《采蘩》是歌颂士人不失职守的。所以天子用百官齐备的诗歌为节奏,诸侯用按时朝见天子的诗歌为节奏,卿大夫用遵循法度的诗歌为节奏,士用不失职守的诗歌为节奏。所以各阶层的人明确各自所用诗歌的旨趣,忠于职守,就能成就功业,树立德行,德行树立后就没有暴乱之祸,功业成就后就国泰民安。所以说:射礼,是可以用来观察美好德行的。

所以,古代天子用射礼来考察诸侯、卿、大夫、士的德行。射箭,是男人必会的本领,因而要用礼乐来文饰它。所以,若有什么事可以括尽礼乐,屡次来做,又能树立德行,就没有比射箭更好的了,这也是圣明的先王致力于此的原因。

因此,古代天子的制度是:诸侯每年要向天子进献国事的文书,贡献物品,还要向天子推举贤士,天子在射宫考核他们。若他们射箭的仪容体态合于礼仪,节奏符合音乐的节奏,射中的次数又多,就可以参加祭祀了。而如果他们的仪容体态不合于礼仪,节奏不符合音乐的节奏,而射中的次数又少,就不可以参加祭礼了。能多次参加祭礼的人,君主就褒奖他,屡次不能参加祭礼的人,君主就责罚他。能多次受到褒奖的就增加他的封地,多次受到责罚的就削减他的封地。所以说:"射箭的目的是争做诸侯。所以,诸侯君臣都尽心于射,练习礼乐。国君大臣练习礼乐而导致国破流亡的事情,是从来没有的。"

所以《诗经》说:"天子的后裔诸侯,举正爵以献宾客、国君、卿、大夫后,大夫君子们,无论职位大小都要离开自己的居处,到君主处来侍候,参与燕饮与比射,既燕乐,又能获得美名。"这是说君臣相互尽心于射,练习礼乐,又欢乐,又荣耀。所以天子制定射礼,而诸侯加以推行。这就是天子治理诸侯,不通过武力而使诸侯自我匡正的方式。

孔子在瞿相的园圃举行射礼,观看的人多得像围成了一堵墙。乡饮酒礼毕,司正转称司马行射礼时,孔子让子路拿着弓箭,出来延请射箭的人说:"打败仗的将军、亡国的大夫、做别人后嗣的人都不能入场,其余都请入内。"离开的人大概有一半,进入的人也有一半。孔子让公罔之裘和序点举起酒杯讲话,公罔之裘、序点举杯说:"二三十岁时能孝顺父母,敬爱兄弟,八九十岁时能爱好礼仪,不从流俗,毕生修身养性的人,有吗?若有,请站到射位。"大概又离开了一半,留下来一半。序点又举杯说:"好学而不倦怠,爱礼而不改易,八十九十乃至百岁仍然赞扬正道而不受迷惑的人,有吗?若有,请站到射位。"就没有几人留下来了。

射的意思就是绎,或者说是舍。绎的意思,就是各自理出自己的意向。所以思想纯正、身体端正,拿起弓箭稳定牢固。拿起弓箭稳定牢固,就能射中。所以说:"做父亲的,把射中箭靶作为好父亲的目标;做儿子的,把射中箭靶作为好儿子的目标;做国君的,把射中箭靶作为好国君的目标;做臣子的,把射中箭靶作为好臣子的目标。"所以射箭的人各自有自己的射箭目标。

所以天子举行大射，称作"射侯"。射侯的意思，就是说射箭的目的是争做诸侯。射中就可以做诸侯，射不中就不可以做诸侯。

天子将要举行祭祀，必定先在泽宫练习射箭。泽宫就是通过射箭选择助祭诸侯的士的地方。在泽宫练习完毕后，就到射宫射箭。射中的人获得参与祭祀的机会，没射中的人不能参与祭祀。不能参与祭祀的人要受到责罚，削减封地。有资格参加祭祀的人受到奖励，增加封地。这就是进爵绌地。

所以男孩子一出生，就让人用桑木做的弓和六枝蓬草做的箭，射向天地四方。天地四方就是男子大有作为的所在。所以男子一定有志向去做这些事，然后才敢享用谷物。用谷物就是吃饭的意思。

射箭，包含了仁的道理。射箭要求射箭的人首先端正自己的身心，身心端正了才能够发射，射了却没有射中，不能埋怨胜过自己的人，而要反过来寻求自己的原因。孔子说："君子是不与人竞争的，如有竞争，一定是射箭了！揖拜谦让地升堂，射后下堂饮酒，这样的竞争颇有君子之风。"

孔子说："射箭的人为什么要一边射箭，一边聆听音乐的节奏呢？依循音乐的节奏，射出后又能正中靶心，只有贤能的人才能做到！至于那些不肖之人，他们怎么能射中呢？"《诗经》说："射箭就射中箭靶的中心，以祈求免受你的罚酒。"祈是求的意思，祈求射中免受罚酒。酒是用来奉养老人和病人的，祈求射中免受罚酒，就是辞却别人的奉养。

第四十七　燕义

〔题解〕

郑玄《目录》曰："名曰《燕义》者，以其记君臣燕饮之礼，上下相尊之义。此于《别录》属吉事。"《仪礼》有《燕礼》一篇，记燕礼诸事，此篇则主要阐述了燕礼的意义在于彰弥君臣之义。另，篇首"有庶子官"一节，内容与燕礼无关，盖为错简。此篇全译。

古者周天子之官，有庶子官①。庶子官职诸侯、卿、大夫、士之庶子之卒②，掌其戒令，与其教治，别其等，正其位。国有大事③，则率国子而致于大子，唯所用之。若有甲兵之事，则授之以车甲，合其卒伍，置其有司，以军法治之，司马弗正。凡国之政事，国子存游卒，使之修德学道，春合诸学，秋合诸射，以考其艺而进退之。

诸侯燕礼之义：君立阼阶之东南，南乡尔卿，大夫皆少进，定位也④。君席阼阶之上，居主位也。君独升立席上，西面特立，莫敢適之义也⑤。

设宾主，饮酒之礼也。使宰夫为献主⑥，臣莫敢与君亢礼也。不以公卿为宾，而以大夫为宾，为疑也⑦，明嫌之义也。宾入中庭，君降一等而揖之，礼之也。

君举旅于宾⑧，及君所赐爵，皆降再拜稽首，升成拜，明臣礼也。君答拜之，礼无不答，明君上之礼也。臣下竭力尽能以立功于国，君必报之以爵禄，故臣下皆务竭力尽能以立功，是以国安而君宁。礼无不答，言上之不虚取于下也。上必明正道以道民，民道之而有功，然后取其什一⑨，故上用足而下不匮也，是以上下和亲而不相怨也。和宁，礼之用也。此君臣上下之大义也。故曰："燕礼者，所以明君臣之义也。"

席：小卿次上卿，大夫次小卿，士庶子以次就位于下。献君，君举旅行酬；而后献卿，卿举旅行酬；而后献大夫，大夫举旅行酬；而后献士，士举旅行酬；而后献庶子。俎豆、牲体、荐羞，皆有等差，所以明贵贱也。

〔注释〕

①庶子官：职官名，官掌诸侯、卿、大夫、士之子的教养及禁令。
②卒(cuì)：通"倅"，副的意思。
③大事：指祭祀、征伐及会同之事。
④定位：指卿西面，大夫北面，是燕朝的常位。
⑤適(dí)：通"敌"，匹敌。
⑥宰夫：掌膳食之官。献主：酒宴的主人。
⑦疑：疑与君同尊。
⑧旅：众也。

⑨什一:古代赋税制度,即十分税一。

[译文]

　　古代周天子所设置的官职,有一种庶子官。庶子官的职责是管理诸侯、卿、大夫、士的诸子,执掌他们的戒法政令,参与他们的教化,规正他们的朝位。国家有大事,庶子官就率领国子去拜见太子,听凭太子任用。如果有战事,就发给他们兵车盔甲,集合队伍,设置各级将帅,按军法治理,不受司马的制约。凡属国家力征的政事,国子们不必征役,留在游卒中,使他们修行德行,学习道艺,春季聚集在太学里,秋季聚集在射宫中,考核他们的学业,根据成绩的优劣决定他们的进退。

　　诸侯饮宴群臣的意义:国君站在阼阶的东南方,向南揖拜卿,使卿向自己靠近一些,大夫都稍微往前一些,大家站在燕朝的常位上。国君的座席在阼阶的上面,居于主位。国君独自升席,面向西方,独自站立,这是表示没有人敢与他匹敌。

　　分设宾主,这是饮酒的礼节。国君命掌膳食之官代替自己做酒宴的主人,这是因为臣下不敢与国君行对等的礼节。不以公卿做宾,而以大夫做宾,是因为不这样就会产生君臣同尊的嫌疑,这是辨明嫌疑的意思。宾走入庭中的时候,国君就降一级台阶向他作揖,这是一种礼敬。

　　国君向众宾举杯劝饮,并向臣下赐爵劝饮,宾及臣子都降堂,向国君再拜稽首,国君派小臣请他们回到堂上,他们还要在堂上再拜稽首,以完成拜的礼节,这是表明做臣子的礼数。臣子们竭尽力量和才能,为国立功,国君必定会赐给他们爵位和官禄作为报答,因此臣子们都竭尽力量和才能为国立功,这样国家就会安定，国君就会安宁。礼仪中没有不报答的，这是说在上位者不能白白地获取在下位者的贡献。在上位者必定指明正确的治国之道来引导人民，人民依从这治国之道而有所功效，然后国家征取十分之一赋税，因此国库充足而人民不匮乏，这样上下和乐相亲而不相怨恨。和乐安宁，这是礼的功用，这是君臣上下的大义所在。所以说："燕礼是修明君臣之义的。"

　　礼的席位：小卿的席位次于上卿，大夫的席位次于小卿，士及庶子则依次坐在阼阶下面。燕饮时，宰夫代国君做主人，首先向国君献酒，国君举杯向大家劝饮；然后又向卿献酒，卿也举杯向大家劝饮；然后向大夫献酒，大夫又举杯向大家劝饮；然后向士献酒，士也举杯向大家劝饮；最后向庶子献酒。燕礼时所用的礼器、牲体、肴馔，都因为地位不同而有等级差别，这些都是为了表明尊卑贵贱。

第四十八　聘义

[题解]

郑玄《目录》曰:"名曰《聘义》者,以其记诸侯之国交相聘问之礼,重礼轻财之义也。此于《别录》属吉事。"古代的天子与诸侯及诸侯之间,常有聘问之礼,以修和睦,成君臣之义。此篇阐释了聘礼的含义,记录了聘礼的礼文之盛和价值意义,可与《仪礼·聘礼》相互发明,是了解古代聘问制度的重要文献。此篇全译。

聘礼,上公七介,侯伯五介,子男三介,所以明贵贱也。介绍而传命,君子于其所尊弗敢质,敬之至也。三让而后传命,三让而后入庙门,三揖而后至阶,三让而后升,所以致尊让也。

君使士迎于竟①,大夫郊劳②,君亲拜迎于大门之内而庙受,北面拜贶③,拜君命之辱,所以致敬也。敬让也者,君子之所以相接也。故诸侯相接以敬让,则不相侵陵。

卿为上摈,大夫为承摈,士为绍摈。君亲礼宾,宾私面,私觌④。致饔饩⑤,还圭璋,贿赠,飨食燕。所以明宾客君臣之义也。

故天子制诸侯,比年小聘,三年大聘,相厉以礼。使者聘而误,主君弗亲飨食也。所以愧厉之也。诸侯相厉以礼,则外不相侵,内不相陵。此天子之所以养诸侯,兵不用而诸侯自为正之具也。

以圭璋聘,重礼也。已聘而还圭璋,此轻财而重礼之义也。诸侯相厉以轻财重礼,则民作让矣。主国待客,出入三积,饩客于舍,五牢之具陈于内,米三十车,禾三十车,刍薪倍禾,皆陈于外,乘禽日五双。群介皆有饩牢,一食再飨,燕与时赐无数,所以厚重礼也。古之用财者不能均如此,然而用财如此其厚者,言尽之于礼也。尽之于礼,则内君臣不相陵,而外不相侵。故天子制之,而诸侯务焉尔。

聘射之礼,至大礼也。质明而始行事,日几中而后礼成⑥,非强有力者弗能行也。故强有力者,将以行礼也。酒清,人渴而不敢饮也;肉干,人饥而不敢食也;日莫人倦,齐庄正齐,而不敢解惰⑦。以成礼节,以正君臣,以亲父子,以和长幼。此众人之所难,而君子行之,故谓之有行。有行之谓有义,有义之谓勇敢。故所贵于勇敢者,贵其能以立义也;所贵于立义者,贵其有行也;所贵于有行者,贵其行礼也。故所贵于勇敢者,贵其敢行礼义也。故勇敢强有力者,天下无事,则用之于礼义;

天下有事,则用之于战胜。用之于战胜则无敌,用之于礼义则顺治。外无敌,内顺治,此之谓盛德。故圣王之贵勇敢强有力如此也。勇敢强有力而不用之于礼义战胜,而用之于争斗,则谓之乱人。刑罚行于国,所诛者乱人也。如此则民顺治而国安也。

子贡问于孔子曰:"敢问君子贵玉而贱珉者何也⑧。为玉之寡而珉之多与?"孔子曰:"非为珉之多,故贱之也,玉之寡,故贵之也。夫昔者君子比德于玉焉。温润而泽,仁也;缜密以栗⑨,知也;廉而不刿⑩,义也;垂之如队,礼也;叩之其声清越以长,其终诎然⑪,乐也;瑕不掩瑜,瑜不掩瑕,忠也;孚尹旁达⑫,信也;气如白虹,天也;精神见于山川,地也;圭璋特达,德也。天下莫不贵者,道也。《诗》云:'言念君子,温其如玉。'故君子贵之也。"

〔注释〕

①竟:后来写作"境",边境。
②劳:慰劳。
③贶(kuàng):赏赐。
④觌(dí):见,相见。
⑤饔饩(yōngxì):指古代的祭品。饔,指已杀好的牲畜。饩,指活的牲畜。
⑥几(jī):副词,将近。
⑦解:通"懈"。

⑧珉(mín):一种像玉的石头。
⑨栗:坚实。
⑩刿(guì):刺伤。
⑪诎然:停止。
⑫孚尹(fúyún):孚,通"浮"。尹,通"筠"。浮筠,玉的色彩。

〔译文〕

行聘礼时,上公用七个介,侯伯用五个介,子男用三个介,目的是分明贵贱尊卑。通过介一个一个地传达聘君的话,因为君子对所尊敬的人不敢直接对话,这是最尊敬的方式。宾辞让三次然后传命,辞让三次然后入庙门,作揖三次然后走到阶前,这是为了表示尊敬与谦让。

国君派士在边境迎接使者,大夫在郊外慰劳他们,国君亲自在大门内迎接,然后在庙中接受使臣传达的来意,面向北方拜谢接受使臣带来的礼物,拜谢使臣主君的盛情,这是为了表示谦敬。尊敬和谦让,是君子之间相互交往的礼仪,所以诸侯之间也会尊敬谦让地相互交往,这样就不会相互侵略欺凌了。

接待宾客时,以卿为上傧,大夫为承傧,士为绍傧。国君亲自用酒来礼待宾客,宾客以个人身份会见卿大夫,进见国君。国君派卿大夫送饔饩到宾客住宿的宾馆,归还玉圭与玉璋,还以飨礼、食礼、燕礼来接待宾客。这是为了表明宾主之间、君臣之间的道义。

所以,天子对诸侯订立制度,诸侯每年要派大夫互行小聘,每三年要派卿互行大聘,通过聘礼来互相勉励。如果使者来聘时,礼节上有错误,国君就不亲自为使者举行飨礼和食礼,以此使使者感到羞愧并自我勉励。如果诸侯之间都能用礼来互相勉励，那么对外就不会彼此侵犯，对内也不会上下欺凌。这就是天子能够安抚诸侯，不用武力而使诸侯自我匡正的办法。

用圭、璋这样珍贵的玉器作聘，这是重礼。已聘后，君主将圭璋归还给宾客，这是轻视财物而重视礼仪的表现。如果诸侯都能以轻财重礼的道理互相勉励，那么人民也会跟着讲究谦让。主国接待宾客，在其出入边境时要馈送三次粮草之类的物品，要把饔饩送至客人所居住的宾馆，要把五牢陈设于馆内，另将三十车米、三十车谷物以及超过谷物一倍的柴草陈设于馆门外，每日还要送鹅鸭之类的家禽五双。群介都有饩牢，君主为其举行一次食礼、两次飨礼，其他燕礼以及应时的赏赐无数，这是因为十分重视聘礼的缘故。古人使用财物的情况并非都这样丰厚，然而在聘礼上却如此丰厚地使用财物，就是要尽心尽力地行礼。如果大家都尽心尽力地行礼，对内君臣之间就不会相互欺凌，对外国家之间就不会互相侵犯。所以天子制定了这种制度，诸侯也愿意推行它。

聘礼和射礼，是最重大的礼。天刚亮时开始举行，时间将近中午时礼才能完成，不是强健有力的人不能做到。所以，只有强健有力的人才能行礼。酒已经清冷了，人虽然渴了也不敢喝；肉也放干了，人虽然饿了也不敢吃；天色已晚，人们都疲倦了，但仍然严肃诚敬，衣冠整齐，而不敢懈怠懒惰。这么做是为了完成礼节，使得君臣的关系端正，使父子相亲，长幼和睦。这是一般人民所办不到的，但君子却可以办到，所以称君子有行。有行就是有义，有义就是勇敢。所以说，勇敢者的可贵，在于他可以立义；立义者的可贵，在于他可以有行；有行者的可贵，在于他可以行礼。所以勇敢者之所以可贵,贵在于敢于实行礼义。所以勇敢坚强有力的人,在天下无事之时,就将自己的才智用在实行礼义上;在天下有事之时,就用在克敌制胜上。用于克敌制胜就会使国家外无敌患,用于实行礼义就能使国家和平顺治。对外没有敌患,对内和平顺治,这就叫作盛德。所以圣明的先王对勇敢坚强有力的人如此看重。如果有人勇敢坚强有力,但不把能力用于实行礼义和克敌制胜,而用于争强斗胜,那就叫作犯上作乱。国家制定刑罚,所要诛杀的人就是这种作乱的人。这样,人民就会顺服,国家就会安宁。

  子贡向孔子问道:"请问君子为什么看重玉而轻视像玉的珉呢?是因为玉的数量少而珉的数量多吗?"孔子回答说:"不是因为珉的数量多而轻视它,也不是因为玉的数量少而看重它。从前的君子,都是用玉与美德相比。玉温厚而润泽,好比仁;缜密而坚实,好比智;廉正而不伤人,好比义;垂而下坠,好比礼;轻轻敲打,其声音清脆发扬而悠长,响到最后又停止,好比音乐;玉上的疵点掩盖不了美玉的光彩,它的美好也不会掩盖它的疵点,好比忠;玉的色彩通达四方,好比信;玉的光气如白虹,好比天象;玉的精气在于山川之间,好比地气;朝聘时,用圭璋单独通达情意,这是因为玉的德。天下都以玉为贵重,就像天下尊重真理。《诗经》有言:'想起那位君子,温润如同美玉。'玉有这么多美德,所以君子看重它。"

第四十九　丧服四制

〔题解〕

郑玄《目录》曰:"名曰《丧服四制》者,以其记丧服之制取于仁义礼知也。此于《别录》旧说属丧服。"本篇所云"丧服四制",即把仁义礼智分配于丧服制度之中。从这四种重要的儒家伦理纲常出发,阐述古代丧服制度的重大意义。篇中还夹杂了部分《孝经》《论语》及《礼记》其他篇章有关丧礼的文句,似非出于一家之言。此篇全译。

凡礼之大体,体天地,法四时,则阴阳,顺人情,故谓之礼。訾之者①,是不知礼之所由生也。夫礼,吉凶异道,不得相干,取之阴阳也。丧有四制,变而从宜,取之四时也。有恩有理,有节有权,取之人情也。恩者仁也,理者义也,节者礼也,权者知也②。仁义礼知,人道具矣。

其恩厚者,其服重,故为父斩衰三年,以恩制者也。门内之治,恩掩义;门外之治,义断恩。资于事父以事君,而敬同。贵贵尊尊,义之大者也。故为君亦斩衰三年,以义制者也。

三日而食,三月而沐,期而练,毁不灭性③,不以死伤生也。丧不过三年,苴衰不补④,坟墓不培;祥之日,鼓素琴,告民有终也,以节制者也。资于事父以事母,而爱同。天无二日,土无二王,国无二君,家无二尊,以一治之也。故父在,为母齐衰期者,见无二尊也。

杖者何也？爵也。三日授子杖,五日授大夫杖,七日授士杖。或曰担主,或曰辅病,妇人童子不杖,不能病也。百官备,百物具,不言而事行者,扶而起;言而后事行者,杖而起;身自执事而后行者,面垢而已。秃者不髽,伛者不袒⑤,跛者不踊,老病不止酒肉。凡此八者,以权制者也。

始死,三日不怠,三月不解,期悲哀,三年忧,恩之杀也。圣人因杀以制节,此丧之所以三年。贤者不得过,不肖者不得不及,此丧之中庸也,王者之所常行也。《书》曰:"高宗谅暗⑥,三年不言。"善之也。王者莫不行此礼。何以独善之也？曰:高宗者武丁。武丁者,殷之贤王也。继世即位而慈良于丧,当此之时,殷衰而复兴,礼废而复起,故善之。善之,故载之《书》中而高之,故谓之高宗。三年之丧,君不言,《书》云:"高宗谅暗,三年不言。"此之谓也。然而曰"言不文"者,谓臣下也。

礼,斩衰之丧,唯而不对;齐衰之丧,对而不言;大功之丧,言而不议;缌小功之丧,议而不及乐。

父母之丧,衰冠绳缨菅屦⑦,三日而食粥,三月而沐,期十三月而练冠,三年而祥。比终兹三节者,仁者可以观其爱焉,知者可以观其理焉,强者可以观其志焉。礼以治之,义以正之,孝子弟弟贞妇,皆可得而察焉。

〔注释〕

①訾(zǐ):诋毁。
②知:"智"的古字。智慧,聪明。
③毁:哀伤之至,形体消瘦。
④苴衰(jūcuī):丧服的一种,用苴麻之布所制的丧服。
⑤伛(yǔ):驼背。
⑥谅暗:居丧。
⑦绳缨:古代斩衰服的帽缨。菅屦(jiānjù):古代服丧穿的用菅草编织的鞋。

〔译文〕

总括礼的本质是,根据自然,取法四季,仿效阴阳变化,顺应人的感情,所以才叫作礼。诋毁礼的人,是因为他们不知道礼产生的原因。说到礼,吉礼、凶礼本质不同,不可相互干扰,这是取法于阴阳的道理。丧服有四条原则,他的运用适时而变化,这是取法于四季的变化。丧服有四制,有恩制,有理制,有节制,有权制,这是取法于人情。恩情出于仁,理性出于义,节制出于礼,权宜出于智。仁义礼智都有了,做人的道德就齐备了。

对于感情深厚的人,为他服丧就重。所以为父亲要服斩衰,守丧三年,这是根据恩情制定的。家族内的丧事,恩情重于道义；家族外的丧事，道义重于恩情。以侍奉父亲的态度来侍奉国君，爱敬相同。尊敬高贵的人，尊崇位尊的人，这是道义中的大义。所以为国君也要服斩衰三年，这是根据道义制定的。

父母之丧，三天以后就可以喝粥，三个月以后就可以洗头，一年以后就可以换上练祭以后的丧服。虽然哀伤消瘦，但不至于毁灭生命，这是因为不能因为亲人的死而伤害自己的生命。丧期最长不能超过三年，粗麻丧服破了不必缝补，坟墓也不用培土，到了大祥的日子可以弹素琴，这是告诉人们丧期有结束的时候，以此来节制人的情感。以侍奉父亲的态度来侍奉母亲，爱敬是相同的。但是天无二日，地无二王，国无二君，家无二主，这是定于一尊的治理原则。所以若父亲健在时母亲去世，就为母亲服齐衰一年，来体现家无二主的意思。

丧杖有什么作用呢？这是表示丧主的爵位。第三天授给太子丧杖，第五天授给大夫丧杖，第七天授给士丧杖。有人说丧杖是为了承担丧主的身体，有人说丧杖是为了扶持病体，妇女和儿童都不用丧杖，是因为他们不会因哀伤而生病。各种执事官员齐备，各种物品齐全，不用发话事情就有人去做，这样身份的人居丧，需有人扶持而起；需要发话后才有人操持丧事，这样身份的人居丧，需用丧杖扶持而起；亲自操持而丧事才可实行，这样身份的人居丧，不能手持丧杖，只要蓬头垢面就可以。秃头的妇女不需用麻扎成发髻，驼背的人不需袒衣露体，跛脚的人不需跳脚，年老的人和有病的人不需停止喝酒吃肉。这八件事，都是权宜之计。

亲人刚死，前三日哭泣不止，三月内仍时时哭奠，一年内仍悲伤哀戚，三年内心里仍心有忧思，哀痛会随时间的流逝而衰减。圣人根据人们哀痛逐渐递减的情况来制定礼节,这就是丧期要规定为三年的原因。贤者不得超过守丧年限,不肖的人不许达不到这个期限,这是丧礼的中庸之道,这是历代君王常行的制度。《尚书》说:"高宗守丧,三年不谈国事。"这是夸奖他,可见君王没有不行此礼的。为什么要单独夸奖高宗呢?回答是:高宗就是武丁,武丁是殷代的贤王,他即位以后,孝敬温良,又能遵礼守丧。在那个时候,殷代由衰败而转向复兴,礼由废弃而又被重新重视,所以世人都夸奖他。因为夸奖他,所以记载在《尚书》中而加以颂扬,称他为"高宗"。三年之丧,君主不谈国事,《尚书》说:"高宗谅暗,三年不言。"说的就是这个意思。然而《孝经》却说"孝子在居丧期间,说话不讲究文饰",这是针对臣下而言的。

按照礼,服斩衰丧服的人,只能发出"唯唯"的声音而不与人对答;服齐衰丧服的人,可以与人对答,但不可主动说话;服大功丧服的人,可以主动说话,但不可以发表议论;服缌麻、小功丧服的人,可以发表议论,但还不可说到享乐的事。

父母的丧事,要头戴以麻绳做冠缨的丧冠,脚穿菅草织成的鞋,三日后才可喝粥,三月后才可洗头,十三个月满周年后才可换上练冠,满三年后才可举行大祥之祭。等到孝子完成了这三个阶段的礼节,人们可以看出仁者的爱,可以看出智者的理,可以看出强者的志。用礼来治理丧事,用义来指导匡正,服丧者是不是孝顺的孩子、友爱的兄弟、忠贞的妇女,都可以观察出来了。